Inver House インバーハウス 086
Islay Mist アイラミスト 088
Isle of Skye アイル・オブ・スカイ 090
J&B J&B 094
James Martin's ジェームズマーティン 098
Johnnie Walker ジョニーウォーカー 100
King's Ransom キングスランサム 106
Label 5 ラベル5 108
Langs ラングス 110
Langside ラングサイド 112
Lismore リズモア 114
Long John ロングジョン 116
Mackinlay's マッキンレー 118
　●南極で発見された100年前のウィスキー 120
Monkey Shoulder モンキーショルダー 122
Old Parr オールドパー 124
Old St.Andrews オールド・セント・アンドリュース 128
Old Smuggler オールドスマグラー 130
Passport パスポート 132
Rob Roy ロブロイ 134
Robert Burns ロバートバーンズ 136
Royal Household ロイヤルハウスホールド 138
Royal Salute ロイヤルサルート 140
Sheep Dip シープディップ 142
Something Special サムシングスペシャル 144
Spey Cast スペイキャスト 146
Stewart's スチュワート 148
Stewarts Cream of the Barley スチュワーツ・クリーム・オブ・ザ・バーレー 150
Swing スウィング 152

Syndicate 58/6　シンジケート58/6　154
Taplows　タプローズ　156
Teacher's　ティーチャーズ　158
Té Bheag　チェイヴェック　162
Tomatin　トマーティン　164
Usher's　アッシャーズ　166
Usquaebach　ウシュクベー　170
VAT69　ヴァット69　172
White Horse　ホワイトホース　174
Whyte & Mackay　ホワイト＆マッカイ　180
William Lawson's　ウィリアムローソン　184

 **Blended and Pure Pot Still Whiskey**　187

Bushmills　ブッシュミルズ　188
Green Spot　グリーンスポット　192
Jameson　ジェムソン　194
Kilbeggan　キルベガン　198
Midleton Very Rare　ミドルトン・ベリー・レア　200
Paddy　パディー　202
Powers　パワーズ　204
Redbreast　レッドブレスト　206
Tullamore Dew　タラモアデュー　208

 **Blended Whisky**　211

Kakubin　サントリーウイスキー角瓶　212
Old　サントリーオールド　214
Royal　サントリーウイスキーローヤル　216

Blended Whisky Contents

Special Reserve スペシャルリザーブ 218
Hibiki サントリーウイスキー響 220
　●ブレンダーに訊く　サントリー編 224
Black Nikka ブラックニッカ 226
Super Nikka スーパーニッカ 228
Tsuru 鶴 230
From The Barrel フロム・ザ・バレル 232
Taketsuru Pure Malt 竹鶴ピュアモルト 234
　●ブレンダーに訊く　ニッカ編 238
Robert Brown ロバートブラウン 240
Boston Club ボストンクラブ 242
Fujisanroku 富士山麓 樽熟50° 244
　●ブレンダーに訊く　キリン編 246
Mars Whisky Three & Seven マルスウイスキー3&7 248
Iwai Tradition 岩井トラディション 250
White Oak Akashi ホワイトオークあかし 252
Ichiro's Malt & Grain イチローズ モルト&グレーン 254

Data File 257
ブレンデッド関係地図 258
ウィスキー関連年表 260
参考文献 264
INDEX 266
問い合わせ先一覧
協力機関・協力者一覧　270
あとがき 271

コラム
It's not a gamble!
―黒と白と、白をめぐる攻防　037
スコッチブレンデッドTOP10　075
世界のウィスキー TOP10　080
モルト蒸留所の生産規模TOP10　112
すべての日本のウィスキーの原点
「竹鶴ノート」の持っている意義　186
あまりに長き空白の果てに…
アイリッシュ衰退の原因とは　210
多彩な原酒づくりを目指して
さらなる挑戦の始まり　256

この本を読まれる方々へ

①本書は1999年に刊行された『ブレンデッドスコッチ大全』の全面改定版である。今回はスコッチのブレンデッドだけでなくアイリッシュ、ジャパニーズのブレンデッド、およびブレンデッドモルト（ヴァッテッドモルト）も採り上げ、その解説をほどこした。ブレンデッドスコッチにはおそらく数百の銘柄があると思われるが、（1）スコッチの歴史を語るうえで欠かせないもの、（2）世界市場で人気のブランド、（3）イギリス国内でよく飲まれているもの、（4）ラベルやブランドの由来が興味深いもの、（5）日本で一般的に目にするもの、を基準に64銘柄にしぼりこんだ。アイリッシュは9銘柄、ジャパニーズは17銘柄、合計で全90銘柄である。ブレンデッドウイスキーは、シングルモルトとちがって、無限のブレンドの組み合わせが可能であり、ブランドそのものの寿命もさまざまであることから、そのすべてを網羅することは不可能であり、またそのことにどれだけの意味があるかは疑問である。現時点（2014年2月現在）において、この本に収められたものが、ベスト90ブランドと考えていただきたい。

②各銘柄は"The"を外した表記で、アルファベット順に配列してある。ただしジャパニーズは創業年の古いもの、発売年月の古いものから順に並べてある。

③1銘柄1見開きの構成を基本としたが、世界的な有名ブランドで、酒販店や料飲店などで見かける頻度の高いものや、歴史的に意義のあるもの、特に興味深い物語を持つものなどについては、必要に応じて4ページ、6ページで構成した。

④本文中、原則として1銘柄につき1本、ブランドのなかでもスタンダードなボトルの写真を大きく掲載し、そのボトルのテイスティングノートを掲載したが、有名ブランドなどでは熟成年の異なる複数のボトルのテイスティングノートも掲載するようにした。

⑤テイスティングノートは、「香り」（アロマ）、「味」（フレーバー）、「総合」の3項目とした。これは、あくまでも著者個人のテイスティングノートで、必ずしもメーカーやインポーターが発表しているコメントと一致しないことは、予めお断りしておきたい。

⑥写真を掲載しなかったボトルについても、ブランドのバリエーションを知っていただくために、できるかぎり本文中で触れるようにした。

⑦データのうち、製造元とは、実際にその銘柄のブレンドを行なっている会社を指し、系列とは製造元の親会社やグループに属している場合のグループ企業名、あるいはそのブランドの権利を所持している会社のことをいう。輸入元は2014年2月時点での正規輸入代理店を指す。各銘柄の問い合わせ先については巻末に一括してこれを掲げた（→270P）。価格帯は、3,000円未満→Ⓐ、3,000円以上6,000円未満→Ⓑ、6,000円以上10,000円未満→Ⓒ、10,000円以上20,000円未満→Ⓓ、20,000円以上30,000円未満→Ⓔ、30,000円以上→Ⓕ、とアルファベットで示した。主要モルトは、そのブランドの性格を決定するキーとなるシングルモルトのことで、わかっている限りにおいてすべてを記載するよう努めた。ただしこれは本来企業秘密に属することであり、不明とせざるを得ないものもあった。

⑧用語解説については『シングルモルトウィスキー大全』と重複することが多いので、2009年に刊行された同書の用語解説のページを参照していただきたい。

⑨巻末に本文と関係する地名などがわかるように、簡単な地図を掲げた。さらにスコッチ、アイリッシュ、ジャパニーズのウィスキー関連年表も掲載しているので、ぜひ本文を読む際の参考にしていただきたい。これ以上、簡にして要を得た年表はないと思われるからだ。

Ancient Clan
エンシャントクラン

古き良き、いにしえの
クラン制度に想いをはせる1本

　酒名の「エンシャントクラン」とは『古くからの氏族』のこと。スコットランドのハイランド地方には封建的氏族社会、クランシップ（Clanship、クランは氏族のこと）という制度が19世紀初頭まで存在した。

　クランの氏族長はチーフタン（chieftain）と呼ばれ、その下にチーフタンを補佐するタックスマン（tacksman）、そして借地人のテナンツ（tenants）、小作人のクロフターズ（crofters）、日雇い農夫のコッターズ（cottars）などの階級があったという。

　クランは必ずしもすべてが血縁集団というわけではなかったが、氏族長は構成員（クランメンバー）に土地を分け与えたり、借地をさせたりして、あたかも王のような封建領主として君臨した。ハイランドの氏族員にとって、クランチーフは中央政権の王以上に忠誠をつくさなければならない存在だったという。

　チーフタンも構成員に対して一家の長（父）のように慈愛をもって臨み、家父長的支配構造を何百年にわたって維持しつづけてきた。同じクランの構成員は、同じ姓を名乗らなければならないという法律が制定され、一族の結束が図られたりもしたが、18世紀半ば以降は制度そのものが崩壊、衰退していった。

　きっかけは1707年にスコットランド議会が廃止され、イングランドとスコットランドが合併、「グレートブリテン王国」が誕生したことだった。

　それまでの家父長的存在から、ロビー活

典型的なクロフターズの家。当時は窓に税金がかけられたため、窓は小さく、そして数も最小限だった。そのため家の中は暗く、衛生面でも厳しい生活をしいられた。

動のため政治の中心であるロンドンに行ってしまったクランチーフたちは、やがて不在地主となり、氏族社会全体の絆が弱まったことが原因とされる。もちろん、経済基盤が変化したことも大きい。ただし現在も、ハイランドのアイデンティティー、伝統文化として、このクラン制度は一部の地域で受け継がれている。

　そのいにしえのクラン制度に酒名をとったのが、この「エンシャントクラン」で、製造元は北ハイランドのインバネス近くに蒸留所を所有するトマーティン社。トマーティン社については164ページを参照していただきたいが、これはそのトマーティンのモルト原酒を主体とした、スタンダードスコッチ。酒齢5年のモルト原酒が主体だというが、しっかりとしたアロマ・フレーバーがあり、コストパフォーマンスに優れた製品となっている。

製造元 ── トマーティンディスティラリー社
系列 ── 宝酒造
輸入元 ── 宝酒造
主要モルト ── トマーティンなど

 Ancient Clan 40% 700ml　A

- 香り ── 厚みがありオイリー、アマニ油。ピーティ。徐々にスィートに変化する。ココア、コーヒービーンズ。加水でよりオイル様、ハーブ。
- 味 ── ライトボディだがスィートでスムーズ。チョコレート。かすかにピーティ。バランスは悪くなく、加水をしても崩れない。
- 総合 ── このクラスのブレンデッドとしては非常によくできている。バランスも良く、いくらでも飲めてしまう。コストパフォーマンスに優れた1本で、どんな飲み方でもOKだろう。

Antiquary
アンティクァリー

漱石も愛した
文豪ウォルター・スコットの
小説にちなむブランド

　ウィスキーのブランド名にはいろいろなタイプがあるが、小説の題名をそのまま拝借したというのは、この「アンティクァリー」くらいかもしれない。アンティクァリーとは『好古家』『古物（古文献）収集家』といった意味で、ウォルター・スコット（1771～1832年）によって1816年に書かれた同名の小説『ジ・アンティクァリー（好古家）』からとられている。

　スコットはイギリスを代表する文豪の1人で、詩人、小説家、スコットランド文芸復興の立役者として、ロバート・バーンズと並ぶスコットランドの英雄的存在である。『アイヴァンホー』や『湖上の美人』『ケニルワースの城』『ロブ・ロイ』くらいしか日本では知られていないが、スコットランドでは絶大なる人気を誇っている。夏目漱石もスコットの愛読者で、例えていえば、漱石の小説、『坊つちやん』や『こゝろ』『草枕』などを、日本酒の酒名に拝借したようなものだ（実際、そういうものがあれば楽しいが…）。

　製造元のＪ＆Ｗハーディ社の創業は1857年。創業者のジョン・ハーディがウォルター・スコットの熱烈な愛好家のひとりで、1888年、自ら手がけたブレンデッドに「アンティクァリー」と名付けたのだ。

トマーティン蒸留所に展示してあった古い資料。"at last I have found it!"という有名なセリフが書かれている。

　小説のストーリーは、恋に破れた青年士官が旅先で好古趣味を持つひとりの老人と出会い、彼の後押しでかつての恋人の窮地を救うというもの。その中で「永年探し求めていた名品についに巡り会う…」といったシーンがあり、これと「永年求めつづけた究極のウィスキーをつくり出すことに成功した」との想いを、重ね合わせたのだという。ウォルター・スコットの小説がスコットランド人に愛されたように、この「アンティクァリー」もスコッチの名品として人々に愛されつづけてきた。

　しかし1980年代以降は生産停止に追い

こまれ、一時市場から姿を消していたが、1996年にトマーティン社が当時ブランド権を所有していたUDV社からその権利を買い取り、見事、昔の名声を復活させた。
「アンティクァリー12年」は、通常の12年物よりモルトの比率が高く（45％）、しかも核となるモルト原酒にはスペイサイドのクラガンモアやベンリネスなどが使われているという。現在はそれらのスペイサイドモルトにトマーティンなどのハイランドモルト、そしてスモーキーなアイラモルトがブレンドされている。「12年」のほかに「21年」も出ている。

製造元	J&Wハーディ社
系列	トマーティンディスティラリー社（宝酒造）
輸入元	宝酒造
主要モルト	クラガンモア、ベンリネス、トマーティンなど

Antiquary 12yo 40% 700ml　B

香り ── シリアル、麦芽、上品な麦芽糖。オイリーでスィート。ハーブ、スパイス、アニス。加水で上品な蜂蜜。やがてサマーフルーツ、ストロベリー…。

味 ── スィートでフローラル。上品で穏やか。和三盆。ライトボディ。スムーズで飲みやすい。余韻は中程度。加水をすると少々ドライに。

総合 ── 上品でバランスに優れた佳酒。アロマではグレーンを感じるが、フレーバーはバランスがとれていて、いくらでも飲めてしまう。ストレートか、トワイスアップがお薦め。ゆっくりと時間をかけて、変化を楽しみたい。

Antiquary　013

Bailie Nicol Jarvie
ベイリー・ニコル・ジャーヴィー

主人公は火かき棒で
山賊を撃退
軍隊に愛された往年の
名スコッチ

キーモルトとなっているグレンモーレンジ蒸留所のポットスチル。合計12基が稼働する。まるで神殿のようだ。

　スコットランドの3大文学者といえば、"国民詩人"といわれるロバート・バーンズ（1759～96年）、『宝島』や『ジキル博士とハイド氏』で知られるロバート・ルイス・スティーブンソン（1850～94年）、そしてスコットランド文芸復興の立役者となったウォルター・スコット（1771～1832年）の3人だ。
　それぞれウィスキーのブランド名になったり、作品や物語中の登場人物がネーミングとして採用されたりしているが、その中で最も登場回数が多い（ブランド名として使われることが多い）のが、ウォルター・スコットの作品だ。本書で取り上げた「アンティクァリー」や「ロブロイ」も、スコットの作品である。
　この「ベイリー・ニコル・ジャーヴィー」も、スコットの作品にちなむもので、じつは『ロブ・ロイ』の中に登場してくる人物名である。ロブ・ロイ（→134P.）は実在の人物だが、ニコル・ジャーヴィーはスコットが創作した架空の人物。設定ではロブ・ロイの従兄弟で、グラスゴーで治安判事をしていることになっている。そのニコルがロブ・ロイを訪ねてハイランドの山中を旅し、アバーフォイルの小さな旅籠に泊まったとき、武装した山賊に襲われた。とっさに身を守ろうとして手に取ったのが、暖炉の火かき棒。ニコル・ジャーヴィーはこれで勇敢に闘い、見事山賊を追い払ったという。
　もちろん、これは架空のストーリーだが、アバーフォイルの旅籠は実在する。小説『ロブ・ロイ』が大ヒットすると一躍この旅籠は有名となり、その後「ベイリー・ニコル・ジャーヴィー・ホテル」と改名された。そして、もうひとつ、この愛すべきキャラクターをブランド名としたのが、スコッチの「ベイリー・ニコル・ジャーヴィー」なのだ。
　もともとリースのニコルアンダーソン社が19世紀末に世に送り出したもので、勇敢な登場人物にあやかろうとしたのか、南アフリカで勃発したボーア戦争などでは、軍

の御用達ウィスキーになっている。しかし、その後長い間幻のウィスキーとなっていた。現在のボトルは1994年にマクドナルド＆ミュアー社がブランド権を入手し、復刻リリースしたもの。同社はその後グレンモーレンジ社となり、現在はLVMH、ルイヴィトン・モエヘネシー社の傘下となっている。

　ブレンドにはグレンモーレンジをはじめとする、酒齢8年以上のモルト原酒とグレーン原酒が10種類ほど使われているが、モルト原酒の比率が60％と、このクラスとしては非常に高いのも人気の理由。もちろんグレンモーレンジが原酒として使われているというのは、それだけでも希少性があり、知る人ぞ知る、通好みのブレンデッドとなっている。通は"BNJ"と略称で呼ぶのを好むが、ラベルがヴィクトリア朝のクラシカルなところも、人気の秘密だ。

製造元	グレンモーレンジ社
系列	ルイヴィトン・モエヘネシー社
輸入元	―
主要モルト	グレンモーレンジ、グレンマレイなど

 Bailie Nicol Jarvie 40% 700ml　B

- 香り ── ソフトでスムーズ。バニラ、メープルシロップ、アマニ油。かすかにピーティ。サバラン菓子、ビスケット。加水でクリーミーになるが、ややオーキー。
- 味 ── スィート。ライトボディ。甘・辛のバランスがとれていて、上品。ビターオレンジ。余韻は中程度。加水でややオイリーになり、渋みが目立つ。
- 総合 ── 評論家のジム・マーレイ氏がスコッチブレンデッドのトップ5に入ると評したが、そこまでは…。バランスが良く、飲み飽きしない佳酒。ストレートがお薦めか。

Bailie Nicol Jarvie

Ballantine's
バランタイン

飲みやすい口当たりで
スコッチ第2位の
売り上げを誇る

　スコッチの3大ブランドのひとつであるバランタインの総売り上げは、年間約620万ケース（2012年）。「ジョニーウォーカー」には及ばないものの、ボトルに換算すると、じつに7,440万本となり、これは1秒間に

製造元	ジョージ・バランタイン＆サン社
系列	ペルノリカール社
輸入元	サントリー酒類
主要モルト	グレンバーギ、ミルトンダフ、スキャパ、グレントファース、グレンカダム、バルブレア、プルトニーなど

 Ballantine's 17yo 43% 700ml C

香り ── 麦芽糖、マジパン、白い花、フルーティ。オレンジ、バナナ、チョコレート。やがて香ばしいトースト。かすかにスモーキー。穏やかだが非常に複雑。加水でシナモンティー、しょうが飴。

味 ── まろやかでスムーズ。ミディアムボディ。フローラルでフルーティ。ナッツ、チョコレート。奥にピートのスモーク。余韻は中程度でスパイシー。加水をしてもバランスが崩れない。

総合 ── 往年の17年に比べてボディは軽くなったが、スムーズでマイルド。非常に複雑で、絶妙のバランスが楽しめる。ロックかストレートで、ゆっくりと味わいたい。

2004年に新しく建て替えられたグレンバーギ蒸留所と、そのスチル。現在は6基が稼働する。シングルモルトとして出回ることはほとんどない。

約2.4本の割合で売れている計算になるのだ。

ジョージ・バランタイン&サン社の創業は1827年に遡る。創業者のジョージ・バランタイン（1809〜91年）はローランド地方の農家の出身で、13歳の時にエジンバラに出て食料雑貨店で徒弟生活をスタートさせた。独立して念願の1号店をオープンさせたのは5年後の1827年のことで、これが世界に誇るバランタイン社の創始となった。それにしても、18歳での独立というのは、ビッグブランドの中でも相当早い。

もちろん当初は食料品が主で、ウィスキーやワインは棚の片隅に置かれている程度であったが、やがてウィスキーの時代がやってくる。酒税法が改正され（1823年）、政府公認の蒸留所がハイランドでスタートしたのが1824年。その7年後の1831年には連続式蒸留機が実用化され、グレーンウィスキーの生産も始まった。モルトウィスキーとグレーンウィスキーを混和するブレンデッドスコッチが誕生したのが、1860年である。

起業家精神に富むジョージは食料雑貨店では満足せずに、ウィスキーのブレンダーとして歩むことを決め、1869年に、当時ブレンド業の中心であったグラスゴーに進出、今日のバランタイン社繁栄の礎を築いた。エジンバラの店は息子のアーチボルドに譲り、まったくいちからの出直しであった。

ブランド誕生は1910年

創業者ジョージは1881年にリタイアしたが、グラスゴーのビジネスは息子のジョージ・バランタイン・ジュニアに引き継がれた。「バランタイン・ファイネスト」という家名を冠したブランドが誕生したのは1910年で、それは創業者ジョージ・バランタインの死後20年近くが経った後だった。

その後もバランタイン社はグラスゴーで発展を続けたが、国際競争力をつけるため1919年にはパートナーだったバークレーマッキンレー商会（ジミー・バークレーとR・A・マッキンレーの2人が創始）に経営権を譲渡。さらに1936年にはカナダのハイラムウォーカー社が経営権を入手し、同社のもとで事業の拡大が強力に推し進められた。

ちなみにバークレーマッキンレー商会はアメリカマーケットの開拓にのりだしたが、バランタイン社の買収契約が締結された2か

 Ballantine's Finest 40% 700ml　A

香り ── プラム、梅酒の梅。ややスピリッティ。ミント、ユーカリ油。加水でスムーズになり、ふっくらとした、焼きたてのパン。

味 ── ライトからミディアムボディ。甘・辛のバランスがとれていてスムーズ。ややハスキー。余韻は中程度で、ドライに切れ上がる。加水でバランスが整い甘みが出てくる。

総合 ── ややスピリッティな印象があるが、バランスは悪くない。ストレートより加水をしたほうが楽しめるので、ロックや水割り、ソーダ割り向き。

 Ballantine's 12yo 40% 700ml　A

香り ── 穏やかだが、スパイシー。ヘッセン布、アマニ油。削りたてのオーク、松ヤニ…。加水でクリーミーになる。

味 ── ミディアムボディでしっかりしている。スムーズ、ラウンド。かすかにウッディで後口はスパイシー。加水で、よりスムーズに。奥にピートのスモーク香。

総合 ── アロマは穏やかだが、フレーバーはしっかりしている。ストレートより加水をしたほうがクリーミーでスムーズなので、ロックなどがお薦めか。

月後の1920年1月にアメリカで禁酒法が発効し、必ずしも順調なスタートとはいかなかった。しかし、すぐにアメリカの有名なもぐり酒場、「21クラブ」と提携し、着々とその販路を広げることに成功している。

カナダのハイラムウォーカー社が買収した直後の1938年、クライド湾を望むダンバートンの地に、当時としてはヨーロッパ最大のグレーンウィスキー蒸留所が建てられた。それと同時にグレンバーギ、ミルトンダフ蒸留所も買収し、一時は13のモルト蒸留所と2つのグレーン蒸留所を所有する巨大企業に成長した。

その後、1980年代以降はアライドライオンズ、アライドディスティラーズ社が経営を続けてきたが、2005年にスコッチ業界第2位のペルノリカール社が買収し、現在は同社傘下のシーバスブラザーズ社が運営に当たっている。

バランタインの心臓部ともいえるダンバートンのグレーンウィスキー蒸留所は、その後取り壊され、グレーンの生産は同じグラスゴーの、ストラスクライド蒸留所に現在は集約されている。

4つの個性をつくるモルト原酒

バランタイン社の製品には「ファイネスト」や「12年」「17年」「21年」「30年」「40年」などがあるが、共通する特長は『スイートでフルーティ、ラウンドでソフト』という4つの個性だという。あえて日本語に訳せば「甘く豊かな果実香をもった、まろやかで飲みやすい口当たり」ということになるだろうか。

そのバランタインの4つの個性(特長)をつくっているのが、40〜50種類ともいわれるモルト原酒だ。その中核をなすのがスペイサイドのグレンバーギとミルトンダフで、この2つがなければバランタインはつくれない。特にグレンバーギはバランタインの"母なる原酒"として、現在はバランタインのミニ博物館も併設されている。

ブレンドを担うのは、"伝説のブレンダー"といわれたジャック・ガウディ、ロバート・ヒックス氏の跡を継いだサンディ・ヒスロップ氏。

1824年に創業したミルトンダフ蒸留所。現在はここに、シーバスブラザーズ社のヘッドクォーターが置かれている。

最近、「バランタイン17年」のそれぞれの原酒を効かせた「グレンバーギエディション」「スキャパエディション」「ミルトンダフエディション」が発売され世界的に話題となったが、それを手がけたのもヒスロップ氏である。

ちなみにハイラムウォーカー社のスコットランド進出を記念して1937年につくられた「バランタイン17年」は、スコッチの中のスコッチ、"ザ・スコッチ"と呼ばれて人気を博したが、これには当時所有していた、あるいは関係の深かったスキャパ、プルトニー、バルブレア、グレンカダム、グレンバーギ、ミルトンダフ、アードベッグの7つのモルト原酒がメインにブレンドされ、この7つは「バランタインの魔法の7柱」と呼ばれた。

紋章院が許可した自慢の紋章

バランタインを語るうえで、もうひとつ欠かせないのがラベルに描かれている紋章だ。バランタイン社は1895年にヴィクトリア女王（在位1837～1901年）から王室御用達の勅許状を授けられ、その後エドワード7世（在位1901～10年）からも同様の認定を受けたが、現在使われている同社の紋章が誕生したのは1938年のこと。

この紋章には中央の盾の部分に、ウィスキーづくりを象徴する大麦と川（水）とポットスチルと樽という4つのシンボルが描かれ、左右の白馬にはスコットランドの国旗であるセント・アンドリュー旗、盾の下には同じく国花のアザミと、ラテン語のモットー"Amicus Humani Generis"が描かれている。意味は『全人類の友』。もちろん紋章はスコットランド紋章院の許可を受けた正式なもので、今日ではこのような複雑かつ優美な紋章は、貴族に連なる企業でもなければ許可されないという。これもバランタイン社の自慢のひとつなのだ。

1898年にブキャナン社の原酒工場として建てられたグレントファース蒸留所（上）。現在はバランタインやシーバスリーガルの原酒を製造。右はバランタイン社の紋章で、4つの象徴がウィスキーづくりを表わしている。

 Ballantine's 21yo 43% 700ml　D　　　　 Ballantine's 30yo 43% 700ml　F

香り	スィートでフルーティ。リッチで深みがある。黄桃、白桃、瑞々しいフルーツ。やがてバニラ、蜂蜜、メープルシロップ。加水でよりスィートに。
味	非常に上品で洗練されている。ソフトでスムーズ。ミディアムボディ。フルーティでうっとりする。バニラ、オーク…。バランスが良く、余韻は中程度。
総合	上品で洗練されたアロマ・フレーバーが素晴らしい。うっとりするようなバランスの良さがあり、飲み飽きない。加水でややボディが失われるので、ストレートでじっくりと。

香り	リッチで深みがある。なめし革、アプリコット、マッシュルーム。加水でよりスィートになり、ファッジ、キャラメル、メープルシロップ、マジパン。
味	スィートでリッチ。イチゴジャム、熟したフルーツ。フルボディ。余韻は長く、リコリスやヘザハニー、スパイシーなフレーバーが続く。ややオーキー。加水で穏やかに。
総合	酒齢30年という至高のバランタインだが、やや気むずかしいところがある。ストレートより、ごく少量の加水で、じっくりと時間をかけて味わいたい。

Ballantine's

Bell's
ベル

戦場に赴く兵士に届けられたスコッチの名品

　後年、"希代の名ブレンダー"と謳われることになるアーサー・ベルが、ワインとスピリッツを扱うサンデマン商会に入社したのは1845年のこと。サンデマン商会はパースに店を構える1825年創業の小さな会社で、アーサーは入社当時、外回りの営業マンにすぎなかった。つまり、それほど期待はされていなかったのだ。ところが先見の

製造元	アーサー・ベル&サンズ社
系列	ディアジオ社
輸入元	日本酒類販売
主要モルト	ブレアアソール、ダフタウン、インチガワー、ブラッドノックなど

Bell's 40% 700ml　A

香り── ドライでオイリー。かすかにピーティ。もっさりしているが厚みがある。加水でフローラルになり、ミント、スミレ、青リンゴ、スモモのようなアロマ。

味── スィートで、かすかにスモーキー。ミディアムからライトボディ。バランスは悪くなく、ほとんどグレーンを感じさせない。余韻は中程度。加水でボディが失われてしまう。

総合── スタンダードスコッチの名品のひとつ。イギリスで圧倒的人気を誇る理由がわかる。加水でややバランスを崩すので、ロックかストレート、ホットウィスキー(トディ)でも面白いかもしれない。

ブレアアソール蒸留所のビジターセンターには、ベルゆかりの品々が展示されている。左は19世紀に撮られた蒸留所の職人たちの集合写真。右はアーサー・ベルで、後年、慈善家としても知られたアーサーの人柄がにじみでている。

明に富むアーサーは、そのころ誕生したブレンドという技術に目をつけ、ブレンダーとしての道を歩み始めることになる。

モルトウィスキーとグレーンウィスキーをブレンド（混和）するというアイデアは、エジンバラのアンドリュー・アッシャー2世が考案したものといわれているが（→166P.）、当時のブレンドは未成熟のモルト原酒と、グレーン原酒を数種類混ぜ合わせただけのものだった。アーサーが後年、名ブレンダーといわれたのは、熟成を経た良質のモルトとグレーンをブレンドし、それまでにないウィスキーをつくり出したことによる。

「何種類かの良質のモルトとグレーンをブレンドすれば、シングルモルトより多くの人々の口に合う」というのが彼の信念で、アーサーは外回りの経験を生かし、優れた原酒を求めてスコットランド中を旅して回った。そうした情熱と功績が認められ、1850年代にサンデマン商会の代表となり、会社は1863年にロンドンに代理店を置くまでに成長した。

その後、2人の息子が事業に参画したのを機に社名を改め（1895年）、アーサー・ベル＆サンズ社とした。2人の息子はそれぞれ国内と海外のセールスを担当したが、アーサーが亡くなる1900年頃にはベルのウィスキーはすでに名声を確立し、イギリス国内のみならず、北アメリカからオーストラリア、ニュージーランド、インド、セイロン、南アフリカまで販路を拡大していった。

ベル社のモットーは"afore ye go（アフォー・イ・ゴー）"。これは『旅立ちの前に』という意味で、もとは戦地に赴く兵士にベ

Bell's 023

1798年に創業したブレアアソール蒸留所のレセプションとショップ（右）。左は珍しい四角形の発酵槽。スペースの関係でこうなったというのだが…。

ルのウィスキーが届けられたことに由来している。実際、第一次大戦、第二次大戦時には、兵士が出航する港にベルのウィスキーがケースで届けられたという。以前はボトルのネックラベルにこの文言が誇らしげに貼られていたが、現在はボトルに直接エンボス加工で、この言葉があしらわれている。

さらにイギリスではベルのウィスキーは門出を祝う酒となり、ウェディング・ベルとの連想から結婚式には欠かせない酒となった。鐘の形をした陶製デカンターもラインナップに加わっているが、特に人気が高いのが、王室の結婚式や、最近ではエリザベス女王在位60周年の際に作られた記念デカンターなどだ。また1988年から毎年クリスマスの時期に売りに出される、「クリスマスデカンター」があり、これもコレクターズアイテムとして人気が高い。

1920年代から30年代にかけての不況を乗り切ったベル社は、直後の1933年に念願だった蒸留事業に乗り出し、ブレアアソールとダフタウン蒸留所の買収に成功。さらにその3年後にはインチガワー蒸留所も傘下に収めている。これは、良質のブレンデッドをつくり続けるためにはモルトウィスキー蒸留所の確保が不可欠との信念に基づいたものだ。ベル一族が経営に加わって

スペイサイドのバッキーにあるインチガワー蒸留所。マレイ湾（北海）に面した高台にあり、周囲は一面の大麦畑だ。

売店にはラベルが逆さまになったボトルも。これはパブなどで天地逆に吊るしてショット売りするためのものだ。

いたのは1942年までで、その後は国際企業となり、1985年にはギネスグループによって買収、現在はディアジオ社の系列となっている。

一時期、売り上げが低迷していたが、2000年以降は再び上昇に転じ、現在はスコッチのブレンデッドウィスキーとしては第9位（2012年）の売り上げを誇っている。年間の販売数量は約250万ケース（1ケースは750ml瓶12本換算）で、イギリス国内市場では長く"No.1スコッチ"の座にあったが、近年フェイマスグラウスにその座を譲り渡した。

ベルといえば鐘状の陶製デカンター。上はチャールズ皇太子50歳の誕生記念のもの。ブレアアソールには珍しいコレクターズアイテムのデカンターが、ずらりと展示されている。ベルの陶製ボトルだけを収集する熱狂的なコレクターも、多数存在するのだ。

Big Peat
ビッグピート

全世界のピートフリークも脱帽
強烈にスモーキーな1本

　1990年代半ばに始まったシングルモルトブームは、またたく間に世界中のウィスキーファンを虜にしたが、その中で熱狂的なファンを集めたのがアイラモルトである。スモーキーでピーティなアイラモルトに、世界中のウィスキー愛好家が熱中し、"ピートフリーク"なる言葉も生まれたほど。そうしたピートフリーク向け（？）につくられたのが、この「ビッグピート」だ。

　生みの親はグラスゴーに本拠を構えるダグラスレイン社。もともと1948年にダグラス・レインによって設立された会社で、当初はブレンダーとして「キング・オブ・スコッツ」や「ジョン・プレイヤー・スペシャル」などのブレンデッドウィスキーを手がけていた。しかしブレンデッド市場の低迷を受け、90年代後半からボトラーズとして、数々のシングルモルトを世に送り出してきた。

　もっとも有名なのがOMCとして知られる「オールド・モルト・カスク」で、世界中に根強いファンがいる。これはシングルカスクで、アルコール度数50％でのボトリングが売りだが、一方で複数のモルト原酒をヴァッティングしたブレンデッドモルト（ヴァッテッドモルト）も、いくつかリリースしている。

　「ビッグピート」もそのひとつで、これは文字通りヘビリーピーテッド麦芽で仕込んだ、

アイラ島のピートカッティング。4月くらいにピートを採掘し、3〜4か月その場で乾燥させる。

アイラモルトのみを混和したヴァッテッドモルト。レシピはアードベッグとボウモアとカリラで、それに少量ではあるが1983年に閉鎖された、ポートエレンも含まれている。さらに、これは蒸留所名を明かしていないが、他のいくつかのアイラモルトもブレンドしているという。ノンチル、ノンカラーリングだが、OMCと違って、こちらは46％の加水タイプだ。

　ユニークなのは通常の700mlボトルのほかに、4.5リットルのマグナムサイズ、そして200ml、さらにミニチュアの下をいく40mlボトルを出していること。これだけでも驚くが、さらにもう一段下のマイクロミニ

026

という、ほとんど眼薬くらいのサイズのボトルも出している。もちろんマイクロミニは飲むというよりは、お土産アイテムだが、人気があっていつも売り切れ状態。インパクトのあるラベルといい、ユニークなボトルサイズといい、アイラモルトファンだけでなく、スコットランドを訪れる観光客にも、人気のアイテムとなっているのだ。

　ちなみにダグラスレイン社はスチュアートとフレッドという、2人のレイン兄弟によって長く経営が続けられてきたが、2013年に別々の道を歩むことを決め、現在はハンターレイン社と新生ダグラスレイン社の2つに分かれている。OMCはハンターレイン社だが、この「ビッグピート」は新生ダグラスレイン社のボトリングである。

製造元 ────── ダグラスレイン社
系列 ──────
輸入元 ────── ジャパンインポートシステム
主要モルト ── アードベッグ、ボウモア、カリラ、ポートエレン

 Big Peat 46% 700ml　C

香り ── スモーキーでピーティ。盛大な焚き火。フレッシュな潮風。タール、いぶりがっこ。すがすがしい漁港の早朝…。加水で酸臭が強調される。

味 ── スモーキーでピーティだが、スイートで心地よい。ライトボディ。口の中に潮が満ちてくるよう。後口はドライでスパイシー。加水でより甘みが増す。

総合 ── ビッグピートというとおり、盛大なピートだ。しかしフレッシュな潮の香りが、非常に心地よい。アイラモルトファンにはたまらない1本かもしれない。ストレートでも少量の加水でも。

Black Bottle
ブラックボトル

モルトファンも楽しめる
スモーキーでピーティな酒

　独特のポットスチルを模したボトルで知られる「ブラックボトル」は、アイラ島の7つの蒸留所のモルト原酒をブレンドしていることで有名になった。ポートエレン（1983年に閉鎖）を除くブナハーブン、カリラ、アードベッグ、ラガヴーリン、ラフロイグ、ボウモア、ブルイックラディの7つで、こんなブレンドはほかには存在しない。ただし、7つのモルト原酒をブレンドするようになったのは、そう古いことではない。

　「ブラックボトル」が誕生したのは1879年、スコットランドの東海岸、アバディーンでのことだった。製造したのはゴードングラハム社という会社で、もともとこの会社は紅茶の専門店。当時の経営者、グラハム3兄弟が顧客サービスのひとつとして、自社ブランドのウィスキーをつくったのが始まりだ。

　しかしこれが評判を呼び、20世紀以降はウィスキーのブレンド業がビジネスの中心となっている。といっても地元アバディーンで知られるくらいで、ローカルブレンドにすぎなかったが、1959年にロングジョンインターナショナル社がブランド権を取得し、大々的にプロモート。ところが、その後はアライドドメック社など、次々とブランド権が移行し、いつのまにかオリジナルのテイストが失われてしまったという。

　グラハム3兄弟がつくったレシピに近いかたちで復活したのは、1995年にハイランドディスティラーズ社が買収してからのこと。当時アイラ島のブナハーブン蒸留所を所有していた同社は、ブナハーブンを中核に、アイラのすべてのモルト原酒をブレンドすることを決定。もともと3兄弟がつくったオリジナルの「ブラックボトル」は、ピーティでスモーキーなアイランズモルトを中心としていたが、アイラモルトに特化していたわけではない。オリジナルに近い風味と、話題性ということで、この時にアイラの7蒸留所が選ばれたのだ。

　ところが、それもつかの間、2003年にブナハーブンとブラックボトルのブランド権は、ディーンストンやトバモリーを所有する

アイラ島では一番北にあるブナハーブン蒸留所。アイラ海峡を隔てて、すぐ眼の前はジュラ島だ。

バーンスチュワート社に売却されてしまった。本体のハイランドディスティラーズ社が消滅し、1999年にエドリントングループ社が誕生したからだ。したがって現在は、バーンスチュワート社（親会社は南アフリカのディステル社）のブランドになっている。

　ハイランドディスティラーズ社時代はアイラの7蒸留所に、同社傘下のグレンロセス、ノースブリティッシュなどのグレーン原酒がブレンドされていたが、現在はアイラのモルト原酒に、バーンスチュワート社のディーンストンなどのノンピートモルト、さらにグレーンウィスキーがブレンドされているという。

製造元 ──── バーンスチュワート社
系列 ──── ディステル社
輸入元 ──── アサヒビール
主要モルト ── ブナハーブン、ディーンストンなど

 Black Bottle 40% 700ml　A

香り ── オイリーでピーティ。シリアル、麦芽のハスク、蜂蜜。スィートだが、加水でフローラルに変化。ややワクシー。フレッシュな潮風。
味 ── ピーティでフレッシュ。ライトボディ。オイリーでなめらか。加水で上品な甘さが出てくるが、全体のテクスチャーが失われてしまう。
総合 ── ライトボディだが、潮風のようにフレッシュでピーティ。加水をするとボディを失うが、よりスムーズになり、塩せんべいなどと抜群の相性となる…。

Black Bottle　029

Black Bull
ブラックブル

ブレンド後に30年間
シェリー樽で熟成させた
破格のウィスキー

　異端のブレンデッドウィスキーといえば、コンパスボックス社の「グレートキングストリート」(→74P.)がまずあげられるが、この「ブラックブル」もある意味、異端といえるかもしれない。製造元は、近年ボトラーズとしてカルト的人気を誇るダンカンテイラー社である。

　同社の創業は1938年で、もともとアメリカ向けのウィスキーのブレンダーとして、グラスゴーでスタートした。60年代以降は、自前の樽を蒸留所に持ち込み、それにニューポットを詰めてもらうというスタイルを、いち早く確立。ダンカンテイラー社が60年代の樽を多く所有していたのは、まさにそのためだ。

　その3,000樽にもおよぶストックを丸ごと買い取り、ボトラーズとして2001年に再スタートしたのが、現社長のユアン・シャンド氏。その時にグラスゴーからハイランドのハントリーに拠点を移している。現在はハントリーの町の中心部に店舗とボトリング設備をもち、手作業でボトリングを行っている。

　同社の製品には「ピアレスコレクション」や「レアレスト・オブ・ザ・レア」など、人気のシリーズがいくつもあるが、シングルモルトではなくブレンデッドとして世に問うたのが、この「ブラックブル」シリーズである。

　ブラックブルというブランドは1933年に誕生しているというが、ユアン・シャンド氏が、ダンカンテイラー社と一緒に買い取り、復活させたもの。現在までに「スペシャルリザーブ」「12年」「30年」「40年」などがリリースされている。どれもノンカラーリング、ノンチルフィルター、そしてアルコール度50％でのボトリングが売りとなっている

ハントリーにあるダンカンテイラー社のショップ。シングルモルトに混じって「ブラックブル」も売られている。店舗の裏ではボトリングされる樽が順番を待っていた。

（「40年」だけ例外の42％前後）。

「12年」はモルトとグレーンの比率が5対5で、「30年」は熟成後にブレンドするのではなく、蒸留直後のニューポットの段階でモルトとグレーンをブレンドし、それを30年間シェリー樽の中で熟成させるという、ユニークな方法を用いている。

これだとマリッジさせながら、同時に熟成も進行していることになり、より原酒同士が一体化するという。カナディアンで、「プレブレンディング」といって、蒸留したての原酒同士を混ぜることがあるが、スコッチでは極めて稀である。さらに「40年」にいたっては、モルトとグレーンの割合は9対1だという。

すべてに独自のこだわりとポリシーをもつダンカンテイラー社ならではの、異色のウィスキーとなっているのだ。

製造元 ── ダンカンテイラー社
系列 ── ─
輸入元 ── ウィスク・イー
主要モルト ── 不明

Black Bull 30yo 50% 750ml　D

香り ── リッチでパワフル、複雑。ナッティ、トフィー、ドライフルーツ。ランシオ香…。遅れてオーク。加水をするとよりフルーティになり、モスカテルシェリー、焼きリンゴ、黄桃。

味 ── リッチでスパイシー。フルボディ。ナッツ、リコリス、龍角散。余韻は長く、ウッディなスパイシーさが持続する。加水で樽のこげ臭、チャーコール。

総合 ── 30年物のシングルモルトより、はるかに複雑でパワフル。非常に興味深いブレンデッドで、ぜひ一度は飲んでおきたい。できればストレートか、少量の加水で。

Black Bull　031

Black & White
ブラック&ホワイト

船会社の事務員から貴族にのし上がった男の気骨の酒

　ウィスキーというのは、「広告」の歴史でもあるかもしれない。世界中でありとあらゆる広告がウィスキーのために作られてきたが、「ブラック＆ホワイト」の"Day is grey, the night is Black & White"というコピーは、なかなか秀逸なコピーである。1日の終わりに洒落たバーに若者たちが集い、「ブラック＆ホワイト」を飲みながら、語り合う様子がなんとなく想像できるではないか。

製造元	ジェームズブキャナン社
系列	ディアジオ社
輸入元	―
主要モルト	ダルウィニー、グレンダラン、クライヌリッシュ、グレントファースなど

 Black & White 40% 700ml A

- 香り　ライトでクリーン。ハーブ様、アマニ油、リンゴ飴。加水でよりすっきりするが、ほとんど変わらない。
- 味　ライトボディ。スィートでスムーズ、メロー。バランスは悪くなく、余韻は中程度。加水をしても変化がなく、すいすいと飲めてしまう。
- 総合　非常にすっきりとしたライトタイプのウィスキーで、ソーダ割り、水割り、あるいはカクテル材料でもOKだろう。愛犬家というより、若者向けか…。

ダルウィニー蒸留所の職人たちの集合写真(左)。もともと1897年に建てられた蒸留所で、1926年以降はブキャナン社が運営にあたってきた。右は1886年にブキャナン社に届いた英国下院議会からの手紙で、下院のバーの指定銘柄になったことが告げられている。

「ブラック＆ホワイト」を生んだジェームズ・ブキャナンは、ヴィクトリア時代を代表する起業家のひとりである。グラスゴーの船会社の事務員として働き出したのは14歳の時だが、賃金が安く退屈な仕事に飽き足らなかったブキャナン少年は、大英帝国の首都であったロンドンに進出する機会をうかがっていた。夢が実現したのは30歳の時で、ウィスキーのブレンダーとして、ジェームズブキャナン社を1879年にロンドンに設立することに成功した。

都会的なセンスのデザイン

彼が目指したのは、ロンドンっ子にも受け入れられるスムーズでまろやかな酒であった。ウィスキーに対する潜在的なニーズはあるものの、当時の酒は風味の強いモルトウィスキーが主流で、ブレンデッドスコッチはまだ誕生して間がなかった。良質のモルトとグレーンをブレンドし、しかも初心者や若者でも飲みやすいマイルドな酒をつくることが、ジェームズ・ブキャナンの夢だったのである。

彼のブランド、「ブキャナンズブレンド」が誕生したのは1884年のことで、起業家らしいアイデアにあふれたブキャナンは、ボトルとラベルのデザインにも都会的なセンスを持ち込んだ。黒いボトルにシンプルな白のラベル。飲みやすい風味もさることながら、現在でも通用するこのボトルデザインが、新しもの好きのヴィクトリア時代人に大

いに受けた。

　さらに従来のような酒販店中心の営業に代わって、ミュージックホールやホテルバーを中心とした販売戦略も、大いに成功した。発売から2年後の1886年には、英国下院議会の指定銘柄になるという栄誉にも浴し、下院のバーではブキャナンの黒と白のおしゃれなボトルが、飛ぶように売れたという。

愛称を正式なブランド名に

　起業家としてのブキャナンのセンスが最大限に発揮されたのは、惜しげもなくブランド名を変更したことである。すべてに伝統を重んじ、頑固なことで知られるスコッチ業界で、一度確立されたブランド名を変えるということは、あまり例がないことであった。
　しかし、「ブキャナンズブレンド」という

Buchanan's 12yo 40% 750ml　B

香り ── 洋ナシ、メロン、黄桃、非常にフルーティ。かすかにスモーキー。蜂蜜、メープルシロップ。加水で穏やかなシェリー香、キャラメル、シナモンティー。

味 ── スィートでスムーズ、フルーティ。ミディアムボディ。非常にジューシーで、余韻は中程度。加水でよりスムーズになり、かすかにコーヒー豆。

総合 ── 12年熟成とは思えないほど、フルーティでジューシー。非常に美味！　まるで長熟のブレンデッドを飲んでいるかのよう。ストレートか、ごく少量の加水で楽しみたい。

正式なブランド名よりも、人々が「ブラック＆ホワイト」という愛称のほうを好むことを知ったブキャナンは、1904年に愛称のほうを正式なブランド名にしてしまった。実際どこのバーでも、「あの白と黒のウィスキーをくれ」というのが普通だったという。

さらに白と黒のイメージをより強調するために、スコットランド産の2匹の犬をラベルに登場させることにした。これが世界的に有名になった、同社のトレードマークの始まりである。

黒と白の2匹の犬とは、もちろんスコティッシュテリア（黒）と、ウエストハイランド・ホワイトテリア（通称ウェスティー）である。動物好きだったブキャナンがある日ドッグショーに行き、その時に優勝したのがこの2匹の犬だったことから、思いついたアイデアだったという。

当然のことながらこの「ブラック＆ホワイ

インバネスのホテルで見かけたブラック＆ホワイト！　イギリスでは今でも人気の犬種で、セットで飼う人も多い。

ト」はロンドンだけでなく、世界中のマーケットに輸出されていった。スコッチ業界、特に対外輸出に貢献した功績が認められて、ブキャナンは准男爵から晩年にはウーラヴィントン卿という、押しも押されもせぬ貴族に叙せられている。

スペイ川の最上流部の人里離れた山中に建つダルウィニー蒸留所。ディアジオ社のクラシックモルトのひとつ。

Black & White

ダルウィニーはスコッチの蒸留所の中では２番目に標高が高く、冬は厳しい寒さになることで知られている。そうした冷涼な気候風土が、雪解け水のようにソフトで穏やかな酒質を生む。そのDNAがブラック＆ホワイトにも生きているのだ。上はダンネージ式のウエアハウスで、下はダルウィニーの発酵槽。カラ松材が使われている。

ウィスキー新興国向けに展開

　ヴィクトリア時代という華やかな時代を、たぐい稀なる才能と行動力で駆け抜けていったジェームズ・ブキャナン。そのブキャナンが死んだのが1935年で、彼の死後もブキャナン社は繁栄を続け、ブキャナンが1898年に建てたグレントファース蒸留所に加えて、コンバルモアやダルウィニー蒸留所なども手中に収め、ウィスキー事業を拡大していった。

　現在の「ブラック＆ホワイト」はディアジオ社系列のダルウィニー、グレンダラン、クライヌリッシュの3つのキーモルトを中心に、グレントファース、アバフェルディなど30～35種類のモルトとグレーンをブレンドしているという。

　かつてはイギリス国内市場や北米が中心だったが、今は"ウィスキー新興国"、東欧や中南米、東南アジアなどに向けて出荷されている。本国イギリスでも、そして残念ながら日本でもその姿を見かけることは、ほとんどなくなったが、「ブキャナンズブレンド」トータルとして、年間約170万ケース以上を販売しているという（2012年）。これはスコッチウィスキーとしては、第13位の数字である。いつか再び、日本にも正規で輸入される日がくるかもしれない。

036

It's not a gamble! ──黒と白と、白をめぐる攻防

19世紀後半から20世紀初頭にかけ、スコッチ業界は多くのアントルプルナー（起業家）を輩出し、スコットランドの地酒にすぎなかったスコッチウィスキーを、"世界の蒸留酒"へと、一躍押し上げた。ブランド誕生と、個々の物語については各項で述べているが、ここではそのなかでも、もっとも際立った2人の人物と、それにまつわるエピソードを紹介したい。それは同時代を生きたライバルとして互いに競争し、そして晩年には盟友として共にスコッチ普及のために奔走した、トーマス・デュワーと、ジェームズ・ブキャナンの物語である。

トーマス・デュワーは「デュワーズ」、特に「ホワイトラベル」を世界に売り広めた功績で貴族に叙せられ、ジェームズ・ブキャナンも「ブラック&ホワイト」を世界のブランドにした功績が認められ、同じく貴族に叙せられている。共に"ウィスキーバロン（男爵）"として、業界を牽引したのは周知のとおり。2人はどちらも稀代のアイデアマンで、行動力に富んでいたが、一方でプレイボーイスタイルの生活を謳歌したことでも知られている。新しもの好きで、派手なことが大好き。イギリスで最初に自家用車を持ったのはエドワード7世だが、2番目、3番目はジェームズとトーマスだったという。

さらに、どちらもギャンブル好きで、ドッグレースのハウンド犬の育種や、競馬のサラブレッドのオーナーにもなり、晩年はその育成にも力を入れたという。大きなレースで、2人の持ち馬が何度も勝敗を競ったものである。ちょうど、そのころに作られた1枚のポスターがこのポスターで、競馬場のバーで2人の紳士が会話している。

"Dewer's is not a gamble ─ it's a cer-

右のシルクハットの人物がトーマスで、左の葉巻の人物がジェームズだろうか。ジェームズの苦虫を噛みつぶしたような表情が印象的。

tainty!"とキャッチコピーが入っているが、これは「デュワーズはギャンブルではない、それは確かなもの！」という意味で、明らかにジェームズ・ブキャナンの「ブラック&ホワイト」、黒と白のウィスキーを揶揄したもの。

つまり、ブキャナンのウィスキーは品質の安定しないギャンブルのようなもので、対してデュワーズはいつも"ホワイト"だから、品質は安定していると言いたかったのだろう。いかにもウィットとユーモアに富むトーマスらしいやり方だが、今だったら、こんなポスターは許されないはず。時代といえば、時代だが、なんとなく2人の関係性が、このポスターからは見て取れて、それはそれで興味がつきないのだ。

Blue Hanger
ブルーハンガー

華やかな歴史の世界に誘う
青い上着の伊達男

顧客の体重が記された台帳を手に取るブレンダーのダグ・マッカイバー氏。ブレンドはすべて氏が決定する。

　ベリー・ブラザーズ＆ラッド社（BBR、通称ベリーズ社）が本社を構えるロンドンのセント・ジェームズ街は、かつてロンドン一の社交の中心であった。ヘンリー8世（在位1509～47年）以来、歴代の王様が居城としてきたセント・ジェームズ宮殿にも近く、高級紳士服やワイン・雑貨商、タバコや帽子の名店が軒を連ね、紳士淑女が集った場所としても有名である。

　ベリーズ社の創業は1698年と非常に古い。以来セント・ジェームズ街3番地で変わることなく、300年以上にわたって営業を続けてきた。もちろんワイン・スピリッツ商としてはイギリス最古を誇る。同社の歴史については「カティサーク」の項（→52P.）を見ていただきたいが、ショップに入って驚くのは中央に天井から吊り下がった大きな天びん秤があること。これはコーヒー豆などの計量に使用されていた秤で、同店の顧客サービスの目玉のひとつが、これで体重を計ること。

　このサービスは1765年に始まり、250年近く経った現在も続いている。計量された体重は革張りの分厚い台帳に記録されることになっていて、その中には詩人のバイロンから歴代の国王、ナポレオン3世など、各時代の著名人の名前がずらりと並ぶ。

　その中のひとりが18世紀後半から19世紀にかけて一世を風靡した伊達男、ボー・ブランメルことジョージ・ブランメルであった。ブランメルは国王ジョージ4世（在位1820～30年）に気に入られ、国王のファッション・アドバイザーとして一躍ロンドン社交界の寵児となった人物で、イギリスのファッション史では欠かすことのできない重要人物のひとりである。

　ブランメルのファッションは特別奇をてらったものではなく、むしろ地味なものだったというが、その身だしなみはダンディズムの極致といわれた。ブランメルが好んで着用したのが合わせボタンの青の上衣と白いチョッキ、そしてシルクハットだった。

　この「ブルーハンガー」というウィスキーは、ベリーズ社の顧客のひとりであったウィリアム・ハンガー卿にちなんで名付けられた

038

ものだが、ハンガー卿はブランメルの信奉者で、いつも青の上衣を着ていたことから、こう呼ばれたのだという。ラベルを見ると、合わせボタンのジャケットにシルクハット、小脇にステッキをはさんだ伊達男ハンガー卿の姿が描かれ、なんとなくブランメルの時代を彷彿とさせるものがある。

　かつてはグレーンを混和したブレンデッドウィスキーであったが、現在はモルトウィスキー数種をヴァッティングしたブレンデッドモルトとなっている。ボトリングの度にモルト原酒が変わるのも特徴のひとつで、写真はもっとも新しい9thリリース。ブレンドは同社のブレンダー、ダグ・マッカイバー氏が手がけている。

製造元 ── ベリー・ブラザーズ＆ラッド社
系列 ── ─
輸入元 ── BBRジャパン
主要モルト ── ブナハーブン、クライヌリッシュ、グレンエルギン、リンクウッド

Blue Hanger 9th Limited Release
45.6% 700ml D

香り ── リッチでスィート、フルーティ。なめし革、葉巻。遅れてスモーク。加水でドライフルーツ。やがて柑橘系フルーツ。
味 ── スィートでスモーキー。ミディアムボディ。後口はビターでオーキー、スパイシー。ややワクシー。加水をすると飲みやすくなるが、後口は非常にドライ。
総合 ── ブナハーブンやクライヌリッシュ、グレンエルギン、リンクウッドのブレンド。さらにヘビリーピーテッドのブナハーブン、"モンニャ"が効いている。非常に複雑でリッチなテイストが楽しめる。時間とともに変化するので、ストレートでじっくりと。

Blue Hanger　039

Chivas Regal
シーバスリーガル

吉田茂元首相も愛飲。
スコッチ第3位の売り上げを
誇る「王家の酒」

　1801年、アバディーンにワインと食料品を扱う小さな店がオープンした。これが後に「シーバスリーガル」を生むことになったシーバスブラザーズ社の前身である。
　創業当時の経営者はジョン・フォレストとウィリアム・エドワードだが、事業の発展にと

製造元　──　シーバスブラザーズ社
系列　　──　ペルノリカール社
輸入元　──　ペルノ・リカール・ジャパン
主要モルト　──　ストラスアイラ、グレンキース、ザ・グレンリベット、ロングモーンなど

Chivas Regal MIZUNARA Special Edition 12yo
40% 700ml　B

香り　──　洋ナシ、リンゴ、オレンジ、桃の缶詰、イチゴジャム。非常にアロマティックでうっとりとする。削りたての白木…。縁日のリンゴ飴。加水でやや印象がぼやける。

味　──　スィートでフルーティ。しっかりとしている。ミディアムボディ。かすかにオーキー。甘・辛・酸のバランスが絶妙で、余韻も中程度。加水でややボディ感が失われる。

総合　──　マスターブレンダーのコリン・スコット氏が日本のウィスキーファンのためにつくった特別のシーバス。非常にアロマティックで、いつまでもグラスの中を嗅いでいたくなる。ぜひストレートで。

シーバスリーガルの原酒確保のために、1970年代にスペイサイドに相次いで建てられたブレイヴァル蒸留所（左）と、アルタベーン蒸留所（右）。どちらも熟成庫は持っていない。

もない、友人の従兄弟をパートナーとして迎え入れた。同じアバディーン出身のジェームズ・シーバスである。

シーバス家はシーバス（Schivas）男爵に連なる名門の家系で、彼は共同経営者になるとワインと食料品のほかに、当時需要が伸び始めていたウィスキーに注目し、その扱いを増やしていった。

1840年代にはアバディーン州一帯では評判の店となり、1843年にはヴィクトリア女王からロイヤルワラント、女王御用達の勅許状を授けられている。フォレストとエドワードの死後、ジェームズは弟のジョンを共同経営者として参画させ、1858年、ここにシーバスブラザーズ社が誕生した。

自社ブランドを続々と完成させる

1860年代になると同社の主要ビジネスは酒類・食料品の販売からウィスキーの製造販売に移行し、60年代から80年代にかけ自社ブランドの「グレンディー」や「ロイヤルストラッサン」「オールドヴァット」を完成。これらは評判となり、一躍シーバス社の名前を高めることになった。「グレンディー」はグレーンを入れないヴァッテッドモルトで、1860年の酒税法改正以前につくられたブランドだという。

ジェームズ・シーバスは1886年に亡くなり、事業は彼の息子アレクサンダー・シーバスが引き継いだが、その息子も数年後に急死。同社はジェームズの助手を長年務めていたA・J・スミスが継ぐことになった。このスミスと、彼が同社に迎え入れた名ブレンダー、C・S・ハワードがジェームズのウィスキーを発展させて、1891年に完成させたのが「シーバスリーガル」である。シーバスとはもちろんシーバス家のことであり、リーガルには『王家の』『堂々とした』『極上の』という意味がある。

この「シーバスリーガル」はノンエイジだったが、1909年にアメリカとカナダで販売されることになり、正式に商標登録。驚くべきことに、その時にプレミアムの上をいく「25年物」の超デラックスブレンドを開発した。当時ヨーロッパとカナダ、アメリカを結ぶ豪華客船の一等船室で飲まれることを想定した最高級品だったが、この25年物は

Chivas Regal 12yo 40% 700ml　A

香り ── ベリー、洋ナシ、青リンゴ。バニラ、蜂蜜。かすかにオイリー。加水でチェリー、ふっくらしたパン、削りたてのオーク。

味 ── スィートでスムーズ。シルクのよう。ミディアムからライトボディ。バランスが良く、余韻も中程度。蜂蜜やリンゴジャムのような後口があり、かすかにピーティ。

総合 ── これぞスペイサイドブレンド。非常にフルーティでシルクのようになめらかな口当たりが楽しめる。加水をしてもバランスが崩れないので、ロック、水割り、どんなスタイルでも楽しめる。

Chivas Regal 18yo 40% 700ml　B

香り ── リンゴ、洋ナシ、ミント。フルーティでフローラル。複雑だがバランスがよく、ノーブルで心地よい。加水で蜂蜜、チョコレート。

味 ── ねっとりと甘く、酸味、渋みのバランスが秀逸。シルクのようにスムーズ。アッサムティー。かすかなピート。加水をしても、まったくバランスが崩れない。

総合 ── コリン・スコット氏の最高傑作！　ぜひストレートで味わいたい。そのブレンド技術は、もはや神業に近い…。スコッチブレンデッドの到達点のひとつ。

アメリカの禁酒法時代（1920～33年）に終売となり、姿を消してしまった。

核となるモルトはストラスアイラ

スミスとハワードの死後、1935年に同社は同族会社から株式会社となり、1949年にはカナダのシーグラム社の傘下に入り、国際企業としての道を歩み始めた。その直後の1950年に買収したのが、スペイサイド最古を誇るストラスアイラ蒸留所である。

これはシーバス社にとってはエポックメイキング的な出来事であり、これにより「シーバスリーガル」の核となるモルト原酒の安定確保に成功した。当時シーグラム社を率いていたのはサム・ブロンフマンである。

彼はスコッチへの参入を狙っていたが、ロバートソン＆バクスター社の買収は失敗し、次にこのシーバスブラザーズ社の買収に動いたのだ。同社を手に入れたブロンフマンが次に手がけたのが、「シーバスリーガル」の世界的なマーケティング。この時に投入されたのが、「シーバスリーガル12年」であった。

ただし、シーグラム社がシーバス社の運営にあたっていたのは2001年までで、この年、シーグラム社のウィスキービジネスからの撤退を受け、スコッチ業界第2位のペルノリカール社がシーバスブラザーズ社を買収。現在は同社傘下となっている。

ペルノリカール社がスペイサイドに所有する蒸留所はストラスアイラを筆頭にザ・グレンリベットやロングモーン、アベラワーなど全部で12か所。さらにマルベンやキースの巨大な集中熟成庫、ブレンディングセンターも合わせもち、一大企業グループをつくっている。もちろん、スコッチのブレンデッド第2位の売り上げを誇る「バランタイン」

シーバスリーガルのキーモルトをつくるストラスアイラ蒸留所。左はダンネージ式熟成庫で、右がポットスチル。

Chivas Regal 043

も同社の所有である。

ファン垂涎の日本市場限定品

「シーバスリーガル」の製品ラインナップには「12年」「18年」「25年」などがあるが、特に「12年」はプレミアムスコッチの売り上げでは、「ジョニーウォーカー・黒ラベル12年」に次ぐ世界第2位。シーバスリーガル全体の売り上げは年間約490万ケース（2012年）で、これはジョニーウォーカー、バランタインに次ぐ、スコッチ第3位の数字である。「12年」は故アイゼンハワー米大統領が愛飲したウィスキーでもあり、わが国では吉田茂元首相が、イギリス赴任時代から亡くなるまで愛した酒としても有名だ。

　1997年に販売開始となった「18年」は、現在のマスターブレンダー、コリン・スコット氏が「シーバスを超えられるのはシーバスだけ」と、持てる経験と才能のすべてを傾けてつくり上げた逸品中の逸品。ストラスアイラのモルト原酒を中心に、18年以上熟成の樽を厳選し、よりまろやかな熟成感と豊かな果実香、そして「12年」よりはっきりとした蜂蜜風味を持ったウィスキーに仕上げている。すべてのボトルにはスコット氏のサインと、シリアルナンバーが入っている。

　「25年」は2007年に発売された往年の名品の復刻版で、もちろんコリン・スコット氏がブレンド。さらに日本市場限定で2013年10月に、「シーバスリーガル・ミズナラエディション」を新発売。これは日本のウィスキーづくりに感銘を受けたスコット氏が、日本のシーバスファンに捧げたスペ

シャルブレンドで、最後に原酒の一部をミズナラ樽で後熟させた12年物。日本のシーバスファンにとっては、まさに夢のような製品なのだ。

　ちなみにシーバスブラザーズ社にとって、その前身となった店の創業年"1801"は特別の意味を持っているようで、現在ヘッドクォーターが置かれているグラスゴー近郊のペイズリーの本社の電話番号の末尾は、1801に統一されているという。それだけ1801という数字に強いこだわりと、誇りを持っているのだろう。

シーバスリーガル・ミズナラエディションの発売を記念して来日したコリン・スコット氏。大の釣り好きでもあり、サーモンフィッシングをこよなく愛している。

1909年に発売されたシーバスリーガルの25年物。創業年を表す1801という年号と、25年という文字が誇らしげだ。

Chivas Regal 25yo 40% 700ml　E

香り　── 上品でリッチ、フルーティ。深みがある。白桃、黄桃。遅れてクリーム、クレームブリュレ、アーモンド。加水でオレンジ。

味　── リッチでシルキー。ミディアムボディ。ミルクチョコレート、ヘーゼルナッツ。バランスが良く、円熟した香味がいつまでも続く。かすかにスモーキー。

総合　── 複雑でバランスのとれた香味を持ち、古典的なブレンデッドに仕上がっている。加水でややバランスを崩すので、ぜひストレートで、ゆっくりと楽しみたい。

Chivas Regal

Clan Campbell
クランキャンベル

スコットランドの名門貴族
キャンベル家秘伝のブレンド

　クランキャンベルとは、スコットランド独特の制度である氏族（クラン、先祖を同じくすると考えられる血縁集団）のキャンベル一族のことで、300近くあるといわれるクランの中で、このキャンベル一族は最大規模を誇っている。それもスコットランドだけでなく、全世界に1,400万人以上の構成員がいるというから、なんとも凄まじい。

　一族の、現在の長は第12代アーガイル公爵イアン・キャンベル氏。しかしアーガイル公という英王室の称号よりも、クランキャンベルの長を意味する"MacCailein Mor"（マッコリン・モー）という称号のほうが大切であるという。

　キャンベル家の創始は今から900年以上も昔にさかのぼることができる。初めて貴族に列せられたのは13世紀のサー・コリン・キャンベルの時代で、以来キャンベル家の当主は「偉大なるコリンの息子」（Macは『息子』、Morは『偉大なる』の意味）と呼ばれてきた。現在の当主、第12代アーガイル公キャンベル氏は、第26代「マッコリン・モー」でもあるのだ。

　そのイアン・キャンベル氏がかつて役員を務めていたのがキャンベルディスティラーズ社である。もともとはハウス・オブ・キャンベルという名前の会社だったが、1988年にフランスのペルノリカール社と資本提携することにより、社名がキャンベルディスティラーズ社と改まった。ただし現在は、ペルノリカール傘下のシーバスブラザーズ社の経営となっている。

　キャンベル家秘伝のウィスキーというと、その名も「アーガイル」という酒があるが、これはキャンベル家の居城であるインバレアリー城の売店でしか売っていない。それに代わるものとしてマーケットに投入されたのが「クランキャンベル」で、1984年に誕生した比較的新しいブランドである。

　しかしヨーロッパ市場では急成長を見せ、1997年には出荷当初の4倍近い110万ケースを売り上げ、現在も年間100万ケース近くを維持しつづけている。特にフランス国内では人気が高く、ブレンデッドスコッチのトップ5にいつもランクされているという。他にイタリアやスペインなどでも人

アーガイル地方のインバレアリーにあるキャンベル家の居城。石造りの見事なお城で、訪れる人も多い。

気が高く、日本では現在販売されていないが、アジアの新興国に向けても輸出されている。

現在出回っているのは掲載ボトルと異なる、年数表示のないトール瓶のクランキャンベルで、ラベルにはアーガイル地方の山並みと、『貴族の、高貴な』を意味する"Noble"という文字が躍っている。

ブレンドの中核をなすのはスペイサイドのモルト原酒で、シーバスブラザーズ傘下のアベラワーやグレンアラヒーなどが、キーモルトとして使われているという。

製造元 ── シーバスブラザーズ社
系列 ── ペルノリカール社
輸入元 ── ―
主要モルト ── アベラワー、グレンアラヒーなど

Clan Campbell 12yo 40% 700ml　Ⓑ

香り ── スィートでリッチ。フルーティでふくよか。バランスが良く、バニラやクレームブリュレのようなアロマ。加水でややオイリーな金属臭が前面に。

味 ── ミディアムボディ。リッチだがドライ。ビターチョコレート。余韻は中程度。加水でややバランスが崩れ、針葉樹の葉のようなニュアンスに変化する。

総合 ── リッチでスィートなアロマに、ドライでチョコレートのようなフレーバーが心地よい。バランスも悪くないが、加水でやや崩れるので、ストレートでゆっくり味わいたい。

Clan Campbell　047

Clan MacGregor
クランマクレガー

誇り高きマクレガー一族につながるブランド

「クランマクレガー」は、「グランツ」やシングルモルトのグレンフィディックで有名なウィリアム・グラント＆サンズ社が、1980年代に市場に投入した新しいブランドで、もともと「グランツ」のセカンドラベルであったが、1990年代に入って急成長を遂げ、97年には年間100万ケースを突破するまでに成長した。

現在の売り上げは年間約110万ケースで（2012年）、これはスコッチ全体の第17位の数字である。一時期、アメリカ市場を中心に大躍進を遂げたが、2000年以降はベネズエラやタイなど、新興国で販売量を伸ばしている。

酒名のクランマクレガーとはマクレガー氏族のこと。アーガイル地方に隣接するグレンガイル、グレンロッキーを本拠地とする一族であったが、アーガイル公キャンベルの強大な政治力の前に追いやられ、1603年にはスコットランド国王ジェームズ6世（イングランド国王ジェームズ1世）から、「アウトロー」を宣告されてしまった。

一族は土地を追われ、マクレガーという名前を使うことも許されなかったという。さらに誰かがマクレガー一族を殺しても、何の罪にも問われなかったというから、一族がなめた辛酸は想像を絶するものがある。

アルバ王国の前がダルリアダ王国で、その王国の最初の砦が築かれたのが、このダナッドの丘の上だ。

このアウトローの宣告は1774年に解除されるまで続き、その間に少なくとも34名のクランメンバーが殺されたという。スコットランド版ロビンフッドとして有名なロブ・ロイの本名はロバート・マクレガーで、じつはこのマクレガー一族の出身だったのだ。

ラベルの上部に描かれている紋章は、誇り高きマクレガー氏族の紋章で、"Srioghal mo dhream"というゲール語のモットーは、"Royal is my race"（王家は我が血筋）の意味。じつはマクレガー家は、スコットランド王朝（アルバ王国）の開祖であるケネス・マッカルピン（9世紀にスコットランドを統一）につながる由緒ある家系なのだ。ちなみに現在の紋章はゲール語表記から英語表記に変わっている。

製造元のアレクサンダーマクレガー社は復興なったマクレガー氏族につながる会社で、前ページの「クランキャンベル」とは

浅からぬ因縁がある。クランキャンベルは、マクレガー一族を追いやったアーガイル公キャンベルのことだからだ。

現在「クランキャンベル」はスコッチの中で15位の売り上げを誇っているが、「クランキャンベル」に追いつき追い越すことが、「クランマクレガー」の悲願となっている。

ブレンドにはグラント社が所有するグレンフィディック、バルヴェニー、キニンヴィ、そしてガーヴァンのグレーン原酒が主に使われているという。

製造元 ── アレクサンダーマクレガー社
系列 ── ウィリアム・グラント&サンズ社
輸入元 ── ―
主要モルト ── グレンフィディック、バルヴェニー、キニンヴィなど

Clan MacGregor 40% 700ml ──

香り ── 若いグレーン、ふすま、大学イモ…。アマニ油、ユーカリ油。かなりスピリッティ。かすかにピーティ。チョコレート。加水をすると穏やかになるが、よりグレーンっぽい。

味 ── リッチでスムーズだが、スピリッティ。ニューポット。ここでも若いグレーンウィスキーが前面に。ライトからミディアムボディ。スパイシー。加水で飲みやすくはなるが、ボディが失われる。

総合 ── スコットランド最古のクランの名前をブランド名にしているが、香味は意外と今風…。若いグレーンが支配的でアメリカ市場や新興国を意識したものか。ソーダ割りなどで気軽に。

Clan MacGregor 049

Claymore
クレイモア

愛国心と勇気の象徴
「大きな剣」が名前の由来

　クレイモアとはハイランドの戦士たちが使った両手で持つ巨剣のこと。敵を突くとか斬るための剣ではなく、なぎ倒すために用いた剣で、あまりの大きさに従者2人に担がせて戦場に運んだという説もある。

　もともとゲール語のclaidheawh（刀）、mor（大きい）からきている言葉で、スコットランドでは愛国心と勇気の象徴とみなされてきた。文献上に最初に登場するのは13世紀の頃で、愛国者にしてスコットランド独立の英雄、ウィリアム・ウォレスがイングランド軍を破ったスターリングブリッジの戦い（1297年）で、手にしていたのがこのクレイモアだったという。

　このウォレスの物語は『ブレイブハート』（1995年アメリカ映画、メル・ギブソン製作・監督・主演）という映画にもなったので、ご覧になった方も多いだろう。ウォレスに扮したメル・ギブソンが手にしていたのがクレイモアだ。映画では軽々と持っているように見えたが、果たして本物はどうだったのだろう。

　クレイモアの歴史自体はたいへん古いが、ウィスキーのブランド名に登場したのはそれほど古いことではない。「ジョニーウォーカー赤ラベル（ジョニ赤）」に代わるイギリス国内向けの廉価ブランドとして、DCL社

バノックバーンの戦い（1314年）で勝利したロバート・ザ・ブルース王。背中にかけているのがクレイモアだ。

が市場投入したのは1977年のこと。ジョニ赤が輸出用に回されたため、それに代わってマーケットシェアを維持するために新しく開発されたのが、この「クレイモア」だったのだ。

　当初はDCL社の傘下で、「オールドパー」の製造元として知られるマクドナルドグリーンリース社が製造にあたっていたが、1986年からはホワイト＆マッカイ社傘下のA・ファーガソン社にブランド権が移っている。これはギネスグループによるDCL社買収（1986年）の際に、独占禁止法に抵触す

る疑いが強まり、いくつかのブランドをホワイト＆マッカイ社に売却したためである。
　スタンダードの「クレイモア」は8年熟成の原酒を中心としたもので、オイリーで個性的な風味をもっている。日本には輸入されていないが、「15年」は17年熟成のモルト原酒を主体としたプレミアム品。現在はどれもホワイト＆マッカイ社傘下のダルモアなどが中心にブレンドされていて、手頃な値段のわりには個性的な味わいを楽しむことができる。

製造元 ── A・ファーガソン社
系列 ── ホワイト＆マッカイ社
輸入元 ── 明治屋
主要モルト ── ダルモア、フェッターケアンなど

Claymore 40% 700ml　A

香り ── 麦芽、麦こがし、ヘッセン布、アマニ油。オイリーで若いグレーンが支配的。やや金属っぽいアロマ。加水をしてもほとんど変化がない。

味 ── スィートだがライトボディ。グレーンが支配的でテクスチャーはあまり感じられない。加水でなめらかになり飲みやすくなる。余韻は短めで、かなり個性的なフレーバーを持っている。

総合 ── クレイモアというブランド名は勇ましいが、風味はライトテイストで、やや今風なイメージ。加水をしてもほとんど変化がないので、水割り、ロック、ソーダ割り、カクテルにも向くだろう。

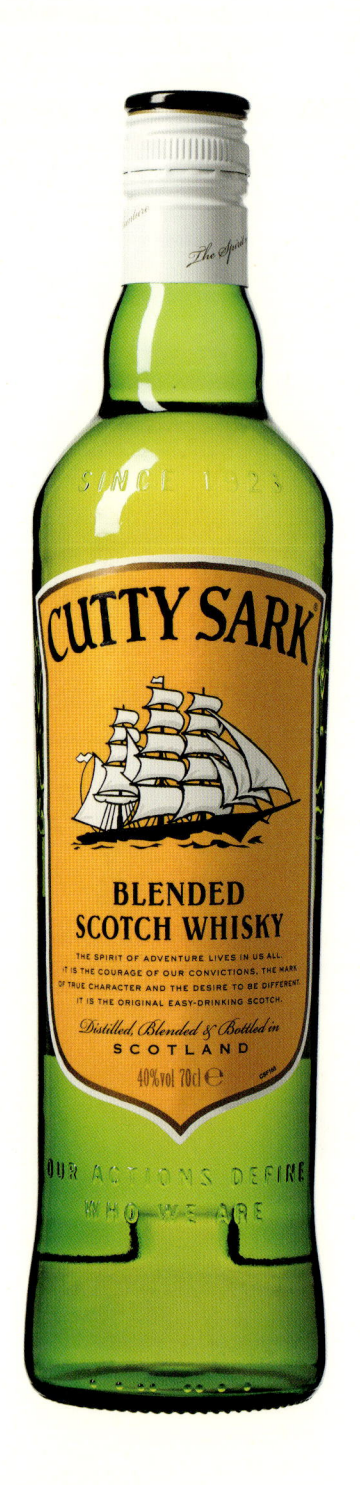

Cutty Sark
カティサーク

海へのロマンをかき立てる優美な帆船がシンボルマーク

　ロンドンのセント・ジェームズ街は、バッキンガム宮殿とセント・ジェームズ宮殿の2つの宮殿にも近く、古くから社交の中心として栄えてきたところ。そのセント・ジェームズ街3番地に1698年に創業したのがベリー・ブラザーズ&ラッド社（BBR、通称ベリーズ社）である。

　創業当時は「イタリアン・ウエアハウス」と呼ばれる食料雑貨商で、コーヒー豆やお

製造元	エドリントングループ社
系列	―
輸入元	バカルディジャパン
主要モルト	グレンロセス、ブナハーブン、マッカラン、ハイランドパークなど

🍷 Cutty Sark 40% 700ml　A

香り	アマニ油、麻、ユーカリ油。剣先イカの燻製、魚のオイル。加水をするとスィートでフローラルになる。レモン、オレンジ…。
味	ライトボディ。スィートですっきりしているが、若いグレーンを感じる。余韻は短め。加水でよりスィート、フローラルに。
総合	全体的に若いグレーンが支配的だが、すっきりとしていて飲みやすい。ストレートよりロックか水割り、ソーダ割りのほうが合いそうだ。

茶、香辛料などを主に扱ってきた。現在の建物は1730年代に建てられたもので、外観も内装も280年前とほとんど変わっていない。

店内に一歩足を踏み入れると傾いた木の床、年代物の古いテーブル、コーヒーミルや大きな天秤棒などが目に飛び込んできて、ここが世界的に有名なワイン・スピリッツ商であると、にわかには信じがたいほどだ。創業当時から使っている看板もコーヒーミルをデザインしたもので、これはベリーズ社の商標として現在も使われ続けている。

王室御用達の
ワイン・スピリッツ商に

ベリーズ社が主力商品であったコーヒー豆からワイン商へと転身したのは18世紀半ばのことで、現在では1,000種を超える高級ワインを扱っている。ワイン資格でもっとも難しいといわれる"マスター・オブ・ワイン"の有資格者が5人いるのも自慢のひとつだ。もちろんワインだけでなくコニャックやジン、ウォッカ、リキュール、ウィスキーといったスピリッツ類も扱っており、エリザベス女王からワイン・スピリッツ商としてワラント（御用達の勅許状）を授けられている。

この勅許状は、8代前のジョージ3世の時代（在位1760〜1820年）からというから、この手の店としては老舗中の老舗といっていいだろう。そのベリーズ社が自社ブランドのウィスキーとして世に出したのが、「カティサーク」であった。

「カティサーク」の誕生は1923年に遡る。スペイサイドのグレンロセスを中心としたブ

カティサークのキーモルトはスペイサイドのグレンロセス蒸留所。オーナーはエドリントングループ社だが、シングルモルトのブランド権はBBRが持っている。右はグレンロセスの発酵槽と、発酵担当の職人たち。

Cutty Sark 053

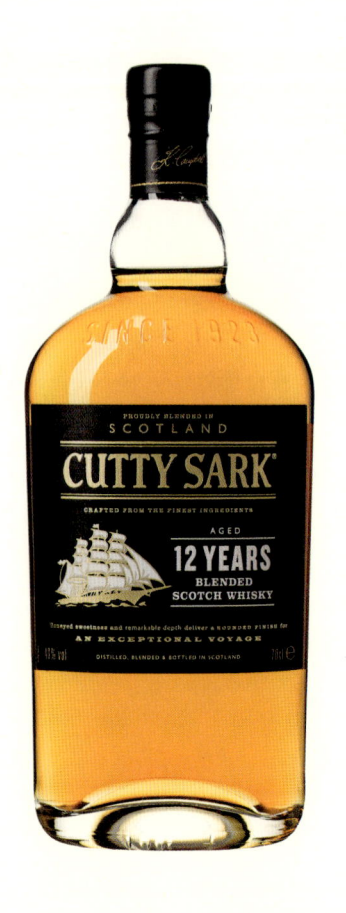

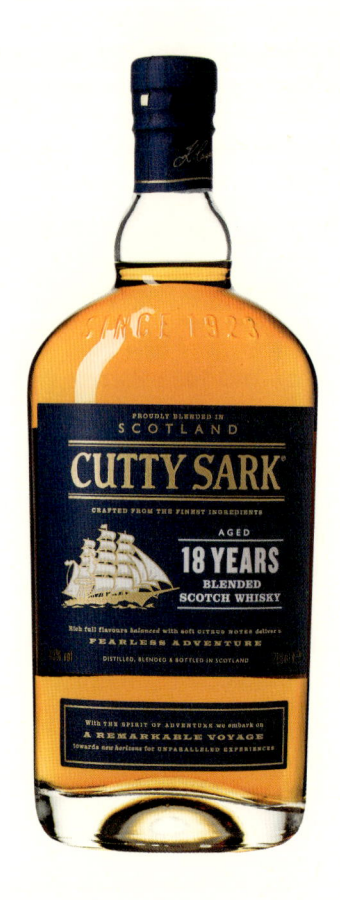

Cutty Sark 12yo 40% 700ml　B

香り ── エレガントでフルーティ。熟したオレンジ、プラム。遅れてユーカリ油。かすかにピーティ。加水で瑞々しいフルーツ。

味 ── スィートで上品。奥にシェリー香。バランスが良く、しっかりとしている。ミディアムボディ。余韻は中程度で、フルーティな甘みが続く。加水でドライに。

総合 ── 原酒のマッカランやハイランドパークが効いているのか、エレガントでバランスも申し分ない。このクラスとしては秀逸なアロマ、フレーバーを持っている。ストレートか少量の加水で。

Cutty Sark 18yo 43% 700ml　C

香り ── 穏やかな印象だがリッチで、複雑。ドライアプリコット、ドライマンゴー、ナッティ、マジパン。かすかに硫黄。遅れてプルーン。加水でよりスィート、バニラ、蜂蜜。

味 ── ミディアムボディ。しっかりしていて甘・辛のバランスもとれている。ハーブ、ビターチョコ、アモンティリャード・シェリー。余韻は中程度だが、フルーティでウッディなフレーバーが続く。

総合 ── キーモルトのグレンロセスの特長がより出ている気がする。穏やかなバランス系だが飲み応えもあり、ロックなどで、ゆっくり楽しみたい。

054

レンデッドウィスキーで、禁酒法時代（1920〜33年）のアメリカをターゲットにした、ライトタイプのウィスキーであった。考案したのは当時の社長のフランシス・ベリーで、何度もアメリカに渡航し、市場調査と販売ルートを開拓したという。もちろん正規には輸出できないから、一度バハマなどに輸出され、そこから"秘密のルート"を通って、アメリカに運ばれた。

ベリー社長に「アメリカではライトタイプのウィスキーが好まれる」とアドバイスし、"秘密のルート"を確約したのが、ギャングに顔がきいたビル・マッコイ船長であった。のちに"リアル・マッコイ"として知られた人物で、「マッコイ船長が持ち込むウィスキー（カティサーク）は本物だ（リアルだ）」ということで、"リアル・マッコイ"なる愛称がついたのだ。

「カティサーク」はアメリカ人の嗜好に合わせるため、当時一般的であったカラメルによる着色をやめ、あくまでもナチュラルカラーにこだわった。今でもこの伝統は生きており、カティサークにはカラメルなどはいっさい使われていないという。

"海の女王"にちなんだブランド名

新しいブランドが誕生する時にいつも問題になるのが、そのネーミングである。ブランドの成否は、中身以上にネーミングが左右する場合もある。1923年の3月、ブランド名を決めるベリーズ社の昼食会にはひとりの人物が招待されていた。ジェームズ・マクベイというスコットランド出身の著名な画家で、彼がその時に思いついたのが「カティサーク」というブランド名であった。カテ

グレンロセスにはロンドンのBBR店を再現した展示がある。これはリアルマッコイことマッコイ船長だ。

ィサークとは"海の女王"といわれた快速帆船、カティサーク号のことである。

ロンドン郊外のグリニッヂに現在永久保存されているカティサーク号は、イギリス海洋史における輝ける遺産でもあった。スコットランドのダンバートン港（グラスゴー近郊）で進水したのが1869年。当時は中国から紅茶を運ぶ快速帆船、ティークリッパーの全盛時代で、海の男たちはいかに速く走るかに命をかけていた。その年の新茶を一番でロンドンに水揚げした船には、多額の報酬金が支払われたからだ。カティサーク号とライバル船、サーモピレ号のレースは歴史に残るデッドヒートで、両船は何度もしのぎを削りあったという。

スエズ運河の開通とともにティークリッパーの時代は終わり、カティサーク号はその後オーストラリアに転進し、オーストラリアから羊毛を運ぶウールクリッパーとして活躍した。ここでも新ウールをいかに速くイギリスまで運ぶかが競われたが、1887年にカティサーク号が打ち立てた69日間という記録は、いまだに破られていないという。この年はヴィクトリア女王戴冠50周年の祝賀の年で、カティサーク号はイギリス海洋史に

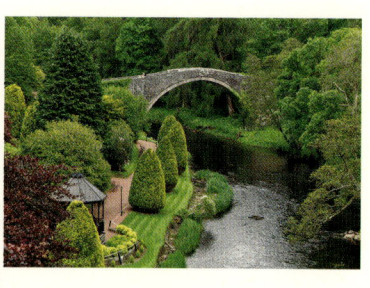

2013年に限定発売されたカティサークの「タム・オ・シャンター」25年物。タム・オ・シャンターとはロバート・バーンズの代表作のひとつで、カティサークはこの物語の中に登場する言葉。右はその舞台となったエアシャーのブリガドゥーン(ドゥーン川の石橋)。

おける金字塔となった。

　しかし、その後の運命は必ずしも栄光に包まれていたとはいいがたく、ウールクリッパーの時代が終焉すると、カティサーク号はポルトガルに売却され、晩年の27年間は油や石炭運搬船として利用されたという。もはや快速帆船の時代は、過去のものとなっていたのである。

　退役した外国航路の船長がカティサーク号をポルトガルから買い戻し、同船が再びテムズ河にその勇姿を現したのは1922年秋のこと。当時これが新聞で報道され、ロンドンっ子の注目が集まっていた。ジェームズ・マクベイが「カティサーク」という名前を提案したのには、そういう経緯があったのだ。

珍しい手描きラベルで人気を博す

　もちろんベリーズ社の新しいウィスキーに、これ以上ふさわしい名前はなかった。即座にそのネーミングが決定され、マクベイは求めに応じてカティサークの勇姿を、その場でラベルに描いた。"CUTTY SARK"も"SCOTS WHISKY"も、どちらの文字もマクベイの手描きであったという。

　現在、このラベルは使われていないが、世界的なウィスキーでラベルの絵や文字が手描きというのは珍しい。さらに、かつて用いられていた"SCOTS WHISKY"という表記も、「ゲール語ではこちらのほうが正統」というマクベイの信念に基づいていた。

　唯一マクベイの意図したものと異なるのは、山吹色のカラーで、これは印刷屋が指定を誤ったものだという。本来はもう少し淡い色だったというが、こちらがあまりに目に鮮やかだったため、ベリーズ社ではそれをそのまま使うことにしたのだ。

　緑のボトルと好対照をなす鮮やかな山吹色のラベル、海へのロマンをかき立てる帆船の絵は人気を博し、またたく間にカティサークは世界市場を席捲した。1960年代にはアメリカ市場でNo.1スコッチとなったが、残念ながらその後は低迷。現在はスペ

インやギリシャ、インドで再びその販売数を伸ばしているという。

　ラインナップには定番の「オリジナル」から「12年」「18年」などがあり、さらに黒のイメージで統一された「カティサーク・ストーム（嵐）」という新商品が、2012年から市場に投入されている。

　実は長年ベリーズ社が「カティサーク」を所有してきたが、2010年にブランド権はベリーズ社からエドリントングループ社に、反対にエドリントンが所有していたシングルモルトのグレンロセスのブランド権は、ベリーズ社に移行している。

　エドリントングループ社がブランド権を所有したことで、再び世界市場に向けたマーケティングが開始され、ここ2～3年、売り上げが急激に伸びているのだ。前述の「カティサーク・ストーム」も新オーナーの戦略のひとつである。

　ブレンドにはエドリントン傘下のグレンロセス、マッカラン、ハイランドパーク、さらにブナハーブンなどが使われているという。

Cutty Sark Storm 40% 700ml　A

香り──アマニ油、ピート、フレッシュな潮の香り、マジパン。加水でよりスモーキー。麦こがし、落雁…。

味──スィートでスムーズ。ライトボディ。かすかにピーティ。ヘザリーでマッシュルーム様。バランスは悪くなく、余韻も中程度。

総合──ストームというだけあって、ピートやフレッシュな潮の香りがアクセントとなっている。ヘザリーな若いハイランドパークが効いているのか…。ロックで男らしく決めたい！

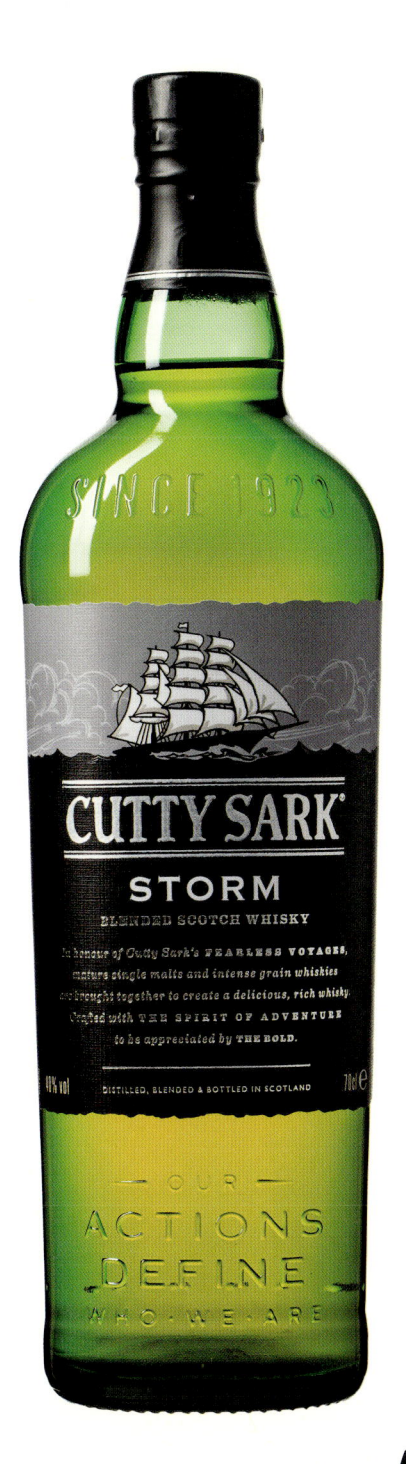

Dewar's
デュワーズ

"仕事ほど楽しいものはない"
人生を謳歌した男の
ウィスキー

　スコッチが世界に躍進する前に、越えなければならない垣根がひとつあった。それはロンドン市場の開拓である。
　ヴィクトリア朝のロンドンはジンとラム、ブランデーの天下で、誰もウィスキーを飲もうとはしなかった。19世紀半ばに誕生したブレンデッドスコッチは、飲みにくいというモルトウィスキーのイメージを変えはしたが、浸

製造元	ジョン・デュワー&サンズ社
系列	バカルディ社
輸入元	バカルディジャパン
主要モルト	アバフェルディ、オルトモア、ロイヤルブルックラ、クレイゲラキなど

Dewar's White Label 40% 700ml　A

香り ── 穏やかで、しっとりとしている。麦芽、麦芽糖、アマニ油、ユーカリ油、青草。クリーンで蜂蜜様。加水をするとリンゴ、パパイヤ、ある種の漬物…。

味 ── ライトボディだがスムーズで、甘・辛のバランスは悪くない。スパイシー、ヘザーハニー。加水をしても崩れない。余韻は中程度で、飲み飽きない。

総合 ── グレーンがやや気になるが、バランスは悪くなく十分楽しめる。このクラスとしてはよくできている。ロックでもソーダ割りでも、なんでもいけるだろう。

透するまでには至っていなかった。スコッチは優秀なセールスマン、それも人物的にも優れ、ユニークで、人々があっと驚くような強烈な個性の持ち主を必要としていたのだ。

その役目を担ったのが「ビッグファイブ」と呼ばれるウィスキー会社と、そのリーダーたちであった。「ブラック＆ホワイト」のジェームズ・ブキャナン、「ヘイグ」のジョン・ヘイグ、「ジョニーウォーカー」のアレクサンダー・ウォーカー、「ホワイトホース」で知られるピーター・マッキー、そして「デュワーズ」のトーマス・デュワーなどであった。特にこのトーマス・デュワー、通称トミー・デュワーの果たした役割は計り知れないものがある。

"スーパーセールスマン"登場

ジョン・デュワー＆サンズ社の創立は1846年に遡る。創業者ジョン・デュワーは、ハイランドの農家の出だったが、23歳の時にパースに職を求めて旅立った。勤めたのは市内の小さなワイン・スピリッツ商で、ここで17年間修業を積んだのち、40歳で遅い独立を果たしている。実際、他の「ビッグファイブ」と比べてみても、40歳での独立というのは、かなり遅いスタートだったといえるだろう。

しかし同社の名声を不動のものとしたのは、ジョンの死後家業を継いだ2人の息子たちであった。兄のジョン・アレクサンダー

デュワーズの原酒工場として1896年に建てられたアバフェルディ蒸留所。蒸留所に併設して博物館もある。

・デュワーは26歳、弟のトーマスはまだ16歳という若さであった。後年、貴族に叙せられ「ウィスキー男爵」と呼ばれることになった2人の兄弟は、性格も信条も、政治的基盤も好対照であった。

兄アレクサンダーは寡黙でクール、政治的にもリベラルで、自由党の国会議員を務め、どこから見ても典型的なスコットランド紳士そのもの。対して弟のトーマスは饒舌でウィットに富み、ロマンチストで後年保守党の国会議員としても大活躍した。家業では兄が主に生産部門を担当し、弟トーマスが販売部門を受け持った。1885年、弱冠21歳という若さでトーマス・デュワーは、父と兄の念願だったロンドン進出を決意した。

トーマスのロンドン進出には数々のエピソードが残されている。ジョン・デュワー＆

🍷 Dewar's 12yo 40% 700ml　A

香り ── ノーブルな印象。スムーズでリッチ、フルーティ。プラム、スモモ、アップルタルト。加水で蜂蜜、クリーム。

味 ── スイートでスムーズ。ミディアムボディ。甘・辛・酸のバランスが良く、余韻は中程度。加水で麦芽糖。より蜂蜜様。

総合 ── バランスに優れた飲みやすいブレンデッドで、アバフェルディの蜂蜜様の原酒が効いている。いつ飲んでも楽しいウィスキーで、トワイスアップかロックがお薦め。

🍷 Dewar's 18yo 40% 700ml　C

香り ── 青リンゴ、アマニ油、黄桃、白い花…。やがてクリームタルト、バニラ、蜂蜜。加水でよりマイルドでスィート。

味 ── スムーズでスィート。ミディアムボディ。複雑だが甘・辛・酸のバランスが秀逸で、飲み飽きない。加水でよりスムーズになり、糖蜜のような甘さがいつまでも続く。

総合 ── 非常にバランスに優れた佳酒。加水をしても崩れないが、ストレートでゆっくりと楽しみたい。高原の昼さがり、白いテーブルで…。

パースにあったブレンダー室の古い写真。左端が兄のアレクサンダーだろうか(左上)。下はロンドンのトーマスの事務所を再現したもの。右の写真は33歳でシティの執政官に選ばれたトーマス・デュワー。なかなかの美男子だ。

サンズ社といっても誰も知る者がなく、事務所の家賃を全額前払いさせられたこと。スコットランドを発つにあたって取引先として紹介された人物が、ひとりは故人で、もうひとりはすでに破産者であったことなどだ。

しかし人を惹きつけるウィットと持ち前の行動力、たぐい稀なるアイデアで、トーマスは5年とたたないうちにロンドン中のホテルやバーなどに、デュワーズブランドのウィスキーを売り込むことに成功した。

人気の理由はアイデアとウィット

そんな彼のアイデアのひとつが、1888年にロンドンで開かれた見本市で、ハイランドの伝統衣装であるキルト姿のバグパイパーを登場させたことである。当時まだ珍しかったキルト姿とバグパイプの大音響にロンドンっ子は度肝を抜かれ、他のブースが、すっかりかすんでしまったという。現在「デュワーズ」のいくつかのボトルに、キルト姿のバグパイパーが描かれているのは、この見本市での成功を記念したものだ。

さらに最初にコマーシャルフィルムを作り、それを映画館で上映したのもトーマスであり、1911年にはテムズ河をはさんだ国会議事堂の対岸に、巨大な電飾広告を作り、ロンドンっ子をあっといわせた。これはその後のネオン広告のはしりで、1,400個の電球と6マイルにも及ぶ電気コードが、電飾塔のために敷かれたという。

それとは別にロンドンっ子から圧倒的に支持されたのが、トーマスのウィットに富むその言辞であった。33歳という若さで由緒

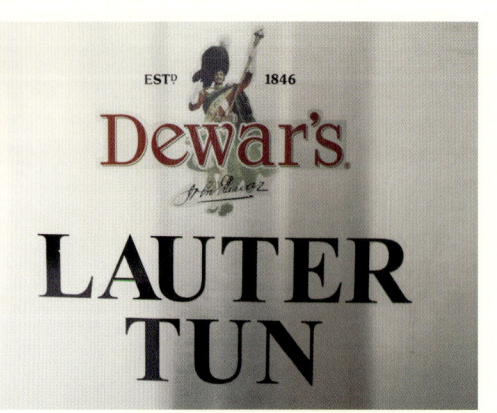

アバフェルディをはじめ、デュワーズの原酒蒸留所はどこも、デュワーズのお馴染みのロゴマークが入っている。

あるシティの執政官に選任されたトーマスは、すでにロンドンの名士に上りつめていたが、彼のスピーチは「デュワリズム（Dewarism）」と称され、連日のように新聞などで取り上げられた。

トーマスは数々の名文句を残しているが、「正しいことをしなさい。そうすれば人を恐れることはない。女性には手紙を書くな。そうすれば女性を恐れることはない」、「人生で仕事ほど楽しいものはない（There is no fun like work）」という文句は、トーマスの面目躍如たるものがある。

アメリカ市場No.1スコッチ

ここまでは"スーパーセールスマン"としてのトーマスの物語であったが、デュワーズ社の成功はもちろんそればかりによるものではない。転機となったのは1891年にアメリカから届いた1通の手紙だった。差し出し人は"鉄鋼王"として知られたスコットランド出身のアンドリュー・カーネギー。例のカーネギーホールのカーネギーだ。

手紙の内容は「ホワイトハウスのベンジャミン・ハリソン大統領にデュワーズの樽を届けてくれ」というもの。もちろん請求書は、カーネギー宛てに送るよう書き添えられていた。のちに「ホワイトハウスには、いつもデュワーズの樽が常備されている」といわれたのも、このためで、トーマスが世界市場に目を向けるきっかけになったのも、カーネギーと親交を結んだからだという。

もうひとつ転機となったのが、アバフェルディ蒸留所の建設である。増大する需要に応えるため、原酒モルトの確保がどうしても必要となった同社は1896年、ハイランドのテイ川上流部に新しい蒸留所を建設した。このアバフェルディ蒸留所は、ブレンディングを目的としたモルトウィスキー蒸留所としては、初めてのものであった。ポットスチルの形状や建物のレイアウトは、兄のアレクサンダーが決めたという。現在アバフェルディには、「デュワーズ・ワールド・オブ・ウィスキー」という博物館も併設され、多くの観光客が訪れる人気のスポットとなっている。

そして1906年、その後のデュワーズ社の繁栄を決定づけた「デュワーズ・ホワイトラベル」が誕生した。このウィスキーは創業者ジョン・デュワーのオリジナルブレンドを発展させたもので、アバフェルディを中核にブレンドされていた。禁酒法解禁後のアメリカ市場で爆発的な人気を得ることに成功し、ホワイトラベルはデュワーズ社の代名詞となった。

その立役者となったのが、兄弟の跡を継いだ甥のジョン・アーサー・デュワーと、アメリカ市場をまかされた代理店のジョゼフ・P・

ケネディであった。もちろん、のちのケネディ大統領の父である。

「デュワーズ」の現在の売り上げは年間約300万ケース（2012年）で、これはスコッチ第7位の数字。もちろんアメリカ市場では、今もNo.1スコッチとして君臨している。

同社は1915年に長年の盟友であり、ライバルであったジェームズブキャナン社と合併し、その10年後にはDCL社の傘下に入っている。その後UD社の系列として、かつての「ビッグファイブ」の名声と伝統を維持してきたが、1998年にバカルディ社が買収に成功。現在はバカルディ社の傘下企業となっている。

ラインナップには「ホワイトラベル」「12年」「18年」、そしてデラックスブレンドとして2005年から市場に投入された、「シグネチャー」などがある。

Dewar's Signature 43% 700ml　D

- 香り ── 穏やかだが深みがある。蜂蜜、アプリコット、メープルシロップ、チョコレート、小倉アン。かすかにピーティ。加水でよりフルーティに。
- 味 ── スィートでスパイシー。ミディアムからフルボディ。蜂蜜、フルーツ。奥に焦がしたオーク。かすかにスモーキー。余韻は中程度。加水でビターオレンジ。
- 総合 ── 非常に複雑なアロマ・フレーバーを持ったウィスキーで、少し気むずかしいところも。ストレートか少量の加水でじっくりと楽しみたい。

Famous Grouse
フェイマスグラウス

「あの有名な雷鳥をくれ！」
イギリスで人気No.1の
歴史的ウィスキー

　ウィスキーのラベルには鳥を描いたものがいくつか存在する。アメリカンウィスキーを代表するのが「ワイルドターキー」の七面鳥だとするならば、スコッチを代表する、いや世界で一番有名な鳥が、この「フェイマスグラウス」の雷鳥（グラウス）かもしれない。

　製造元のマシュー・グローグ＆サン社の

製造元	マシュー・グローグ＆サン社
系列	エドリントングループ社
輸入元	レミーコアントロージャパン
主要モルト	グレンロセス、タムドゥー、ハイランドパーク、マッカラン、グレンタレットなど

Famous Grouse 40% 700ml　A

香り　　麦芽、ハスク、アマニ油。フレッシュでハーブ様のアロマ。ミント、メンソール、ゼラニウム。加水でシトラスフルーツ、ココナッツ。

味　　　ソフトでスムーズ。ライトボディ。スイートかつドライ。甘・辛・酸のバランスがとれている。加水でより飲みやすくなるが、余韻は短め。

総合　　以前のものよりドライに感じるが、バランスが良く、フルーティでいくらでも飲める。時間をおいたほうが香りが開いてくるので、ロックなどで、ゆっくりと。

フェイマスグラウスのラベルは時代とともに変遷してきた。それらを展示しているグレンタレット蒸留所。ここは今、博物館となっている。左下はその熟成庫。蒸留所の敷地内には、こんな標識も。もちろん雷鳥が通ることはない。

創業は1800年。創業者のマシューはパース近郊で貴族の領地の管理人（執事）をしていたが、1797年にパースのワイン・食料雑貨店の娘と結婚し、その事業を継ぐことになった。当初はワインを中心に扱っていたが、やがて自社ブランドのウィスキーも手がけるようになり、事業は急速に拡大していった。

マシューの孫である3代目マシュー・グローグ（祖父と同名）は、フランスのボルドー地方の有名なネゴシアンのもとで、当初ワインビジネスの勉強をしていたが、1896年に帰国。折からのウィスキーブームに乗って、新しいブランドの開発に取り組むことになった。彼が1897年に完成させたのが「ザ・グラウス・ブランド」である。

当時、上流階級の間ではハイランド地方がブームになっていた。ヴィクトリア女王がハイランドのカントリーライフを好んだことも影響しているが、毎年夏になると多くの人々がハイランドにやってきた。ゴルフや釣りだけでなく、グラウスシューティング（雷鳥狩り）も大の流行であった。スコットランドばかりでなく、遠くイングランドからも多くのハ

Famous Grouse

ンターが押しかけたが、マシューはこうした上流階級にアピールするようにブランド名を考案したのだ。ちなみに雷鳥はスコットランドの国鳥でもある。ラベルに雷鳥の絵をデザインしたのはマシューの娘、フィリッパであった。

マシューのアイデアは思った以上の効果を上げ、発売から数年間で売り上げは急増。人々は「ザ・グラウス・ブランド」と言うところを、「あの有名な（フェイマス）雷鳥のウィスキーをくれ」と言うようになった。これを見たマシューはブランド名を変更して、「ザ・フェイマスグラウス」にしたのだという。いかにもアイデアマンらしいマシューのやり方である。

さらに秀逸な広告コピーが人気に拍車をかけた。文面はこうである。"Mellow as a Night of Love… One Grouse and You want No Other!"（夜をともにする恋人のようにメローな味わい…1杯のグラウス以外、何もいらない！）。

1920年頃になるとマシュー・グローグ社のビジネスはウィスキーが中心となり、1930年代にはアメリカに進出。その後世界にその販路を広げていった。しかし相続税の問題で、1970年にロバートソン＆バクスター社（ハイランドディスティラーズ社、のちのエドリントングループ社）に経営権を譲渡。家族経営の会社から国際企業へと変貌を遂げた。これは「フェイマスグラウス」の原酒モルトであるグレンロセス、タムドゥー、ハイランドパーク、マッカランなどの安定確保も意味していた。グレンロセス、ハイランドパークは当時ロバートソン＆バクスター社が所有していたからである。

新しいオーナーのもと同社はさらなる拡販に努め、1970年に9万ケースだった売り上げを、その10年後にはなんと100万ケースにまで伸ばしている。

「フェイマスグラウス」は現在、世界の80か国以上に輸出されていて、年間の売り上げは約330万ケース（2012年）と、スコッチ全体の堂々第6位。長くスコットランドで第1位、イギリス市場では「ベル」に次ぐ第2位の座をキープしてきたが、ついに「ベル」を抜いてイギリス市場でも、No.1

フェイマスグラウスの原酒のひとつであるハイランドパーク。ここではフロアモルティングで麦芽の一部をつくっている。右はエドリントンの瓶詰工場。

スコッチの座に躍り出た。特に近年の成長は著しく、2012年は対前年比13％の伸びを示している。

「フェイマスグラウス」には、いくつかのラインナップがあるが、スモーキーなモルト原酒の個性を強調したのが「ブラックグラウス」で、グレーンウィスキーのみをブレンド（ヴァッティング）したのが「スノーグラウス」である。

　さらにモルト原酒のみを混和したヴァッテッドモルトシリーズの「フェイマスグラウス」もあったが、これは世界市場からは撤退しており、現在は台湾市場のみで販売されている。いずれにしろマシュー・グローグの生んだ雷鳥のウィスキーは、国鳥の雷鳥と同じように、スコットランド人の誇りでもあり、今日も世界に羽ばたいているのだ。

Black Grouse 40% 700ml　A

- 香り ── ピート、スモーク、ヘザーハニー。リッチで複雑。なめし革…。加水でアマニ油、スパイシーに。
- 味 ── リッチでスィートだが、スモーキー。ミディアムボディ。チョコレート。徐々に甘みが増す。余韻は中程度で、加水でハーブティー。
- 総合 ── シェリー樽由来のスィートでスパイシーな風味に、スモーキーでピーティなモルト原酒が絶妙にマッチ。加水をするとややグレーンっぽさが出るので、ロックかごく少量の加水、あるいはストレートで。

Fort William
フォートウィリアム

日本とスコットランドの技術が融合した結晶

　フォートウィリアムとは西ハイランドの中心地として古くから栄えた港町の名前で、この町の背後にイギリスで一番高いベンネヴィス山（標高1,344メートル）があることで知られるリゾートタウンでもある。

　その町のはずれにあるのがベンネヴィス蒸留所で、このウィスキーはベンネヴィス蒸留所がつくるブレンデッドスコッチ。かつてはシングルモルトと同じ「ベンネヴィス」という銘柄名が使われていたが、紛らわしいということで2012年に、「フォートウィリアム」というブランド名に変更になったのだ。

　ベンネヴィス蒸留所がフォートウィリアムに建てられたのは1825年のことで、創業者は"ロングジョン"ことジョン・マクドナルドであった。長身痩軀の大男で、身長が193センチもあったため、こう呼ばれたという。

　世界的に有名な「ロングジョン」というブレンデッドスコッチは、彼の愛称を冠したもので、かつてはベンネヴィスのモルト原酒を中心にブレンドしていたが、現在ブランド権はペルノリカール社に移り、ベンネヴィス蒸留所とは関係がなくなっている。

　ジョンの死後、蒸留所はシーガーエヴァンス社、ジョセフ・ホッブス、ウィットブレッド社などに移り、1989年に日本のニッカウヰスキーが買収して、現在は同社のもとで操業が続けられている。これは1986年、宝酒造と大倉商事によるベンチャー企業に買収されたトマーティン蒸留所に続く、日本

ベンネヴィスのベンはゲール語で『山』のこと。スコッチにはベンと付く蒸留所がいくつかあるが、もっとも有名なのが、このベンネヴィスだ。

企業が買収した、モルトウィスキー蒸留所第2号であった。

　ジョセフ・ホッブスが買収した1950年代に、モルトウィスキーを蒸留するポットスチルとは別に、グレーンウィスキーを生産する連続式蒸留機が導入されている。これにより、ひとつの蒸留所でブレンデッドをつくる2種類の原酒の生産が可能になったが、この試みは必ずしも成功したとはいいがたく、連続式蒸留機のほうはのちに取り外されている。

　ブレンデッドスコッチの「フォートウィリアム」は、ニッカが買収してからのものであり、いわば日本とスコットランドの技術が融合した結晶といっていい。もちろん中身は、ベンネヴィス蒸留所のモルト原酒を中心にブレンドされている。

製造元 ── ベンネヴィスディスティラリー社
系列 ──── ニッカウヰスキー
輸入元 ── アサヒビール
主要モルト ─ ベンネヴィスなど

Fort William 40% 700ml　A

- 香り ── トップで上品なアロマを感じるが、すぐにグレーンウィスキーが追いかけてくる。アマニ油、加水でよりオイリーになり、植物油。かすかにスモーキー。
- 味 ─── スムーズでまろやか。ライトボディ。かすかにチョコレート。加水をしても、まったく崩れない。
- 総合 ── 蒸留所とベンネヴィス山のイラストは雰囲気があり、秀逸。ライトボディでスムーズ。加水をしても崩れないので、ロック、水割り、ソーダ割り、なんでもいけるだろう。

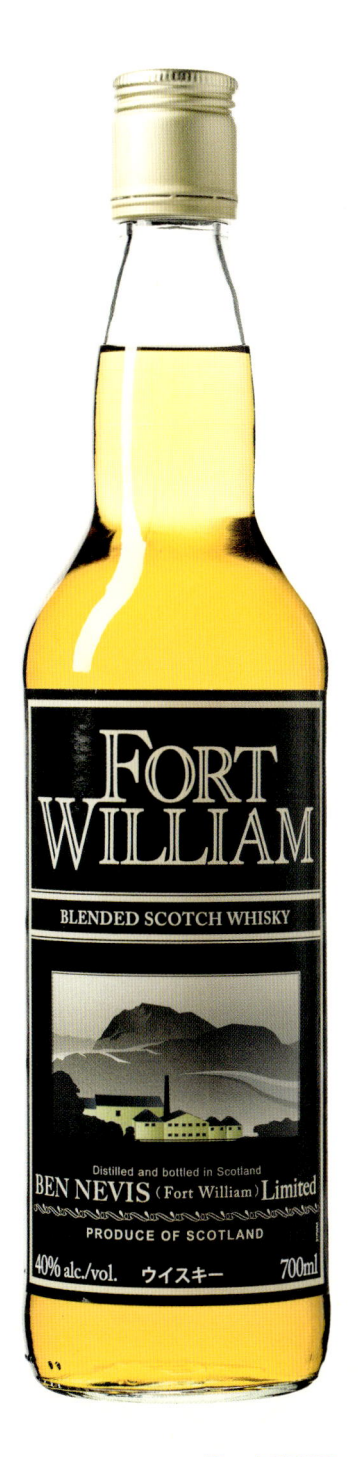

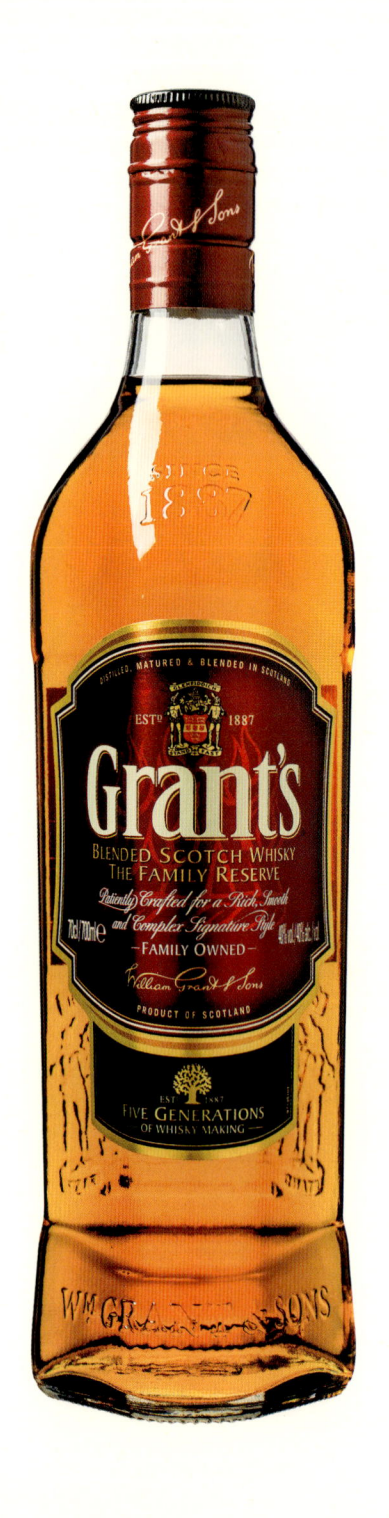

Grant's グランツ

火、水、土の三角ボトルはグラント社成功の秘密

　ウィリアム・グラント＆サンズ社は1887年の創業以来、ファミリー経営を続ける数少ない独立系企業のひとつ。創業者ウィリアム・グラントから6世代にわたって家業を守り通してきた。ワイン商などからスタートした他のブレンド会社と異なるのは、もともと蒸留事業からスタートしている点である。

　ウィリアム・グラント（1839〜1923年）がスペイサイドのダフタウン町に、グレンフィディック蒸留所を創設したのは1887年の

製造元	ウィリアム・グラント＆サンズ社
系列	—
輸入元	三陽物産
主要モルト	グレンフィディック、バルヴェニー、キニンヴィ、アイルサベイなど

Grant's Family Reserve 40% 700ml　A

- 香り — リッチでフルーティ。フレッシュライム、フレッシュレモン、アマニ油。加水でバニラ、メープルシロップ、オレンジ。
- 味 — ライトボディだが、ソフトでマイルド。しっかりしている。後口はスパイシーで、ビターチョコ。加水でよりスムーズに。余韻は中程度。
- 総合 — 香り立ちがよく、バランスに優れた佳酒。加水をして、少し時間をおいたほうがフルーティになるので、ロックや水割りがお薦めか。いついかなる時も楽しめるウィスキーだ。

1887年に建てられたグレンフィディックのオリジナルの建物の一部。石は家族で積んだ。右はそのグレンフィディックのポットスチル。現在稼働しているのは28基。

こと。父はダフタウンの仕立屋で、ワーテルローの戦い（対ナポレオン戦争）にも参戦した勇者であったが、1人息子として生まれたウィリアムは仕立屋の仕事を継がず、ウィスキーの蒸留業者を目指した。同じダフタウン町のモートラック蒸留所に20年間勤めたのち、念願かなって1886年に独立。家族総出でグレンフィディックを立ち上げた。最初の1滴は翌87年の12月25日、クリスマスの日に流れ出たという。この時ウィリアム・グラントは48歳、起業家としては異例に遅いスタートだった。

しかし、グレンフィディック創業の5年後には隣接するバルヴェニーハウス（領主の館）を買い取り、これを改装して第2の蒸留所、バルヴェニー蒸留所を誕生させた。ここまでは蒸留業者としての成功物語だが、転機となったのは1898年のパティソンズ社の倒産であった。

リースに本拠を構えるパティソンズ社は当時最大のブレンド会社で、グラント社にとっても最大の顧客であった。グレンフィディックとバルヴェニーという2つの蒸留所をかかえ、創業間もない同社にとって、パティソンズ社の倒産は、まさに死活問題だった。起死回生の妙案としてウィリアムが思いついたのが、自社の原酒を使って、自らがブレンド業に乗り出すことだった。この時誕生したのが「グランツ・スタンド・ファースト」である。

現在「グランツ・ファミリーリザーブ」として知られるこのブランドは、ウィリアム自らがブレンドしたもので、スタンド・ファースト（Stand Fast）とはグラント家のモットー、

Grant's 071

バルヴェニーはフロアモルティングを行なう数少ない蒸留所のひとつ。麦芽の撹拌に用いる木のシャベル。微妙に長さが違うのは職人の背丈に合わせているから。

「頑なに伝統を守る」「地歩を固める」からきている。パティソンズ社の倒産に懲りたウィリアムが、グラント一族の誇りと願いを込めて命名したものである。

　自社ブランドが完成した以上、それを販売しなければならない。ウィリアムには7人の息子と2人の娘がいたが、それぞれが父の事業をよく助けた。長男ジョンは小学校の校長となり、そのサラリーの一部を父に仕送りしつづけた。次男ジェームズは弁護士となって経営に参画し、3男、4男、5男はそれぞれ蒸留、糖化、発酵を受け持った。3男アレクサンダーと4男ジョージはウィスキーづくりのかたわら勉学し、のちにどちらも医学者、科学者となっている。そして最初のセールスマンとなったのが長女イザベラの夫、チャールズ・ゴードンであった。

　チャールズはもともと高校の教師であったが、義父に請われてセールスを担当し、エジンバラやグラスゴー、ロンドンなどにセールスに赴いた。当時の記録によると503軒のバーやレストラン、ホテルを回って注文が取れたのはたった1軒、それも1ケースだけだったという。セールスマンとしては、まったくの素人だったのだ。

　しかし持ち前の粘りと行動力、温厚な人柄のせいか徐々にセールスは軌道に乗り始め、1904年には初めてイングランドに進出。さらに1909年には世界一周のセールス行脚に出かけた。1919年までに世界30か国に60のエージェントを置くことができたのは、彼の功績に負うところが大きいという。

　アメリカの禁酒法時代や、2度にわたる世界大戦の危機を家族の団結ときずなで乗り切ったグラント社は、1957年にひとつの決断を下した。それは他のブランドとの差別化、ブランドイメージの確立であった。こうして誕生したのが、あまり前例のない三角形のボトルであった。

　三角はそれぞれ火・水・土を表わし、それは「ウィスキーは火（石炭の直火焚き）と水（良質の軟水）、土（大麦とピートという大地の恵み）からつくられる」という、

2007年に新しくできたアイルサベイの表示板は、カーリングで使う硬い花崗岩でできている。

創業者ウィリアム・グラントの信念を具体化したものだという。

　グレンフィディックでは頑なに創業以来の直火焚きを守り通し、仕込水もロビーデューの豊富な湧水、そしてバルヴェニーではピートを使った自家製麦を今でも続けている。まさにグラント家伝統の手法をイメージ化したのが、この三角形の独特のボトルだったのだ。

　グラント社のアイデアが奏功したかどうかは、その後の躍進ぶりが雄弁に物語っている。グレンフィディックはシングルモルトとしては世界ナンバーワンで、同じく三角ボトルの「グランツ」の売り上げは年間約450万ケースに達する（2012年）。これはスコッチの第5位にランクされる数字で、年間に売られるボトルの本数はじつに5,400万本。1秒間に約1.71本の割合で売れている計算になるのだ。

　さらにビジネスの躍進とともに、1963年にはローランド地方のエアシャーにガーヴァン蒸留所を建設。これはグレーンウィスキーの製造工場で、当時としてはヨーロッパ最大、最新鋭のグレーンウィスキー、及びスピリッツの製造工場であった。そして1990年にはバルヴェニーに隣接してキニンヴィ蒸留所、2007年にはガーヴァンの敷地内にアイルサベイ蒸留所も建設し、現在は4つのモルト蒸留所と、1つのグレーン蒸留所を併せ持つ一大企業に成長している。

　「グランツ・ファミリーリザーブ」はこの4つのモルトと1つのグレーンを中心に、ハイランドの20〜25種類のモルトをブレンドしたもので、レシピは100年前に創業者ウィリアム・グラントが考案したものがもとになっている。そのオリジナルレシピはグラスゴー本社の金庫に今も大切に保管されていて、グラント家以外でこのレシピを見ることが許されているのは、歴代のマスターブレンダー3人だけというのも、スゴイ話である。

　グラント家成功の秘密は、なによりも家族の団結ときずなを大切にしてきた、その歴史にあるといえるだろう。

ガーヴァン蒸留所の巨大な連続式蒸留機。合計3セットあり、多彩なグレーンをつくっている。

Grant's

Great King Street
グレートキングストリート

業界の革命児がつくる
ハイセンスなブレンデッド

　美しいパッケージデザインとインテリジェンスを感じさせるネーミングで、一躍人気となったのがコンパスボックス社。社名からして、『羅針盤』という美しい響きをもつ。同社の創業は2000年と新しい。創業者はアメリカ出身のジョン・グレイザー氏で、もともとワインマーチャントの出身だが、ディアジオ社に雇われ、プレミアムスコッチのマーケティングディレクターを務めていた。独立当初はエジンバラを拠点としていたが、現在はロンドン西郊のチズウィックにオフィスを構えている。

　同社が手がけているのはブレンデッドモルト、ブレンデッドグレーン、そしてブレンデッドスコッチだが、一般的なボトラーズと異なり、シングルモルトやシングルグレーンをひとつもリリースしていない。「シングルモルトではなく、今まで誰も体験したことのないような、あっと驚く香味を追求したい」という、グレイザー氏のポリシーによるものだが、一方で蒸留所名を冠したシングルモルト、グレーンを出さないことで、良い樽が蒸留所から手に入るという、戦略的な側面もあるようだ。

　コンパスボックス社の製品には「スパイスツリー」や「ピートモンスター」、「オーククロス」「ヘドニズム」「フレイミングハート」「オプティミズム」など話題になったものが多いが、2011年に新しくリリースしたのが、ブレンデッドスコッチの「グレートキングストリート」。これはエジンバラに実在する通りの名前で、もともとコンパスボックス社がエジンバラで最初に登記したのが、この住所だったからだという。

　ブレンデッドといっても、今までのブランドとは、まったくコンセプトが異なる。蒸留所名こそ明らかにしていないが、ブレンドの構成について、細かなデータをすべて公表しているのだ。この「グレートキングストリート」に使われている原酒は4種類。グレーンはローランド産で、比率は46％。モルトは北ハイランド産が2つで、スペイサイドが1つの計3種類。それぞれの比率は28％、17％、9％となっている。

　ブレンデッドモルト、グレーンでもそうだが、コンパスボックス社が使うのは通常2種類から3種類の原酒のみ。それで、誰もが体験したことのないような、あっと驚く香味を演出してみせてくれているのだ。

　この「グレートキングストリート」は樽の構成も明かされていて、66％がファーストフィルのアメリカンオーク・バレル、26％がニューフレンチオーク・フィニッシュ、そして8％が、ファーストフィルのシェリーバット樽となっている。2番目の樽は両端の鏡板をフレンチオークの新材に付け替えたもので、コンパスボックス社独自のもの。

　"業界の革命児""ブレンドのアーティス

ト"といわれるジョン・グレイザー氏の真骨頂ともいえるウィスキーなのだ。

スコッチブレンデッドTOP10

スコッチ・ブレンデッドウィスキーの2012年の出荷量ベスト10は以下の通り。単位は万ケース(1ケース750ml×12本)だ。

1. ジョニーウォーカー　1,890
2. バランタイン　　　　620
3. シーバスリーガル　　490
4. J&B　　　　　　　　460
5. グラント　　　　　　450
6. フェイマスグラウス　330
7. デュワーズ　　　　　300
8. ウィリアムローソン　260
9. ラベル5　　　　　　250
9. ベル　　　　　　　　250

＊出典　DRINKSINT.COM

製造元 ── コンパスボックス社
系列 ── ―
輸入元 ── ―
主要モルト ── 不明

Great King Street Artist's Blend 43% 500ml　B

香り ── リッチで複雑。クリーム、バニラ、蜂蜜、アップルタルト、オールスパイス。加水でよりスィートかつフルーティになる。

味 ── スィートでフルーティ。ビターチョコレート。ミディアムボディだが、飲みごたえがある。余韻は中程度。後口はややオーキー。

総合 ── コンパスボックス社がつくる異色のブレンデッド。アーティスト、芸術家の…というにふさわしい秀逸な香味が楽しめる。ストレートか少量の加水で、西洋絵画の画集でも見ながら…。

Great King Street 075

Haig (Dimple)
ヘイグ（ディンプル）

「ヘイグ家を知らずして
ウィスキーを語るなかれ…」
名門一族による最古の酒づくり

　スコッチの名門ジョンヘイグ社の歴史は、ウィスキーの歴史というより、スコットランドの歴史そのものといえるかもしれない。ヘイグ家の開祖ペイトリュース・デル・ハガは、ノルマン公ギョーム（のちのウィリアム征服王、在位1066〜87年。イングランド王国の開祖）とともにフランスから渡ってきたノルマン貴族のひとりで、その武勲によりツィード河畔のビマーサイドに領地を与えられた。以来同家は900年にわたって多くの分家を

製造元	ジョンヘイグ社
系列	ディアジオ社
輸入元	日本酒類販売
主要モルト	グレンキンチー、グレンロッシー、マノックモアなど

Haig (Dimple) 12yo 40% 700ml　D

香り ── ライトでスパイシー。麦ワラ、よもぎ、イチジク…。上品な和菓子。加水でフローラル、フルーティに変化。メープルシロップ。

味 ── ライトボディ。クリーンでスムーズ。スィートかつドライ。加水でよりなめらかになる。

総合 ── ローランドモルトを中核とした軽くて飲みやすいブレンデッド。どこか和のテイストがあり、和菓子などと合わせてみると面白いかも。水割り、ソーダ割りなどがお薦めだ。

ヘイグ家はローランドのファイフ地方やロージアン、エジンバラ周辺にいくつもの蒸留所を所有し、それを運営してきた。1877年にDCL社を組織したのもヘイグ家の男たちだった。そのヘイグ家にとってゆかりの地が、ここエジンバラ。

輩出するとともに、スコットランド史に多大な足跡を残してきた。

対イングランド戦争として名高いバノックバーンの戦いや、フロッデンの戦いに参戦したのもヘイグ家の勇者たちであり、スコットランドがイングランドに併合されたあとも、多くの軍人・勇者を生んできた。そのヘイグ家（ハガから現在のヘイグと改めたのは14世紀）が、ウィスキーの蒸留に手を染めたのは1627年のことで、分家のロバート・ヘイグが最初であった。

ロバート・ヘイグはスターリングシャーに自らの農地を所有し、自所で採れる大麦を手っ取り早く換金する方法としてウィスキーづくりをスタートさせた。しかし副業的な生産では満足せずに、わざわざオランダまで行って、当時の最新の蒸留技術を学んだりしている。彼がどれほどウィスキーづくりにのめり込んでいたかは1655年の公文書にも表れていて、この年の安息日（日曜日）に蒸留をしたことで、教会ともめ事を起こしたという記録が残されている。

ロバート・ヘイグの情熱は子孫にも受け継がれ、18世紀後半になるとローランド地方を中心にいくつかの蒸留所を一族が経営し、このころ盛んになったハイランドの密造業者たちと、激しくしのぎを削りあった。その中心的役割を担ったのがロバートから数えて5代目のジェームズ・ヘイグで、1782年に首都エジンバラのキャノンミルズに、当時としては最大級の蒸留所を建設している。

しかしヘイグ家の名声を不動のものとしたのはジェームズの甥であるジョン・ヘイグで、1824年にエジンバラの対岸にあるファイフ地方のリーブン川のほとりに、キャメロ

Haig (Dimple)

ジョン・ヘイグが創始したキャメロンブリッジは現在巨大なグレーンウィスキー工場となっている。それに代わってヘイグのキーモルトとなっているのが、ロージアンに所在するグレンキンチー蒸留所（上）。右はそのポットスチル。

ンブリッジ蒸留所を建設し、その後の「ヘイグ帝国」の礎を築いた。じつは連続式蒸留機を考案したロバート・スタインは、ジョンの娘マーガレットと従兄妹同士で、ヘイグ家とは親戚関係にあった。このためキャメロンブリッジ蒸留所は、スタインの連続式蒸留機を導入した最初の蒸留所となったのだ。

グレーンウィスキーの誕生とともに、当時注目を集め始めていたブレンド事業に乗り出したのもヘイグ家で、1880年代には早くもヘイグのブレンデッドスコッチが誕生している。特にヘイグ社の名声を不動のものにしたのは、特異なボトルで知られるデラックスブレンド、「ディンプル」の誕生であった。「ディンプル」（えくぼ）には、ほかのデラックスブレンドにはない、いくつかの特徴があった。ひとつはこのカテゴリーのウィスキーとしては珍しい15年熟成であったこと（現在は12年が主流）、そしてもうひとつが、ローランドモルトであるグレンキンチーをブレンドの中核にしたことだ。

グレンキンチーは1837年創業の蒸留所で、現在はディアジオ社の「クラシックモルト・シリーズ」のひとつとして人気が高いが、デラックスブレンドでローランドモルトを中核にしているのは、この「ディンプル」くらいである。軽く飲みやすく、それでいてスパイシーな風味はまさにグレンキンチーのものといえるかもしれない。

このディンプル最大の「売り」は、その名前のもととなった独特の三角形のボトルである。それは、ブレンドの誕生に際して、ジョンの5男であるジョージ・オグルヴィ・ヘ

078

グレンキンチーのウォッシュバック。オレゴンパイン製で合計6基が稼働する。

イグが考え出した、まったく例を見ない三角形のボトルであった。しかもそのボトルには、えくぼのような凹みが付けられていた。当初ブランド名は「ディンプルスコッツ」であったが、あまりにもこのディンプルが際立っていたため人々は「ディンプル」とだけいうようになり、やがてブランド名からスコッツが抜け落ちたのだ。

　面白いことにアメリカではこの凹みのことをピンチといっていたため、アメリカ向けのボトルだけは「ピンチ」のブランド名で売られることになった。かつて日本でも「ピンチ」のほうが一般的だったのはそのためだが、現在は全世界的に「ディンプル」に統一されている。

　さらにもうひとつ、「ディンプル」を有名にしたのは、ボトル全体を金属ネットで覆っていたことで、これは輸送中にコルクの栓が抜けないようにするための工夫であった。スクリューキャップとなった現在も、この伝統は受け継がれている。

　ロバート・ヘイグから数えて約390年。今日まで続く蒸留業者としてはもっとも古く、DCL社結成の立役者となったヘイグ家。さらにスコッチ業界をリードする「ビッグファイブ」のリーダー的存在として、ヘイグ家は今も昔もウィスキー業界に君臨し続けてきた。1906年には英国上院の御用達ウィスキー商となり、1907年にはエドワード7世、1912年にはジョージ5世のワラント（御用達勅許状）を授けられるなど、まさに「ヘイグ家を知らずしてウィスキーを語るなかれ」である。

ミドルカットのタイミングと酒質を判定するスピリッツセイフ。カットの良し悪しでも、できあがるウィスキーの質が違ってくる。

Haig (Dimple)

Hedges & Butler
ヘッジス&バトラー

17世紀から英王室に献上を続けている伝説のウィスキー

ウィスキーと英王室との関係は長い歴史があるが、それにしてもチャールズ2世（在位1660～85年）の時代から王室に献上され続けているというのは、そうザラにあるものではない。

ヘッジス&バトラー社がグラスゴーに創業したのは、1667年のことだといわれている。チャールズ2世の命によりウィスキーの蒸留事業を始めたというが、当時はワインが主であり、ウィスキーはごく少量の扱いにしかすぎなかった。

同社が本格的にウィスキービジネスに乗り出したのは19世紀に入ってからで、今日のような自社ブランドが誕生したのは、第一次大戦後のことだったという。

チャールズ2世以降、ヘッジス&バトラー社がウィスキーを献上したのはウィリアム4世（在位1830～37年）に始まり、ヴィクトリア女王、エドワード7世、ジョージ5世、ジョージ6世と、現エリザベス女王を除く、ほぼすべてのイギリスの君主にわたっている。

さらに同社と王室との関係はイギリスだけにとどまらず、1886年にはスペイン王室、1908年にはポルトガル王室にも献上されている。特筆すべきは1905年（明治38）に、わが国の明治天皇にも献上され、絶賛されていることである。

世界のウィスキー TOP10

下は世界5大ウィスキーの2012年の出荷量ベスト10。日本の「角瓶」は280万ケースで惜しくも12位だった。（単位：万ケース）

1.ジョニーウォーカー（ス）	1,890
2.ジャックダニエル（米）	1,070
3.ジムビーム（米）	630
4.バランタイン（ス）	620
5.クラウンローヤル（カ）	490
5.シーバスリーガル（ス）	490
7.J&B（ス）	460
8.グラント（ス）	450
9.ジェムソン（ア）	400
10.フェイマスグラウス（ス）	330

＊出典　DRINKSINT.COM
（ス）＝スコッチ、（米）＝アメリカン、
（カ）＝カナディアン、（ア）＝アイリッシュ

これらの王名はすべてボトルのラベルに記載されており、「1667」という創業年の刻印と、「ロイヤル」という表記ともに、ヘッジス&バトラー社の最大の誇りとなっているのだ。ちなみにバトラーというのは、王室の酒類管理者のことを指すので、あるいは創業者は、実際にチャールズ2世の宮廷に仕えた、今日でいうソムリエのような存在だったのかもしれない。

一時期、イギリス4大ビール会社のひとつであるバス社にブランド権が移っていたが、現在はグラスゴーベースの中堅ブレンダー、イアンマクロード社の所有となってい

る。同社傘下のグレンゴインなどのモルト原酒が、ふんだんに使われているのだとか。

　そのせいかどうか、ライトでマイルド、それでいてノーブルともいえる上品なアロマ・フレーバーがあり、ロイヤルという名に恥じない風格と伝統を感じさせる秀逸なウィスキーとなっている。

製造元 ──── ヘッジス＆バトラー社
系列 ───── イアンマクロード社
輸入元 ──── 三菱食品
主要モルト ── グレンゴインなど

Hedges & Butler 5yo 40% 700ml　Ⓐ

香り ── フレッシュな柑橘系フルーツ。なめらかでシルキー。非常にノーブル。バランスが良く、加水をしても崩れない。加水でよりスィートになり、遅れてハーブが香る。

味 ─── 若いがしっかりとしていて、スムーズ。甘・辛のバランスもとれている。余韻は中程度。加水でグレーンウィスキーっぽさが出てくる。

総合 ── 熟成5年とは思えないほど上品で、秀逸なアロマ・フレーバーを持っている。加水でややグレーンウィスキーが際立ってしまうので、大きめのロックグラスで、ゆっくりと楽しみたい。

Hedges & Butler

Highland Queen
ハイランドクィーン

ラベルに描かれた
白馬の女性は波乱万丈、
悲劇の女王だった

　ハイランドクィーンとは「悲劇の女王」といわれたスコットランド女王、メアリー・スチュワート（1542～87年）のことである。音楽や詩の才能に恵まれ、しかも美貌の持ち主だったといわれる彼女が、なぜ悲劇の女王だったのか。
　まず第一に、生後1週間で父王ジェームズ5世が亡くなり、王位を継がなければならなかったこと。ついで、15歳にしてフランス皇太子フランソワのもとに嫁ぎ、そのままであれば大国フランスの王妃と、スコットランドの女王を兼ねることになったのに、わずか3年後に皇太子は死去。メアリーは18歳にして未亡人になってしまった。
　さらに、失意のもとスコットランドに帰国し、従兄弟のダーンリー卿と再婚したが、この結婚も長続きせず（ダーンリー卿は殺害された）、ボスウェル伯ジェームズ・ヘバーンと再々婚（じつは前夫のダーンリー卿を殺害したのがこのボスウェル伯だったといわれている）。ところが、その2か月後には、内乱によって廃位に追い込まれ、さらに晩年は、イングランド女王エリザベス1世暗殺の謀議に加わったとして、18年に及ぶ長い幽閉生活の果てに処刑されてしまったことなどからだ。まさに波乱万丈の生涯を送った女王だったのだ。
　ちなみにダーンリー卿との間にできた彼女の1人息子ジェームズ6世（在位1567～1625年）は、のちにイングランド王家の王位を継ぎ、ジェームズ1世として即位（1603年）。これは生涯独身を通したエリザベス1世には世継ぎがなく、血縁であったメアリーの息子をイングランド王家の跡取りに決めたからである。
　この悲劇の女王メアリーをブランド名にしたのが「ハイランドクィーン」で、マクドナルド＆ミュアー社が創案したブレンデッドで

グレンマレイ蒸留所のポットスチル。初留・再留、合計4基が稼働している。どことなく優美なスチルだ。

ある。同社はロデリック・マクドナルドと、その友人のアレクサンダー・ミュアーが、1893年にエジンバラの外港リースに創業した会社で、リースはメアリー女王がフランスから帰国した際、上陸した場所だったことから、「ハイランドクィーン」と名付けたのだという。もちろんラベルには、白馬に颯爽とまたがるメアリー女王の勇姿が描かれている。

同社はスペイサイドのグレンマレイとハイランドのグレンモーレンジの２つの蒸留所を所有していたが、2008年にラ・マルティニケーズ社がグレンマレイと「ハイランドクィーン」を買収。ただし、「ハイランドクィーン」のブランド権はその後さらに移動している。

製造元 ── ハイランドクィーン社
系列 ─── ─
輸入元 ── 東京実業貿易
主要モルト ── 不明

Highland Queen 40% 700ml　A

香り ── ライト、麦芽糖、落雁。遅れてバニラ、溶剤、軽い金属臭…。加水をしても、ほとんど変化がない。どこかバーボンっぽいニュアンス。

味 ── ライトボディ。スィートだが、後口はドライ。溶剤、オレンジ、ビターチョコ。加水をしたほうが、飲みやすい。

総合 ── ライトボディで、ややグレーンっぽさが気になるが、加水をしてもまったく崩れなくすいすい飲めてしまうので、水割り、ソーダ割り、なんでもOKだろう。

1 00 Pipers
100パイパーズ

**マーケティング費1,000万ドル！
アメリカ市場を狙った
勇者の酒**

You hear one Piper playing
when you sip a good Scotch.
Two Pipers, if the Scotch is smooth.
Maybe five or six, if it's mellow.
But only when you sip a truly great,
great Scotch will you ever hear
one hundred Pipers.

スコットランドの軍楽隊といえば、このバグパイパー。今でも軍の前線に立つことがあるという。

良いスコッチを飲むと
1人のバグパイパー。
スムーズな酒なら2人。
もし、それがメローなら5人か6人。
でも真に偉大なスコッチを飲めば、
100人のバグパイパーの音色を
聞くことができるだろう。

　これは昔からスコットランドに伝わる「100人のバグパイパーの伝説」だ。この伝説をもとにつくられたのがシーグラム社の「100（ハンドレッド）パイパーズ」である。
　スコットランド独立のために戦ったボニー・プリンス・チャーリー（チャールズ・スチュワート、1720～88年）率いるジャコバイト軍の先頭には、いつも100人のバグパイパーが立ち、兵士の士気を高めたという。彼らは敵弾に撃たれても前進を続け、けっして演奏をやめることはなかった。勇敢なバグパイパーたちは、スコットランドの魂であり、誇りでもあったのだ。
　スチュワート王家を支持し、イングランドからの独立を願う、第2回ジャコバイトの反乱は1745年に始まり、当初は連戦連勝、ついにはロンドン北方200キロのダービーの地まで迫ったが、時の国王ジョージ2世の次男、カンバーランド公爵率いるイングランド軍の前に敗北に転じ、ついには1746年のカローデンムーアの戦闘を最後に、独立の夢は潰えてしまった。
　スコットランドの大地に刻まれた悲しい歴史と、バグパイパーの伝説を形にした「100パイパーズ」が誕生したのは1965年のこと。シーグラム傘下のストラスアイラ

やロングモーンのモルト原酒をベースに数百ものブレンドテストを繰り返し、さらにマーケティング費用にも前例を見ない1,000万ドルという巨費が投じられたのが、この「100パイパーズ」だった。黒地のラベルには、ハイランドの伝統衣装であるタータンに身を包んだバグパイパーたちの勇姿が金で描かれている。

「100パイパーズ」は現在ではペルノリカール社の系列となり、スコッチのトップ14に入るブランドに成長（2012年実績）。「現代にマッチした香り豊かなライトタイプのウィスキー」という開発ポリシーのとおり、飲み口は軽く爽やかで、それでいて心地よいフレーバーが特徴となっている。

伝説のとおり、はたして100人のバグパイパーの音色が聞こえてくるかどうか、そっとグラスに耳を傾けてみたい気がする。

製造元 ───── シーバスブラザーズ社
系列 ───── ペルノリカール社
輸入元 ───── ペルノ・リカール・ジャパン
主要モルト ── ストラスアイラ、ザ・グレンリベット、グレングラント、ロングモーンなど

100Pipers 40% 700ml [A]

香り ── 溶剤、マニキュア落とし。やがてバニラ、熟したリンゴ。加水でなめらかになり、よりスィートに。麦芽飴、上品な麦芽糖。

味 ── スィート。ライトボディ。スムーズでなめらか。バランスは悪くなく、余韻は中程度。欠点があまり見つからない。加水でやや若さが出る。

総合 ── バランスに優れたスタンダードの美酒で、これといった欠点は見つからない。加水をしたほうが、よりバランスが良くなるので、トワイスアップかソーダ割りが面白い。

SCOTCH

100 Pipers

Inver House
インバーハウス

キャッチフレーズは
「キスのようにソフト」。
アメリカ向けのライトタイプ

　インバーハウス社は1964年、米国ペンシルベニア州にあるパブリカーインダストリーズ社によって設立された、比較的新しい会社である。64年から65年にかけてローランド地方のエアドリーに、巨大なグレーンウィスキー蒸留所とモルトウィスキー蒸留所、製麦工場（モルトスター）を建設し、事業をスタートさせた。

　ここはもともとモファット製紙工場のあった所で、その敷地を利用して工場群は建てられたが、最新式の連続式蒸留機を備えたグレーン蒸留所は、当初ガーンヒース蒸留所と呼ばれていた。モルトウィスキー蒸留所のほうはモファット、あるいはグレンフラグラー蒸留所と呼ばれ、ローランドモルトのグレンフラグラー、キリーロッホなどを生産していたが、どちらも1985年に生産はストップしている。

　インバーハウス社は、その後ハイランド、スペイサイドの蒸留所を次々に買収し、大手資本に属さない独立系のウィスキー会社として、独自に発展してきた。1988年には親会社のパブリカーインダストリーズ社から独立し、名実ともにスコットランドのブレンド会社として再スタートを切っている。

　この年11月にハイランドのノックドゥー蒸

インバーハウスの原酒モルトを生産するノックドゥー蒸留所。シングルモルトは「アンノック」の名前で販売。

留所とスペイサイドのスペイバーンを買収し、さらに95年には北ハイランドのプルトニー、そして翌96年には同じく北ハイランドのバルブレア、97年にはスペイサイドのバルミニック蒸留所も買収。5つのモルトウィスキー蒸留所を傘下に収める中堅企業に成長した。

　「インバーハウス」のラインナップには「インバーハウス・グリーンプレイド」「12年」「21年」「25年」などがあるが、「グリーンプレイド」はスタンダード品で、前記のノックドゥー、スペイバーンなどのモルト原酒を中核にブレンドしたもの。ライトタイプの典型的なブレンドで、"Soft as a Kiss"（キスのようにソフト）という有名なキャッチフレーズで、1970年代に全米市場を席捲したスコッチウィスキーだ。

グリーンプレイドとは、ラベルの地模様に描かれている格子柄のことで、これはタータンチェックの原形だという。14世紀にヘブリディーズ諸島を治めていた「ロード・オブ・ジ・アイルズ」（島々の君主）の始祖、サマーレッドが着用していた柄だといわれている。

　前述したように、1988年にスコットランド資本の会社となったが、2001年にこんどはタイの会社がインバーハウス社を買収し、現在はタイに本拠を置くインターナショナルビバレッジ社の所有となっている。

製造元　―――　インバーハウスディスティラーズ社
系列　―――　インターナショナルビバレッジ社
輸入元　―――　三陽物産
主要モルト　―――　ノックドゥー、スペイバーン、プルトニー、バルブレアなど

Inver House 40% 700ml　A

香り　―――　ソフトだが、やや金属っぽいアロマをトップで感じる。その後フルーティなアロマに変化。サマーフルーツ、ベリー。加水でよりふくよかに。蒸しパン…。
味　―――　スムーズでメロー。ライトボディ。かすかにスパイシー。加水でボディがなくなり、若いグリーンが顔を出す。
総合　―――　メローでソフト。サマーフルーツやベリーのようなフルーティなアロマと、ふくよかなフレーバーがある。加水をするとやや欠点が目立ってしまうので、ロックなどがお薦めか。

Inver House

Islay Mist
アイラミスト

ラフロイグをキーモルトとした異色のウィスキー

　アイラミストとは『アイラ島の霧』のこと。もともとこのウィスキーは、アイラ島の大地主であるマーガデイル卿が、息子の21歳の誕生日を祝うパーティー用に、1922年につくったもの。パーティー会場となったのは、ブリッジエンドの近くにあるアイラハウスという広大な邸宅。部屋数100以上といわれる白亜の大邸宅で、マーガデイル卿はアイラエステートの領主として、当時アイラ島北部の大部分の土地を所有していた。

　ウィスキーの製造を担当したのは、ラフロイグのオーナーだったイアン・ハンター。イアンは1908年に伯母からラフロイグの経営権を引き継ぎ、当時アイラ島の名士として誰もが知る存在だった。禁酒法時代のアメリカ（1920～33年）にラフロイグを売り込むことに成功したビジネスマンでもあり、ラフロイグは"薬酒"として薬局で売られていたのは有名な話である。

　当初シングルモルトのラフロイグをと、マーガデイル卿は考えていたようだが、アイラモルトに馴染みがないパーティー客用に、スペイサイドモルトとグレーンウィスキーを混ぜるブレンデッドに路線変更。ハンターがつくったいくつかの試作品の中で、マーガデイル卿が「これはアイラの霧のようだ」と言ったのが、アイラミストの始まりである。長くプライベートブランドだったが1980年代以降、ラフロイグ蒸留所のオーナーとなったアライドディスティラーズ社が復活させ、一般にも販売するようになった。

　その後1993年に、グラスゴーに本拠を置くマクダフインターナショナル社がブランド権を買い取り、販売を継続。オリジナルレシピはラフロイグにスペイサイドのグレングラント、ザ・グレンリベットをブレンドしていたというが、現在はよりマイルドでフルーティな風味を効かせるため、ハイランドモルトを数種類ブレンドしているという。

　ラインナップには「デラックス」「8年」「12年」「17年」などがあるが、モルト原酒の比率は35～70％と、このクラスとしては高めに設定されている。なによりもキーモルトとなっているラフロイグのスモーキーさ、

1815年創業のラフロイグ蒸留所。シングルモルトとしては唯一、チャールズ皇太子の勅許状を授かっている。

ピーティさが効いていて、異色のブレンデッドとなっている。

　すべてのボトルの中央下に描かれているのが、アイラ島の大紋章、グレートシールで、円の中央に船に乗った４人の男たちが描かれている。これは「ロード・オブ・ジ・アイルズ」（島々の君主）の開祖となったサマーレッドとドナルド、そしてその子孫で、かつてアイラ島を拠点にヘブリディーズ諸島のすべての島々を治めていたアンガス・モー、アンガス・オグ親子だと考えられている（諸説あり）。

　船はヴァイキングのロングシップを改造した"ナイベイグ"と呼ばれるもので、この船に乗ってヘブリディーズ諸島の覇権を、ヴァイキングと激しく争ったのだ。そういう意味ではアイラモルトファン、アイラ島好きにとってはたまらないウィスキーかもしれない。

製造元	──	マクダフインターナショナル社
系列	──	―
輸入元	──	ユニオンリカーズ
主要モルト	──	ラフロイグなど

Islay Mist 17yo 40% 700ml　C

香り ── フルーティでリッチ。ピーティでスモーキー。心地よいオーク香。ハーブ様。加水でよりフルーティに。遅れてバニラ、メープルシロップ、熟したフルーツ。

味 ── スィートでフルーティ。スパイシー。ミディアムボディ。ややオイリーで、口の中がコーティングされるよう。加水でバランスを崩し、よりオイリーでスモーキーになる。

総合 ── ラフロイグが効いているのか、ブレンデッドとしてはかなりスモーキーでピーティ。加水でバランスを崩すのでストレートかロックで。アイラに想いをはせながら飲むべき。

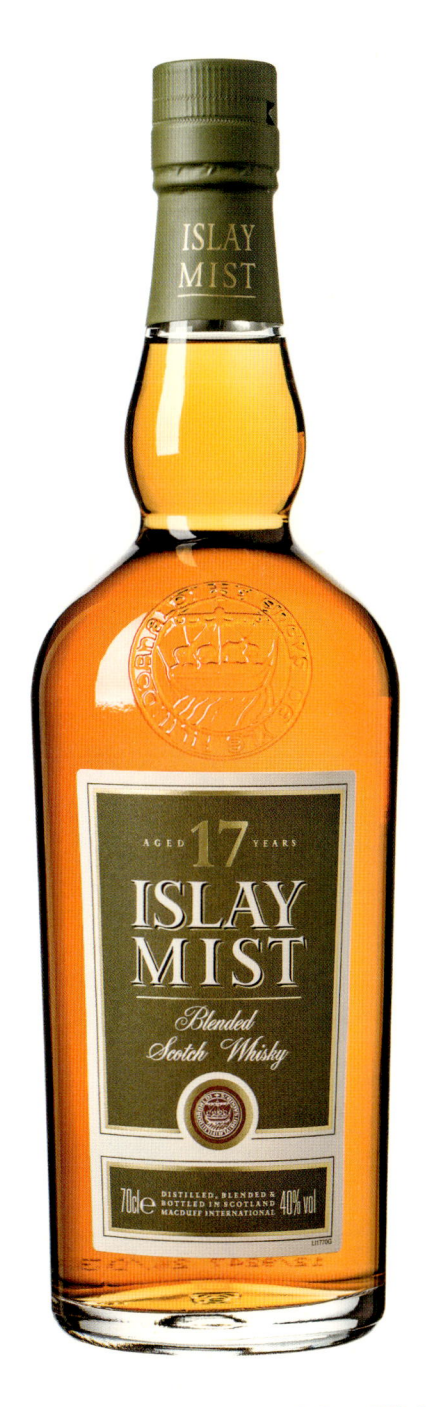

Islay Mist

Isle of Skye
アイル・オブ・スカイ

スモーキーさを強調した"伝説の島"のウィスキー

　アイル・オブ・スカイとは、スコットランドの北西に位置するスカイ島のこと。スカイ島はインナーヘブリディーズ諸島の北端にある島で、複雑な地形と島にしては高い山があること、周囲を断崖絶壁の海岸線で囲まれていることから、霧が発生しやすく、別名"ミストアイランド"、「海霧の島」としても有名である。

　そのダイナミックな自然と景観美から、『ナショナル・ジオグラフィック』が選ぶ、世界

製造元 ── イアンマクロード社
系列 ── ─
輸入元 ── 明治屋
主要モルト ── タリスカー、タムドゥーなど

Isle of Skye 12yo 40% 700ml　B

香り ── 麦芽、麦ワラ、アマニ油、麻布。徐々にソフトでスィートに。チョコレート。加水でバニラ、蜂蜜、クレームブリュレ。
味 ── スィートでしっかりとしている。ミディアムから、ライトボディ。余韻は中程度だが、バランスは悪くない。加水で、よりスムーズになり、しっかりと伸びる。
総合 ── 甘・辛のバランスも悪くなく、このクラスとしてはしっかりとしたテクスチャーを持っている。"島育ち"という点はあまり出ていないが、ロックでも水割りでも楽しめる。

マクロード氏族の有名なダンヴェガン城。右はタリスカー蒸留所のポットスチル。初留2基、再留3基の計5基が稼働する。現在はディアジオ社の所有だ。

のベストアイランド第4位にも選ばれているほどだ。スカイ島といえばタリスカー蒸留所で有名だが、この「アイル・オブ・スカイ」にも、タリスカーのモルト原酒が使われている。

　生みの親はスカイ島出身のイアン・マクロード。じつはスカイ島はクラン・マクロード（マクロード氏族）が13世紀以降、700年以上にわたって支配してきた島で、イアンはもちろんマクロード一族の出身である。

　1830年創業のタリスカー蒸留所も、マクロード家の当主が息子のために建てた「タリスカーハウス」が名称のもととなっており、島の重要な産業であるウィスキーと、マクロード家は密接な関係があったことが、うかがい知れる。

　マクロード家の現在の当主は21代目で、スカイ島の北西部に位置するダンヴェガン城は一族の居城として、つとに有名だ。ひとつの家族が住み続ける城としては、イギリス最古を誇り、「妖精の旗」や美しい庭園、アザラシのボートトリップなど見どころも多く、見学に訪れる観光客があとを絶たない。

　「アイル・オブ・スカイ」の生みの親イアン・マクロードは、19世紀後半にエジンバラでブレンダーとしてスタートしたが、現在のような会社組織となったのは1933年から。一説によるとマクロードはアメリカの禁酒法時代に密貿易で稼いでいたが、33年に禁酒法は廃止。そのため正式な会社登録が必要になり、会社を興したのだという。その後1963年に酒類販売会社ピーター・J・ラッセル社の傘下に入ったが、現在は再びイアンマクロードという社名にもどしている。

　「アイル・オブ・スカイ」は、前述したタリスカーをはじめとするスモーキーなアイランズ

🍷 Isle of Skye 21yo 40% 700m　F

香り —— 上品なフルーツ、和三盆。黄桃、白桃、パパイヤ、メープルシロップ。うっとりするようなアロマがある。加水でより瑞々しいフルーツ。メロン、バナナ…。

味 —— フルーティでスパイシー。ミディアムボディ。しっかりとしていて、甘・辛・酸のバランスも秀逸。加水でややボディ感が失われる。余韻は中程度で、後口にかすかなスモーキーさが残る。

総合 —— コバルトブルーの陶製ボトルに描かれているのは、クーリン山だろうか。バランスに優れた美酒で、うっとりするような陶酔感がある。1,000本限定！

🍷 Isle of Skye 50yo 41.6% 700ml　F

香り —— 非常にリッチで複雑、フルーティ。白桃、パイナップル、マスクメロン、蜂蜜。うっとりするようなアロマがあり、いつまでも嗅いでいたくなる。

味 —— リッチで複雑。フルーティで湿ったオーク、バニラ、カカオビーンズ。余韻は長く、かすかにスモーキー。なめし革、火薬。後口は再びオークと渋み。

総合 —— ブレンデッドで50年というのは、もはや奇蹟に近い…。非常にリッチで、うっとりするような陶酔感があり、いつまでもグラスを手にしていたくなる。コストパフォーマンスも悪くないので、ぜひ一度はトライを。

スカイ島の東岸にあるポートリーの港。カラフルな建物が並び、人気のスポットとなっている。ポートリーとはゲール語で『王様の港』の意味だ。

モルトに、スペイサイドモルトをブレンドしたもので、ブレンド後最低6か月は後熟（マリッジ）させるという手法が採られている。ブレンドにはモルト原酒約18種類、グレーン原酒2種類が使われているという。

古いボトルには牡牛と旗のクラン・マクロードの紋章が使われていたが、現在のボトルはその紋章の代わりに、ロッホ・スカヴェイグ（入江）や洋上から眺めたスカイ島の風景、スカイ島の象徴ともいえるクーリン山などが描かれている。

イアンマクロード社は「アイル・オブ・スカイ」のほかにブレンデッドの「ヘッジス＆バトラー」、「ラングス」なども持っており、さらに現在はハイランドのグレンゴインとスペイサイドのタムドゥーの2つのモルトウィスキー蒸留所も所有している。ブレンド業だけでなく、蒸留業にも進出して、その事業の拡大に努めているのだ。

「アイル・オブ・スカイ」のラインナップには「8年」「12年」「21年」「50年」などがあるが、そのうち日本に入っているのは「12年」と「21年」そして「50年」の3種類。「12年」と「50年」は通常のガラス瓶だが、「21年」はウェード社の陶製ボトル入りで高級感がある。

最高峰の「50年」はアルコール度数50％のものと41.6％のものの2種類があるが、どちらも限定品で、41.6％のものは全世界400本の希少品。シングルモルトでも50年物は貴重だが、ブレンデッドスコッチとしては非常にレアで、現在入手可能なのは、この「アイル・オブ・スカイ」くらいかもしれない。ぜひ一度は飲んでみたい、至高のウィスキーだ。

Isle of Skye 093

# J&B

J&B

アメリカ人作家に愛された ライトでスタイリッシュな ウィスキー

「J&B」とは、製造元のジャステリーニ＆ブルックス社のイニシャルロゴ。ダークグリーンのボトルに山吹色のラベル、その中央にひときわ目を引く"J&B"の赤色のロゴ。キャップも同じく赤で統一されて、酒屋の店頭やバーのカウンターに並べられた数多くのボトルの中でも、ひときわ目を引く存在になっている。ウィスキーは中身と同じように、親しみやすく覚えやすいブランド名、

製造元	ジャステリーニ＆ブルックス社
系列	ディアジオ社
輸入元	キリンビール
主要モルト	ノッカンドオ、オスロスク、グレンスペイ、ストラスミルなど

J&B Rare 40% 700ml [A]

香り —— アマニ油、麦芽。オイリーで金属っぽい。乾燥イチヂク。加水でフルーティになり、バニラ、メープルシロップ、ふくよかなパン。

味 —— ドライでライトボディだが、しっかりしている。余韻は中程度で、スパイシーさが残る。加水をしてもバランスは崩れない。

総合 —— ライトテイストだが、アロマよりフレーバーのほうがしっかりしている。加水でスムーズになるので、ロックや水割りなどがお薦めか。

世界の3大オペラハウスのひとつといわれるロンドンのロイヤル・オペラハウス。1732年の創建で、今もコベントガーデンの一角で威風堂々とした姿を誇示している。

　印象深いボトルデザインが重要であることを、雄弁に物語っているかのようだ。
　同社の前身は、1749年ロンドンに創業したワイン商。創業者はスコッチ業界では珍しいイタリア人、ジャコモ・ジャステリーニであった。ジャコモはイタリアのボローニャの出身で、恋焦がれていたオペラの歌姫を追ってロンドンにやってきた。その歌姫がロンドンのロイヤル・オペラハウスと契約し、そこに出演していたからだ。恋の女神がジャコモ青年に微笑んだかどうか、記録がなくてわからないが、その後ジャコモは友人のジョージ・ジョンソンと一緒にロンドンのパルメル街に、ワイン店を開くことになった。
　じつはジャコモ青年、故郷のボローニャを出る際、リキュールの蒸留業者であった叔父のもとから、とびきり美味しいリキュールのつくり方をこっそり持ち出していた。そこで彼が蒸留・製造を受け持ち、ジョージが事務を担当することになったのだ。
　このジャステリーニ社がスコッチも扱うようになったのは、創業から30年後の1780年代から。しかしワイン商、リキュール商としての名声は早くに確立し、1760年には国王ジョージ3世から、ワイン商としての王室御用達の勅許状が授けられている。しかもこの王室御用達の勅許状はジョージ3世から現在のエリザベス2世まで、途切れることなく9代にわたって授けられているというから、老舗中の老舗、名門中の名門と

J&B 095

スペイサイドのマルベンの地に1972年に建てられたオスロスク蒸留所。もともとJ&Bの原酒蒸留所として建てられたもの。

いっていいだろう。「J&B」の黄色のラベルには、現エリザベス女王の紋章とともに、歴代の王の名前が誇らしげに列挙されている（エドワード8世は「プリンス・オブ・ウェールズ」）。

　パートナーであったジョージ・ジョンソンはその後不慮の死を遂げたが、ジョージとジャコモに代わって会社を引き継いだのが、1831年に同社を買収したアルフレッド・ブルックスであった。この時に社名はジャステリーニ＆ブルックス社に改められた。

　「J&B」の自社ブランドが誕生したのは1890年代からで、これは単に「クラブウィスキー」と呼ばれていた。じつは同社はロンドンにベースを置く会社としては、初めてスコットランドでウィスキーを買いつけ、自社ブランドをつくった会社である。

　「J&Bレア」は20世紀になって生まれたブランドで、1930年代の禁酒法後のアメリカ市場に的を絞った製品であった。そのための巨額のマーケティング費用がニューヨークに投入され、「J&B」の文字が市中いたるところに躍ることになった。このマーケティング戦略は成功し、数年で全米No.1ブランドに躍り出た。アメリカの著名人、特に作家でこの「J&B」の愛飲者は多く、なかでもトルーマン・カポーティは有名である。

　1962年にジャステリーニ＆ブルックス社は、ギルビージンで有名なW＆Aギルビー社と合併し、インターナショナル・ディスティラーズ＆ヴィントナーズ（IDV）社を設立した。しかしその10年後の1972年に、ホテルとケータリングビジネスの巨大企業である

スペイサイドのローゼス町に所在するグレンスペイ蒸留所。1878年の創業で、ほぼすべてがJ&Bの原酒用。

096

グランド・メトロポリタン・グループに買収され、その傘下に入った。さらに1997年、ギネスグループとグランド・メトロポリタン・グループの合併で、現在はディアジオ社の所有するブランドとなっている。

「J&Bレア」はもともとIDV傘下のノッカンドオ、オスロスク、グレンスペイ、ストラスミルの4つの蒸留所のモルト原酒を中心に、36種のモルトと6種のグレーン原酒をブレンドしてつくられていた。4蒸留所はすべてスペイサイドの蒸留所で、現在もモルト原酒全体の80%近くはスペイサイドモルトだという。

「J&B」のラインナップにはこの「レア」のほかに、「J&Bジェット」「J&Bリザーブ15年」「J&Bアルティマ」などがあるが、現在日本で一般に手に入るのは「J&Bレア」だけである。「J&Bジェット」は韓国向けのブランドで、「J&Bアルティマ」は、ストックの残っている128蒸留所のすべての原酒をブレンドした、たいへんユニークなウィスキー。しかし、そのユニークさゆえに、今ではほとんど入手が不可能なボトルとなっている。バーで見かけたら、ぜひ一度はトライしてみたいボトルのひとつだ。

「J&B」は長年「ジョニーウォーカー」に次ぐスコッチ第2位のブランドとして君臨してきたが、アメリカ市場の低迷を受け、スペイン、フランス、ポルトガル、南アフリカなどでマーケティングを展開。特にスペイン市場では圧倒的な人気を博したが、スペイン経済の不調で、その後売り上げは急激に下向。現在の売り上げは年間460万ケースで(2012年)、これはバランタイン、シーバスリーガルにも抜かれ、スコッチ第4位の数字となっている。

1891年に建てられたストラスミル蒸留所。アイラ川の辺にあることから、古くはグレンアイラと呼ばれてきた。1960年代以降はIDV社の所有となり、J&Bの原酒モルトを主につくり続けている。この川の下流にあるのがストラスアイラ蒸留所だ。

James Martin's
ジェームズマーティン

沈没船と島民のドタバタを描いた『ウィスキーガロワー』のもうひとりの主人公

　製造元のジェームズマーティン社は、1878年にエジンバラで創業したウィスキー商社。創業者のジェームズは若いころボクシングでならしたスポーツマンで、ツバメのように素早い動きをすることから「ツバメのジェームズ」とあだ名された。シンボルマークにツバメが採用されているのはそのためだが、マーティンという英語にはもともと「ツバメ」の意味があり、二重の意味でツバメが選ばれたのだ。さらにウィスキー商として成功した後、数々の慈善事業を興し、エジンバラ市民からは「博愛主義者のマーティン」と呼ばれるようになった。

　ジェームズ・マーティンのウィスキーは一般的には「VVO」という名称で知られているが、これには"Very Very Old"と、もうひとつ"Vatted Very Old"の、2つの意味があった。かつてはブレンデッドのほかに、ヴァッテッドモルトも出していたのだ。

　「マーティンズVVO」を一躍有名にしたのは、1941年2月5日、5万ケースものウィスキーを満載した貨物船ポリティシャン号が、ヘブリディーズ諸島のエリスケイ島沖で座礁した事件だった。事故が起きた直後、エリスケイ島の島民は沈没寸前のポリティシャン号に夜間忍び込み、運べるだけのウィスキーを盗みだして家に持ち帰り、すっかり飲んでしまったという。そのときのウィスキーの一部が、この「ジェームズマーティン」だったのだ。

　この事件はスコッチの歴史の中でもたいへん有名な事件で、作家のコンプトン・マッケンジーは、この実話をもとに『ウィスキーガロワー』という小説を書き、戦後すぐに映画化もされている。

　ジェームズマーティン社は1920年代にマクドナルド＆ミュアー社に買収された。同社は「ジェームズマーティン」のほかに「ハイランドクィーン」などのブランドを持ち、さ

これがエリスケイ島沖で座礁した8000トンクラスの「ポリティシャン号」。庶民にもっとも貢献した政治家（ポリティシャン）と、のちにジョークの種にされた。

らにグレンモーレンジとグレンマレイ蒸留所を傘下に保有していた。しかし1995年にグレンモーレンジ社と社名を変更し、97年にはアイラ島のアードベッグ蒸留所の買収にも成功。ただし、現在はルイヴィトン・モエヘネシー社（LVMH）の傘下となっている。

「ジェームズマーティン」には現在「VVO」「12年」「20年」などがあるが、人気が高いのは高級感のある20年物だという。かつてはグレンマレイのモルト原酒を中核にしていたが、現在はグレンモーレンジが中心。グレンモーレンジはブレンデッドに用いられることは少なく、そういう意味では、非常に貴重なウィスキーといえるかもしれない。

製造元 ── マクドナルド・マーティンズ・ディスティラリーズ社
系列 ── ルイヴィトン・モエヘネシー社
輸入元 ── グッドリブ
主要モルト ── グレンモーレンジ、グレンマレイなど

James Martin's 20yo 43% 700ml　D

香り ── ソフトでスムーズ。上品でノーブル。スィートでフルーティ。加水でシトラスフルーツ、カスタードクリーム、メレンゲ…。
味 ── ミディアムボディ。スィートかつドライ。余韻も長く、うっとりするようなフレーバーが続く。加水でよりスムーズ、スパイシーになり、かすかにオイリー。
総合 ── 原酒のグレンモーレンジやグレンマレイがバランスよく効いている。上品でノーブル。ツバメのように、軽やかで爽やかとはいかない気がするが…。

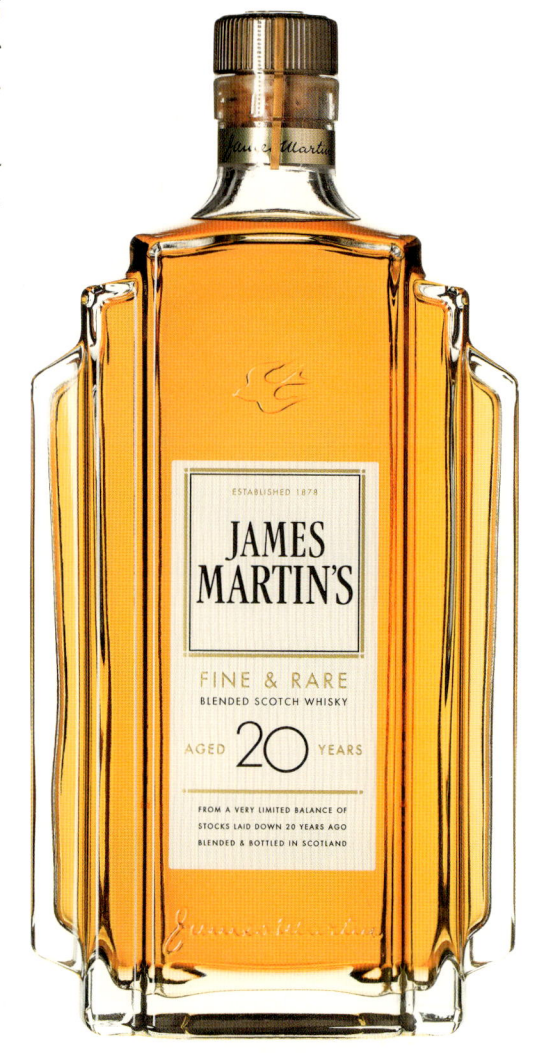

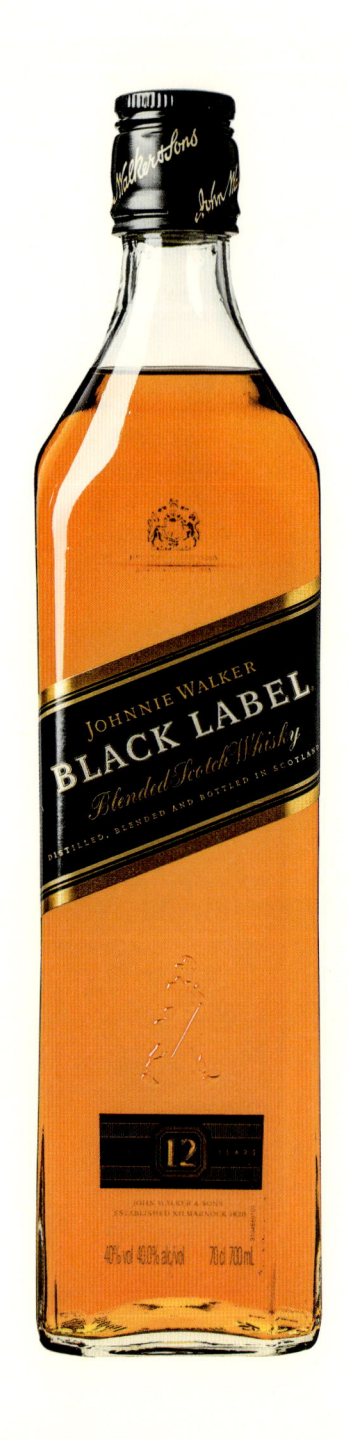

Johnnie Walker
ジョニーウォーカー

世界を制覇した
Still going strongの精神

　世界で一番売れているスコッチウィスキー、それがこの「ジョニーウォーカー」である。
　ジョニーウォーカーのラインナップには、「ジョニーウォーカー・レッドラベル」、通称ジョニ赤、「ブラックラベル12年」、通称ジョニ黒、「ダブルブラック」、「ゴールドラベル

製造元	ジョン・ウォーカー＆サンズ社
系列	ディアジオ社
輸入元	キリンビール（「レッド」「ブラック」「ダブルブラック」「ゴールド」「プラチナム」）、MHDモエヘネシーディアジオ（「ブルー」「ジョージ5世」）
主要モルト	カードゥ、タリスカー、クライヌリッシュ、ロイヤルロッホナガー、ラガヴーリン、モートラック、ダルユーインなど

Johnnie Walker Black Label
12yo 40% 700ml　A

香り	穏やかだが深みがあり、スモーキー。上品な植物油、ユーカリ油。やや金属臭。加水でスィートになり、瑞々しいフルーツ。
味	ミディアムからライトボディ。甘・辛・酸のバランスが良く、余韻も中程度。加水でスィートになるが、ボディ感が失われる。
総合	往年のジョニ黒に比べて、ややボディ感が乏しいか。現代風に洗練されている…。加水でも楽しめるが、ボディ感が失われるので、ロックがお薦め。

ジョニーウォーカーのすべての製品のキーモルトとなっているカードゥ蒸留所のポットスチル（左）。右は同じく、すべての製品のグレーンウィスキーを生産するキャメロンブリッジ蒸留所の連続式蒸留機。2塔式のコフィースチルで、3セットが稼働する。

リザーブ」、「プラチナムラベル18年」、「ブルーラベル」、「キングジョージ5世」などがあり、合計の販売総数は2012年時点で1,890万ケース（2億2,680万本）にものぼっている。

これは1秒間に約7.2本が売れている計算で、他のブランドをはるかに圧倒している。ちなみに第2位の「バランタイン」は620万ケース、第3位の「シーバスリーガル」が490万ケースで、「バランタイン」の3倍強、「シーバスリーガル」の4倍近くを売っていることになる。ジョニーウォーカーは世界のNo.1ブランドとして、ここ何十年も業界をリードし続けているのだ。

紅茶から酒のブレンドを思いつく

ジョニーウォーカーを生んだジョン・ウォーカー＆サンズ社の創業は1820年に遡る。創業者ジョン・ウォーカー（1805～57年）は南西スコットランド、エアシャーの小作農の息子として生まれたが、14歳の時に父が亡くなったため農業を断念。家畜や農機具を売った537ポンドというお金をもとに、1820年、キルマーノックで小さな食料雑貨店をスタートさせた。

扱っていたのは紅茶や香辛料、ワインやスピリッツ類で、スコットランドではごくありふれた商店にすぎなかった。しかしキルマーノックは産業構造の変化とともに急成長を遂げていた町で、町の発展とともにジョンの小さな店も順調に発展を続けていった。

転機となったのは、1831年のイーニアス・コフィーによる連続式蒸留機の発明と、ブレンデッドウィスキーの誕生であった。ブレンデッドウィスキーは、1853年にエジンバ

Johnnie Walker

左からブラック、レッド、ホワイトのオリジナルボトル。右端は丸瓶のホワイトラベルで、見たことのないものだった。

ラの酒商アンドリュー・アッシャー２世が考案したというのが定説になっているが、ほぼ時を同じくしてジョン・ウォーカーも、異なる酒をブレンドするというアイデアを思いついたという。紅茶のブレンドからヒントを得たというのも、面白いエピソードである。

　この時にジョンが考案したウィスキーが、「ウォーカーズ・オールド・ハイランド・ウィスキー」で、これがのちにジョニ黒に発展してゆく。ジョンの存命中にキルマーノックを襲った大洪水で、店舗と家を流失するという不幸があったが、ビジネスは好調で６年と経たずに再建に成功。それを機に本格的にブレンダー、ウィスキー商としての道を歩み始めた。

　創業者ジョンの死後、ビジネスを継いだのが長男のアレクサンダーで、鉄道網の発展とともにウォーカー社のウィスキーはスコットランドだけでなく、遠くイングランドでも飲まれるようになっていった。

　アレクサンダーは名ブレンダーであると同時に、希代のアイデアマン、ビジネスマンでもあった。父のウィスキー、「ウォーカーズ

Johnnie Walker Red Label 40% 700ml　A

- 香り ── スィートでピーティ。アマニ油。ライトだが、しっかりとしている。遅れて蜂蜜。加水でフローラル、フルーティに変化。ややスピリッティ。
- 味 ── スィートでスムーズ。ライトボディ。チョコレート。バランスは悪くなく、十分楽しめる。加水をしても、まったく崩れない。徐々にドライに切れ上がる。
- 総合 ── ジョニーウォーカーのスタンダードだが、さすがに世界一のウィスキー。バランスは悪くなく、加水をしてもまったく崩れないので、ロック、水割り、ソーダ割り、なんでもOKだ。

ジョニーウォーカーのマスターブレンダー、ジム・ビバレッジ氏。大学で化学を専攻した学究肌の人物だ。右は彼のチームが考案したジョニーウォーカーのアロマ・フレーバーマップ。視覚的に、ジョニーウォーカーの香味を表現しようとしている。

・オールド・ハイランド・ウィスキー」を商標登録し（1877年）、さらに他社のブランドとの差別化を図るため、円筒形ではなく当時としては珍しい四角形のボトルを考案した。正確に24度傾いた斜めのラベルも、アレクサンダーのアイデアだったという。

スリムな角形のボトルと、目をひく黒と金の斜めのラベル。ここにスコッチ初の「世界ブランド」となったジョニーウォーカーが誕生した。ただし、「ジョニーウォーカー」という名称はまだこの時点では使われていない。親しみやすいジョニーウォーカーというブランド名と、世界的にも有名になったトレードマーク、「ストライディングマン」（Striding man　闊歩する紳士）が誕生したのは、アレクサンダーの2人の息子、ジョージとアレクサンダー2世（通称アレック）が、父のビジネスを継いでからのことである。

「ジョニ赤」「ジョニ黒」の誕生

2代目アレクサンダー・ウォーカーが亡くなったのが1889年で、この時2人の息子、ジョージとアレックは25歳と20歳の若者であった。ウォーカー家の伝統を守ると同時に、2人には若者特有のチャレンジ精神も旺盛であった。その第一が蒸留事業への挑戦である。このことは、自社ブランドのウィスキーのモルト原酒を確保するうえでも重要な課題であった。ライバル会社同士の競争が激化し、原酒の確保がままならなかったからだ。

父アレクサンダーの死後5年を待たずして、2人はスペイサイドのカードゥ蒸留所の買収に成功している。カードゥは1824年の創業以来、良質のモルト原酒をウォーカー社に提供してきた蒸留所であり、カードゥの買収は、その後のウォーカー社の成功を決定づけたともいえる。

ひとつは、この買収で他社への原酒供給を絶つことができたこと。そしてもうひとつが、この原酒をキーモルトに、父の跡を継いだブレンダーのアレクサンダー2世、アレックが1906年につくり出したのが、「ジョニーウォーカー赤ラベル」、ジョニ赤であっ

たからだ。

　じつはこの時にアレックは白・赤・黒と3つのブレンドを考案したが、黒は祖父ジョン・ウォーカーがつくり出したウィスキーを超えることができず、「ウォーカーズ・オールド・ハイランド」を発展させて「ジョニーウォーカー黒ラベル12年」とし、白ラベルも2～3年で廃番として、最終的に赤と黒の2つを残した。「ジョニーウォーカー」という名称を正式に登録したのが1909年で、この時に「レッドラベル」「ブラックラベル」も商標登録している。

歩み続けるストライディングマン

　ジョニ赤、ジョニ黒の誕生と同時に採用されたのが、もうひとつのトレードマーク、「ストライディングマン」である。他社の製品がスコットランドの花や動物、王家の人々をキャラクターに採用していたのに対して、ウォーカー社のキャラクターは、またもや意表を突くものであった。

　シルクハットに片メガネ、赤のフロックコートにステッキ姿のイギリス紳士…。描いたのは当代随一の漫画家トム・ブラウン。モデルは創業者のジョン・ウォーカーではないかといわれたが、スコットランド人であったジョンがこんな格好を好むはずもなく、あくまでもトム・ブラウンの創作である。

　しかし大英帝国をイメージさせるこのキャラクターが、ジョニ赤、ジョニ黒の世界制覇に果たした役割は計り知れないものがある。ジョージとアレックのウォーカー兄弟が考え出した"Born in 1820――Still going strong"(ジョニーウォーカーは1820年生まれ――いまも力強く歩む)というスローガンとともに、お馴染みのストライディングマンは、その後100年以上にわたって世界市場を闊歩し続けているのである。

　ジョニーウォーカーのラインナップには前記の7種類のほかに「グリーンラベル」などがある。グリーンラベルはグレーンを入れないヴァッテッドモルトで、一時期人気を博したが、現在は市場から姿を消しつつある。アジアの一部の国で売られているのみだ。

　ちなみに「ジョニ赤」のキーモルトはカードゥにカリラ、「ジョニ黒」はカードゥにタリスカー、ラガヴーリン、「ゴールド」はカードゥとクライヌリッシュ、「ブルー」はカードゥとロイヤルロッホナガーだといわれている。

　すべてに共通するのは、もちろんスペイサイドのカードゥのモルト原酒だが、創業の地キルマーノックがスコットランドの西側に位置するため、他社のブランドに比べてよりスモーキーなアイラモルト、アイランズモルト(タリスカー)が効いているという。それぞれのモルト原酒と飲み比べてみるのも楽しいだろう。

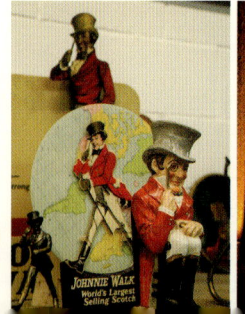

ディアジオ社のアーカイブには、ジョニーウォーカーの数々の販促グッズも集められている。まるで博物館のようだ。右は「キングジョージ5世」の発売を記念したセレモニーの1コマ。

Johnnie Walker Double Black
40% 700ml B

- 香り ── スモーキーでオイリー。フレッシュな潮の香り。加水でフローラル、フルーティになり、上品な豆大福…。
- 味 ── ミディアムからフルボディ。スパイシー。ピーティでスィート、フルーティ。複雑で余韻は中程度。コーヒー豆、シナモンティー。加水でアンコのよう…。
- 総合 ── スモーキーでピーティな、個性的ブレンデッド。不思議と和のテイストもあり、1対2くらいの水割りで、和菓子などと合わせても面白い。

Johnnie Walker Platinum Label
18yo 40% 700ml C

- 香り ── スィートでフルーティ。リンゴ、洋ナシ、プラム、黄桃。バランスが良く、うっとりする。遅れてバニラ、メープルシロップ。加水でよりフルーティ。
- 味 ── ミディアムボディ。スパイシーで深みがあり、非常に複雑。余韻も長く、スパイシーなフレーバーが続く。かすかにスモーキー。加水でよりスムーズに。
- 総合 ── さすがに18年クラスだけあって、バランスも良く、複雑。フルーティなアロマ・フレーバーがあり、うっとりする。ストレートで、ゆっくりと楽しみたい。

Johnnie Walker Gold Label Reserve
40% 700ml C

- 香り ── リッチでフローラル。シナモン、アマニ油、ビターチョコ。かすかにスモーキー。加水でクリーミーになり、上品な蜂蜜。
- 味 ── ミディアムボディ。スィートでフルーティ。しっかりとしている。甘・辛・酸のバランスもよく、余韻も中程度。非常に複雑で、後口にスモーキーさが残る。
- 総合 ── エイジングは謳っていないが、バランスが良く、非常に複雑なアロマ・フレーバーが楽しめる。ロックや水割りでもいけるが、ストレートでゆっくり楽しみたい。

Johnnie Walker Blue Label
40% 700ml D

- 香り ── 熟したフルーツ、アマニ油、カシューナッツ。瑞々しい洋ナシ、プラム、黄桃。穏やかだが複雑。遅れてピート。加水をすると、よりスィートになり、バニラ、クリーム。
- 味 ── スィートで非常にノーブル。ミディアムボディ。スムーズで深みがある。かすかにピーティで後口はスパイシー。余韻は比較的長く、心地よいフルーツフレーバーが持続する。
- 総合 ── ボトルの重厚感はピカイチだが、風味は意外と穏やか。しかし深みがあり、古き良き時代のブレンデッドを彷彿とさせる。ストレートかロックで、じっくりと味わいたい。

Johnnie Walker

King's Ransom
キングスランサム

マリッジを
完璧なものにするため
世界一周航路に積み込む!

　キングスランサムとは、「王様の身代金」のこと。かつてイギリスやヨーロッパの王室、アメリカのホワイトハウスに必ずストックされていたという、最高級ウィスキーである。
　このウィスキーをつくったのは、「スコッチの司祭」と呼ばれた名ブレンダー、ウィリアム・ホワイトリー（1856～1941年）。ホワイトリーは完璧なものを求めるために、求道者のような生活を送ったといわれる。タバコや葉巻はいっさい吸わず、味覚を損なわないよう、水もハイランドの天然水しか飲まなかった。「スコッチの司祭」と呼ばれるのは、まさに、そのためだ。
　このウィスキーのネーミングには次のようなエピソードが伝えられている。エドラダワーのモルト原酒を贅沢に使った究極のウィスキーが完成した時、ホワイトリーはどんな名称にすべきか決めかねていた。そこで友人に試飲をすすめたところ、あまりの美味しさに思わず、「これはまさに王様の身代金に匹敵する!」と叫んだのだという。それほどの大金をはたいても、一度は飲んでみたいウィスキーということだったのだろう。
　キングスランサム、「王様の身代金」というネーミングはすぐさま決定され、世界に向けて販売されることになった。じつはこの

左からトルーマン、チャーチル、スターリン。チャーチルはダンヒルの葉巻、スターリンはダンヒルのパイプだ。

「キングスランサム」にはもうひとつの秘密が隠されていた。それは"Round the world"という手法であった。
　ブレンドを終えたウィスキーを再び樽に詰め、なじませるという手法（マリッジ）は一般に知られていたが、ホワイトリーはマリッジを完璧なものにするため、もう一度シェリー樽に詰め、なんとそれをバラスト（おもり）として世界一周航路の船に積み込んだのだ。薄暗くじめじめした環境と波による揺れが、マリッジをより完璧なものにするというホワイトリーのアイデアであり、完璧なものを求めるには時間と労力を惜しんではいけないという、信念の表われでもあった。当時のラベルにはこの"Round the world"という文字と、世界一周航路が誇らしげに表示されていたものである。
　「キングスランサム」にはスコッチの歴史上有名な、もうひとつのエピソードが語られ

ている。それは1945年7月、第二次大戦の戦後処理を話し合うために開かれたかの有名なポツダム会議の晩餐会の席上、食後酒として供されたのが、この「キングスランサム」だったということだ。

　出席者はイギリスのチャーチル首相、ソビエトのスターリン書記長、そしてアメリカのトルーマン大統領である。極上のウィスキーであると同時に、「王様の身代金」という名前が、ポツダム会議の席上にはふさわしいと思われたのであろう。ウィットとユーモアに富むチャーチルらしい粋な振舞いである。それを見たスターリンとトルーマンの顔が思い浮かぶようだ。

　残念ながらこの究極のウィスキーは、その究極さゆえにか、現在は生産されていないようである。どこかのバーで見かけたら、ぜひ一度は口にしてみたい酒である。

製造元 ——— ウィリアムホワイトリー社
系列 ——— キャンベルディスティラーズ社
輸入元 ——— ―
主要モルト ——— エドラダワーなど

King's Ransom 12yo 43% 750ml ―

香り ——— スィートでフルーティ。黄桃、白桃。瑞々しいフルーツ。加水でクリーミーになり、クレームブリュレ。かすかなシェリー香。

味 ——— スィートだが、スパイシーで、やや化粧品香。シェービングクリーム。リッチだがバランスはいまいちか。余韻は長く、ハーブ様。

総合 ——— アロマはうっとりするような陶酔感があるが、フレーバーはかつてのエドラダワーのパフューミーさが支配的。アロマとフレーバーのバランスがいまいちで、やや評価が下がるかもしれない。飲むならストレートで。

King's Ransom　107

Label 5
ラベル5

グレンマレイを傘下においたフランス市場の定番ウィスキー

　日本ではほとんど知られていないが、ブレンデッドスコッチとして、現在第9位の売り上げを誇るのが、この「ラベル5(ファイブ)」。2012年の販売実績は年間約250万ケースで、「ティーチャーズ」「100パイパーズ」などのメジャーなブランドを抑えて、堂々のトップ10入り。フランスでは圧倒的な人気を誇り、スタンダードスコッチのNo.1ブランドとなっている。特にスーパーなどを中心に、廉価ウィスキーの定番となっているのだ。

　つくっているのはラ・マルティニケーズというフランスの会社で、創業は1934年。もともとスピリッツの製造や、スーパーマーケットを中心にウィスキーやスピリッツの流通を担ってきた会社である。ブランドそのものの設立は1969年だが、近年フランスだけではなく、新興国やアジアにもその販路を広げ、急速に売り上げを伸ばしてきた。

　そうした需要に応えるため、2008年にスペイサイドのグレンマレイ蒸留所をグレンモーレンジ社から買収。さらにエジンバラ近郊のバスゲートに巨大な熟成庫とボトリング施設を建設。蒸留から熟成、ブレンディングからボトリングまで、一貫してスコットランドで行なえるようになっている。ラベルに記されているファーストブレンディング社というのは、同社のスコットランドにおける子会社の名前である。

　ブレンドにはグレンマレイを中核に、スペ

スペイサイドのエルギン市にあるグレンマレイ蒸留所。かつてはグレンモーレンジの姉妹蒸留所だった。

イサイドやハイランドのモルト原酒が使われているという。製品にはフラッグシップともいえるノンエイジの「ラベル5」のほか、デラックスブレンドの「12年」などがある。

　いささかスコッチらしからぬネーミングで、往年のスコッチファンには馴染みにくいが、新興国での受けはいいという。今後どこまで躍進できるか、楽しみなウィスキーだ。

製造元 ── ファーストブレンディング社
系列 ── ラ・マルティニケーズ社
輸入元 ── コルドンヴェール
主要モルト ── グレンマレイなど

Label 5 Classic Black 40% 700m　A

香り ── 麦芽、シリアル、アマニ油、麻布。オイリーで若いグレーンウィスキーが、やや支配的。加水をすると、ふっくらとしたパン、ココア。

味 ── ウルトラライトボディ。スムーズで、サラッとしていて飲みやすい。ほとんどアルコールを感じない。余韻は中程度。加水でほとんど水のようになる。

総合 ── 熟成5年クラスだというが、非常に軽いテイストで、ストレートですいすい飲めてしまう。テクスチャーは少ないが、いかにも今風で、どんな飲み方でも楽しめるだろう。

Langs
ラングス

穏やかなグレンゴインを核にしたマイルドな逸品

　製造元のラングブラザーズ社の前身は、ヒュー・ラングがグラスゴーで始めたラム酒の輸入業者だった。やがて時代の流れとともにスコッチも扱うようになり、ウィスキー商、そしてブレンダーとして成功を収めることになる。ラングブラザーズ社として正式に発足したのは、ヒューの2人の息子、アレクサンダーとガヴィンがビジネスに参画した1861年のことだという。

　2人の兄弟にとって重要な転機となったのは、1876年にグレンゴイン蒸留所を買収したことである。グレンゴインは1833年創業、南ハイランドに位置するモルトウィスキー蒸留所で、小さいながらも良質のモルトを生産する蒸留所として評判が高かった。

　最大の特徴は、当時としては珍しい、ピートをまったく焚かないノンピート麦芽を原料に使用することだった。そのためにマイルドでクセがなく、たいへん飲みやすいウィスキーだったという。このグレンゴインのモルト原酒を中核にブレンドされたのが、「ラングス」のブレンデッドスコッチである。「ラングスシュープリーム」は、5年以上熟成させたグレンゴインを中核に、25種類のモルトとグレーン原酒がブレンドされている。性格は非常におとなしく、クセのないやわらかでマイルドな口当たりだ。

　小さくてあまり目立たないが、ボトルにはエリザベス皇太后、クィーンマザーの紋章が飾られている。今は亡きクィーンマザー

ラングスの原酒をつくる南ハイランドのグレンゴイン蒸留所。右はそのポットスチルで、ピートを焚かないノンピート麦芽の使用と、穏やかな気候風土が特徴。

から、ラングブラザーズ社は王室御用達の勅許状を授かっていたからだ。

「シュープリーム」の上級品が「シュープリームデラックス」で、こちらは8年熟成以上のモルトとグレーンをブレンド。ただし、現在はほとんどつくられていない。その上の「セレクト12年」は、平均15年熟成のグレンゴインを中核にブレンドされていて、「シュープリーム」に比べて、重厚なコクと香りが楽しめる逸品となっている。

　ラングブラザーズ社は1965年にロバートソン＆バクスター社の傘下に入ったが、その後2003年にグレンゴイン蒸留所とともに、イアンマクロード社が買収に成功。現在は「アイル・オブ・スカイ」「ヘッジ＆バトラー」などとともに、同社が所有するブランドとなっている。

製造元 ── ラングブラザーズ社
系列 ── イアンマクロード社
輸入元 ── アサヒビール
主要モルト ── グレンゴインなど

Langs Supreme Deluxe 40% 700ml　B

- 香り ── きなこ、緑豆、醤油、ハーブ。徐々にスィートになり、加水で上品な麦芽糖。かすかにオイリー。遅れてナッツ様のアロマ。
- 味 ── リッチでスムーズ。ライトボディだが甘・辛・酸のバランスがとれていて、このクラスとしては複雑な風味がある。チョコレート。加水でかすかにピーティ。
- 総合 ── 開けたてはやや豆っぱいアロマがあるが、加水で上品な甘みが現われる。甘・辛・酸のバランスも良く、飲み飽きない。水割りなどが、お薦めか。

Langside
ラングサイド

ハンターレイン社が手がける、コク豊かなブレンデッド

　ラングサイドとは、スターリング北方にある古戦場の名前である。1568年5月13日、「悲劇の女王」として知られたスコットランド女王メアリー・スチュワートは、彼女を廃位に追い込んだ反乱軍に対して、ここラングサイドで最後の戦いを挑んだ。

　結果は惨敗。プロテスタントもカソリック（彼女は熱心なカソリック信者だった）も、貴族も庶民も、誰ひとりとして彼女に味方する者はいなかった。

　メアリーは反乱軍の手を逃れ、又従姉妹であるエリザベス1世を頼ってイングランドに逃げ込んだ。エリザベスにとっては迷惑な話だったが、反乱軍の手に渡すわけにもいかず、そうかといって、「イングランド王家の正当な後継者」を主張するメアリーを自由にさせるわけにもいかず、イングランド国内に幽閉した。

　メアリー女王の幽閉生活はその後18年間も続き、最後はエリザベス1世暗殺の謀議に荷担した罪で処刑されてしまった。享年44歳である。ちなみにメアリーの息子がスコットランド王ジェームズ6世で、彼はエリザベスの死後、イングランド王も兼ねることになり（イングランドではジェームズ1世として即位）、ここにスコットランドとイングランドは同じ君主を戴く「同君連合」となったのである。

　「ラングサイド」の製造元であるラングサイドディスティラーズ社は、グラスゴーにあるダグラスレイン社の子会社だった。ダグラスレイン社は1950年に設立された独立系のブレンド会社で、「ハウス・オブ・ピアーズ」や「キング・オブ・スコッツ」「ジョン・プレイヤー・スペシャル」などで知られた会社である。「ジョン・プレイヤー・スペシャル」は有名なタバコメーカーの委託を受けて生産していたウィスキー。「ラングサイド」は南アフリカ向けにつくられたウィスキーで、どちらも名目上はラングサイドディスティラーズ社製

モルト蒸留所の生産規模TOP10

スコッチのモルトウィスキー蒸留所の生産能力トップ10。単位は万リットルで、これは100％アルコール換算の数字だ。

1.	グレンフィディック	1,300
2.	ローズアイル	1,250
3.	アイルサベイ	1,200
4.	ザ・グレンリベット	1,050
5.	マッカラン	980
6.	カリラ	650
7.	バルヴェニー	640
8.	グレングラント	620
9.	グレンキース	600
9.	グレンモーレンジ	600

＊出典『Malt Whisky Yearbook 2014』

となっている。

「ラングサイド」のブレンドには8年から12年熟成のモルト原酒24種類が使われているといい、モルトとグレーンの比率は3対7。モルト原酒にはオーヘントッシャンやブレアアソールが使用されているという。

ちなみにダグラスレイン社はブレンダーというより、「オールド・モルト・カスク（OMC）」や「クランデニー」などで知られるボトラーズとしての側面のほうが強い。さらに2013年にハンターレインと新生ダグラスレインの2つの会社に分裂し、「ラングサイド」はハンターレイン社の扱いとなっている。

製造元 ─── ラングサイドディスティラーズ社
系列 ─── ハンターレイン社
輸入元 ─── ジャパンインポートシステム
主要モルト ─ オーヘントッシャン、ブレアアソールなど

Langside 43% 750ml　A

- 香り ── スイートでリッチ。蜂蜜、フローラル、白い花…。かすかにピーティ。加水で麦芽糖。時間が経つと、ややオイリーな金属臭が支配的になる。
- 味 ── ミディアムからライトボディ。スイートでなめらか。しっかりしている。蜂蜜。加水でよりスムーズになる。余韻は中程度。
- 総合 ── このクラスとしてはリッチでスイート、しっかりした風味が楽しめる。加水をすると、やや金属っぽさが出るので、ロックかストレートがお薦め。

Langside

Lismore
リズモア

ゲール語で「庭園」を意味する美しい島がブランド名

　スコットランドの西海岸には無数の島々がちらばり、その島影と大地に深く切り込んだ入江の織りなす風景は、ヨーロッパ随一の景観美といわれている。

　リズモアはオーバンの北、ローン湾に浮かぶ小島の名前で、西側はマル島の高い山々にさえぎられ、気候温暖、風光明媚な島としてつとに有名である。白砂の海岸と濃い緑、色とりどりの花に覆われた美しい島で、島全体がまるで庭園のようだといわれている。リズモアとはゲール語で、まさに『大きな庭園』の意味なのだ。

　このリズモア島に人が住み始めたのはかなり古い時代からで、島には聖コロンバと聖モルアグにまつわる興味深い伝説がいい伝えられている。聖コロンバはスコットランドにキリスト教を布教した大聖人で、聖モルアグは彼の弟子にして友人であったが、2人はリズモア島の住民にキリスト教を布教したいという願いを長い間抱いていた。

　ある日マル島から、それぞれの小舟に乗り込んで漕ぎだした2人であったが、いつしか競争となり、聖コロンバのほうが先に浜に漕ぎ着きそうな勢いであった。

　形勢不利と見た聖モルアグは、持っていた斧で自分の小指を切断すると、それを浜に向かって放り投げ、「オレの肉体のほうが先に着いたぞ」と叫んだのだという。そのためかどうか、リズモア島には聖モルアグの記念碑が建てられ、ここはのちにアーガイル地方の司教座にもなっている。聖コロンバも聖モルアグも、アイルランド出身のゲール族だが、この伝説はなんとなく、ヘブリディーズ諸島を舞台に活躍したヴァイキングを彷彿とさせるものがある。

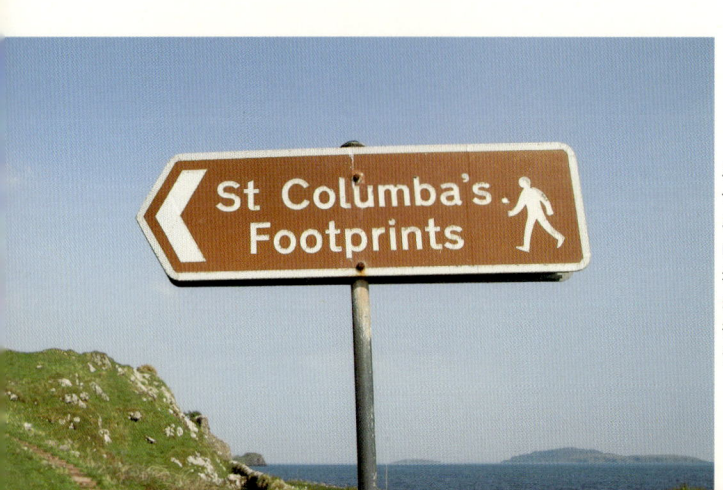

スコットランドには聖人にまつわる地名、標識がいたるところに存在する。これは聖コロンバの上陸地点といわれる場所で、石の上に足跡が刻まれている。聖コロンバが足を乗せたら自然についたというが…。

そんな美しい自然と伝説の島、リズモア島をブランド名にしたのが、この「リズモア」スコッチウィスキーである。

製造元のウィリアムランディー社はグラスゴーに1923年に創業した家族経営の小さな会社で、現在の会長は創業者ロバート・ドナルド・ランディーから数えて4代目。つねに高品質のウィスキーづくりを目指し、妥協を許さないその姿勢は、グラスゴーの同業者の間でも高く評価されている。

そのランディー社の主力ブランドが「リズモア」で、香り高く複雑なウィスキーに仕上がっている。「5年」「12年」「15年」「18年」「21年」などが販売されているが、日本にはほとんど輸入されていない。

ちなみにリズモアには同じブランド名で、ヴァッテッドモルト、シングルモルトも存在するので、ラベルを見て、よく確かめたほうがよさそうだ。

製造元 ──── ウィリアムランディー社
系列 ──── ─
輸入元 ──── ─
主要モルト ── 不明

Lismore 5yo 40% 700ml　A

香り ── オイリー、金属臭、ハスキー。厚みがあり複雑だが、とらえどころがない。加水でフローラルになり、ハーブ様のアロマが現われる。
味 ── ライトボディ。甘・辛のバランスは悪くないが非常にスパイシーでホット。加水でボディが失われ、ドライになる。
総合 ── "大きな庭園"というわりに、甘い花のような香りには乏しい。加水でドライになるので、ロックかストレートがお薦めかもしれない。

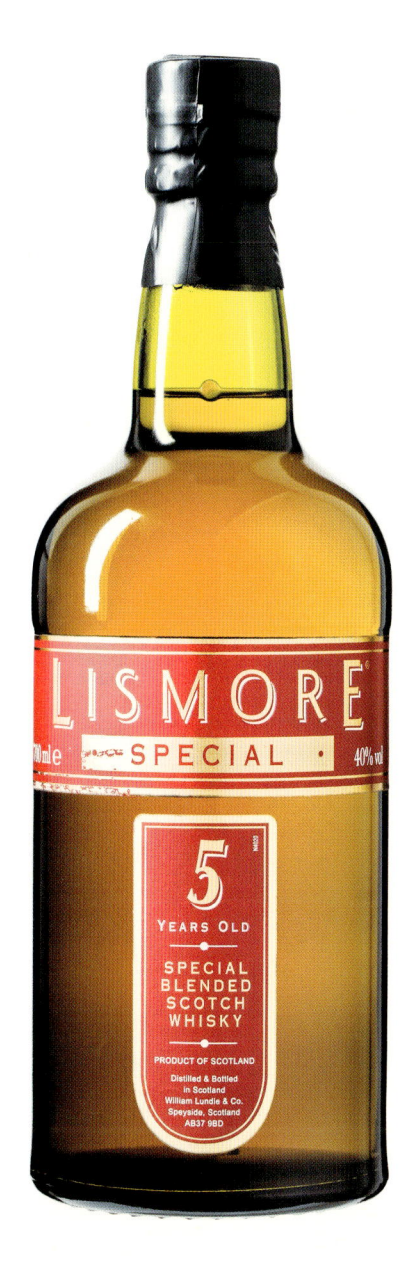

Long John
ロングジョン

長身痩軀の勇者が伝えた、愛と正義のスコッチ

　ロングジョンとはクラン・マクドナルドの血を引くケポックのジョン・マクドナルド（1796～1856年）の愛称である。身長193センチの大男だったので、地元フォートウィリアムの人々から、いつしかこう呼ばれるようになったのだという。

　マクドナルド家は、かつてヘブリディーズ諸島からアーガイル地方一帯を治めた「ロード・オブ・ジ・アイルズ」（島々の君主）につながる名家で、ハイランドの氏族の中でも勇猛果敢なことで知られていた。ジョンの曽祖父アレクサンダーは狂信的なジャコバイト党で、1715年と1745年のジャコバイトの反乱の際には、いずれも軍の先頭に立ってイングランド軍と戦っている。

　特に1745年のボニー・プリンス・チャーリーの遠征の時は、チャールズ王子の右腕として軍隊を指揮し、ロンドン北方200キロのダービーまで迫っている。

　アレクサンダーにとって不幸だったのは、せっかくロンドンの近くまで迫りながら、そして時の国王ジョージ2世は国外逃亡の準備までしていたというのに、チャールズが撤退を決めてしまったことだ。イングランド軍に追撃の機会を与えてしまい、翌1746年、インバネス近郊のカローデンムーアで決定的な敗北を喫してしまった。もちろんアレク

スペイサイドのトーモア蒸留所。1958年に「ロングジョン」の原酒用に建てられた蒸留所で、今はこれがキーモルト。

サンダーもこの戦いで戦死、一族の多くも殺されてしまった。ケポックのマクドナルド家も事実上消滅し、かろうじて生き延びた子孫たちは、それ以降、貧しい小作農の生活を余儀なくされたという。

　貧しいながらも誇り高きマクドナルド家の末裔として生まれたのが、ロングジョンことジョン・マクドナルドである。卓越した蒸留技術と、常人からは考えも及ばぬ行動力、正義感、人のためなら命も惜しまないという勇猛さは、マクドナルド家の末裔としての誇りと、自衛のために密造酒をつくらざるをえなかった、貧しい小作農の生活から生まれたものだろう。

　そんなジョンにとって1823年の酒税法改正は大きなチャンスであった。遠縁のマクドナルド家を頼って資金を調達し、フォートウィリアムに蒸留所をオープンしたのが1825年。英国いちの標高を誇るベンネヴ

ィス山の麓にあったことから名付けられたベンネヴィス蒸留所は、「ロングジョンの蒸留所」としてたちまち近隣の評判となった。

　1848年にはヴィクトリア女王が見学に訪れるという栄誉にも浴し、その時ジョンがプレゼントした特別の一樽は、バッキンガム宮殿のセラーに運ばれ、15年後に皇太子（後のエドワード7世）が成人した際に、多くの人々に振る舞われたという。

　ジョンの死後、ベンネヴィス蒸留所は子孫に受け継がれたが、20世紀以降いく度もオーナーが代わり、蒸留所自体は現在ニッカウヰスキーの所有となっている。ブランドの権利をもつロングジョン社は、現在シーバスブラザーズ社の傘下である。しかし、かつてハイランドの人々に愛されたジョン・マクドナルドのキャラクターそのままに、今もスコットランド人が特別に愛するウィスキーであることに変わりはない。

製造	ロングジョンディスティラリーズ社
系列	シーバスブラザーズ社
輸入元	サントリー酒類
主要モルト	トーモア、ラフロイグなど

Long John 40% 700ml　A

- 香り — リッチでビッグ。ピーティで、どこか塩っぽいアロマ。醬油、焦がしたパン。ややもっさりしているが、加水をするとスィートで、すっきりしたアロマに変化。
- 味 — ピーティでスモーキーだが、スィートでスムーズ。ミディアムボディ。バランスが良く、飲みごたえがある。遅れてフルーティに変化。加水でボディが失われる。
- 総合 — 古典的なスコッチのブレンデッドで、ややもっさりしているが、その分飲みごたえがある。バーベキューや炭火焼に合うかもしれない。ロックがお薦めか。

Mackinlay's マッキンレー

創業家の男たちが
150年間守り通した
スタンダードスコッチ

　マッキンレー社は、1815年にエジンバラの外港リースに誕生したワイン商の老舗である。創業者チャールズ・マッキンレーは、エジンバラでワイン商としての修業を積み、この年に独立。以来6世代にわたってマッキンレー家の男たちが家業を守り通してきた。

　ウィスキービジネスに参入したのは1867年、マッキンレー家の2代目ジェームズが家業を継いでからのことで、彼自身、ロンドンのシェリー酒輸入業者で、シェリーの勉強を積んでいた。しかし1870年代以降は、ブレンデッドスコッチに力を入れるようになり、オリジナルのブレンドを販売するようになった。このオリジナルブランドは「マッキンレー」と呼ばれていたが、19世紀後半には早くもイギリス上院、下院議会に納入され、その品質は高く評価されるに至った。

　マッキンレー家の自慢は、マッキンレーのウィスキーが1907年に、アーネスト・シャクルトン率いる南極探検隊の、オフィシャルスコッチとして選ばれたことである。詳細については120ページのコラムを見ていただきたいが、それほどマッキンレー社の名声はイギリス中に轟いていたということだろう。

　マッキンレー社の成功を物語るもうひとつのエピソードは、のちに「ブラック&ホワイト」を生み、ビッグファイブの一翼を担うことになったジェームズ・ブキャナンが、一時期修業のため同社に勤めていたこと。これもまた、マッキンレー社の名声が当時鳴り響いていたことの証である。

　2代目のジェームズは家業を発展させるとともに、蒸留事業にも積極的に乗り出していった。グレンアルビン蒸留所のマネージャーだったジョン・バーニーと共同で、インバネス郊外にグレンモール蒸留所を創建したのが1892年のことで、その後1920年には隣のグレンアルビン蒸留所も買収、ブレンダー兼蒸留業者として一時代を築くに至った。

　ジェームズの息子、3代目のチャールズ

ネス川を見おろす高台に建てられているインバネス城。インバネスの象徴ともいえる存在だ。

が家業を継いだのが1926年のことで、その後4代目イアン、5代目ドナルドと継承されてきている。前会長のドナルド・マッキンレーは、スコッチを世界に広めた立役者のひとりで、業界の重鎮でもあった。

「マッキンレー」のラインナップには「オリジナル」「レガシー12年」「21年」、そして「クラシックデカンター」などがあるが、現在はホワイト＆マッカイ社系列で（親会社はインドのUBグループ）、同社傘下のアイル・オブ・ジュラやタムナヴーリンなどが、メインにブレンドされている。

　レガシーとは「先祖伝来の遺産」という意味で、マッキンレー家6代の技が凝縮された逸品。「クラシックデカンター」は、19世紀の陶製デカンターを現代によみがえらせたものだ。

製造元	チャールズマッキンレー社
系列	ホワイト＆マッカイ社
輸入元	オエノングループ 合同酒精
主要モルト	アイル・オブ・ジュラ、タムナヴーリンなど

Mackinlay's Original 40% 700ml　A

- 香り ── 上品で優雅なアロマ。かすかにピーティで厚みがある。タバコの葉。加水をするとフルーティになり、マジパンのようなアロマが現われる。
- 味 ── ミディアムボディ。スィートでオイリー。スパイシーで、しっかりとしている。余韻は中程度。加水で飲みやすくなる。
- 総合 ── 古典的で複雑な風味を持った、スタンダードスコッチの名品のひとつ。トップノートは上品で洗練されている。ストレートかロックでゆっくりと楽しみたい。

Mackinlay's

南極で発見された100年前のウィスキー

　南極の氷の下から100年前のウィスキーが発見されたというニュースが、世界を駆けめぐったのは2007年3月のことだった。発見されたのはロイズ岬にある通称「シャクルトン小屋」の床下からで、発見したのはニュージーランドの調査隊。この小屋はイギリスの探検家、アーネスト・シャクルトンが1908年に建てたものだった。

　シャクルトン隊が南極大陸のロイズ岬に到達したのがこの年の1月下旬で、それから09年3月に南極を離れるまで、1年以上をロイズ岬で暮らし、周辺の調査と人類初の南極点到達を目指した。残念ながら南極点到達は逃しているが、1年以上に及ぶ科学的調査の成果と、地理的な極点ではなく南磁極に到達した栄誉を認められ、シャクルトンには"サー"、貴族の称号が与えられている。そのシャクルトン隊がロイズ岬を離れる際、小屋の床下に埋めていったのが、3ケースのウィスキーだった。それは1907年に、リースのブレンダー、チャールズマッキンレー社に発注されたスコッチ25ケース、300本のうちの3箱だった。

● 自家用ジェットでスコットランドへ

　発見された時、木箱に入れられたウィスキーは厚い氷に覆われ、そのままの状態で取り出すことは不可能だった。発掘方法が慎重に検討され、最終的に床下全体を天幕で被い、温風を送り込むという方法で、木箱が氷の下から取り出された。発見から3年後の2010年1月のことである。さらに、そのうちの1ケースが、ニュージーランドのクライストチャーチにある、カンタベリー博物館の研究室に運ばれ、調査が行なわれることになった。100年ぶりに取り出されたボトルは1本1本、丁寧に麦ワラでカバーがかけられ、さらにティッシュに包まれていた。そのティッシュの中から出てきたのが、「ML　レア・オールド・ハイランド・モルト・ウィスキー（Rare Old Highland Malt Whisky）」と書かれたボトルだった。

　MLは当時好んで使われた「モルトリカー」の略語だが、このウィスキーは驚いたことにブレンデッドではなく、モルトウィスキーであった。当時モルトウィスキーだけをボトリングすることは、あまり一般的ではなく、それゆえブレンデッドだろうと推測されていたのだ。中身についての調査・分析が行なわれたのはスコットランド。そのため3本のボトルが、飛行機でグラスゴーに送られることになった。

　ここで登場したのが、現在マッキンレーのブランド権を所有するホワイト＆マッカイ社のオーナー、インド人のヴィジェイ・マルヤ氏だった。彼は『フォーブス』の長者番付にも載るインドの億万長者で、自家用ジェットも持っている。シャクルトンのウィスキーを運ぶために、その自家用ジェットが提供され、保冷装置のついた特製バッグに入れられた3本のウィスキーは、クライストチャーチからグラスゴーに運ばれ、さらに陸路で、ホワイト＆マッカイ社の研究室があるインバーゴードン蒸留所に運ばれ

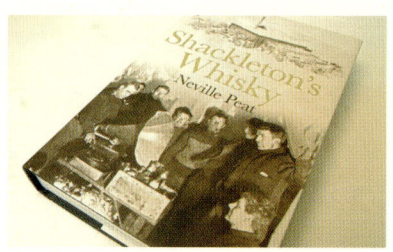

2013年に刊行されたネヴィル・ピート著のドキュメント。発見からレプリカボトルがつくられるまでの経緯を詳細に綴っている。図版も多く読みごたえがある。

120

た。2010年秋のことである。

　ウィスキーはコルク栓で、その上から鉛でシールド加工されていた。コルク栓を抜くわけにはいかないので、特殊な注射針でシールドの上からコルクに突きさし、中身のウィスキーを慎重に吸い上げた。それをグラスに入れて"鑑定"を行なったのが、同社のマスターブレンダー、リチャード・パターソン氏である。103年ぶりに外界に取り出されたウィスキーは、意外なことにフレッシュなリンゴやパイナップルのような瑞々しいアロマがあり、穏やかなピート香がバランスよく広がっていたという。

　科学的な分析も行なわれ、思わぬ事実が次から次へと判明した。分析の結果、これはインバネスのグレンモール蒸留所の熟成年の異なる複数の樽をヴァッティングしたものだということがわかった。もちろん、今日でいうシングルモルトである。使用された樽も、アメリカンホワイトオークのシェリー樽。当時バーボン樽はまだ一般的ではないので、スペインのボデガが輸出用として詰めた、シェリーのホグスヘッド樽だろうという。さらに驚くべきことに、フェノール化合物の分析結果から、ピートがインバネス産ではなく、遠く離れたオークニー諸島のイディー島産であることもわかった。

● 100年前の味を再現

　中身の科学的分析・調査と並行してレプリカボトルの味の再現が、パターソン氏によって進められた。100年前のグレンモールの味を再現するためには、シングルモルトでつくることは不可能だった。グレンモール蒸留所自体が1983年に閉鎖され、今は建物すら存在しない。そこで集められたのがダルモアやグレンファークラス、マノックモア、タムナヴーリン、グレンロセス、プルトニー、ベンネヴィス、アイル・オブ・ジュラといったモルトウィスキーだった。骨格はダルモアやジュラの長熟モルトが担い、フローラルでフルーティな風味はスペイサ

"ザ・ジャーニー"と名付けられた第2弾のレプリカボトル。肩ラベルには『1907年英国南極探検隊』の公式遠征名が入っている。モルトリカーを意味する"ML"がアクセントのよう。全世界10万本限定の販売だ。

イドモルトが一役買った。心地よいピート香は、一番の悩みどころだったというが、これは最終的にヘビリーピートのダルモアが担ったという。

　こうして完成したマッキンレーの「レアオールド・ハイランドモルトウィスキー」は、2011年に全世界で5万本販売された。1本100ポンドの値段のうち5ポンドが、ニュージーランドの南極ヘリテージトラストに寄附されることになっていた。このボトルは1年ほどで完売し、25万ポンドが南極の保護活動のために寄附された。これが第一弾である。そして2012年秋、第二弾のレプリカボトルがパッケージを変え、今度は全世界10万本限定で発売された。もちろん1本につき5ポンドの寄附金が南極トラストに払われることは、前と同じである。

121

Monkey Shoulder
モンキーショルダー

チャームポイントは
ボトルの肩の3匹のモンキー

　モルトウィスキーとグレーンウィスキーという、まったく異なる性格のウィスキーをブレンドしたものがブレンデッドウィスキーで、モルト同士、グレーン同士のみを混和したものを、ヴァッテッドモルト、ヴァッテッドグレーンという。ただし現在では、どちらもブレンデッドモルト、ブレンデッドグレーンという言い方が定着しつつある。

　かつてヴァッテッドモルトは、シングルモルトに比べて個性が乏しく、あまり人気がある商品とはいえなかった。ところが2000年以降、今までにないコンセプトをもとにオリジナリティーあふれたヴァッテッドモルトが次々と登場し、新たなファンを取り込んでいる。その先駆けとなったのが、この「モンキーショルダー」だ。モンキーショルダー、『猿の肩』とは何とも人を食ったネーミングだが、これは造語でもなんでもなく、古くからあるウィスキーのテクニカルタームである。

　かつてはどこの蒸留所でも麦芽づくりを自分のところで行なっていた。コンクリートの床の上に麦芽を広げるフロアモルティングで、この際に発芽が均一になるように職人が木のシャベルを使って4時間おきくらいに撹拌していた。麦芽の量は4〜8トンにもなり、それを日に6回も行なうのは、相当の重労働である。この時、職人たちが

木のシャベルで床に広げた麦芽を撹拌する。水分を吸った大麦は重く、長年やっていると腰・肩・腕に痛みが走るという。

患ったのが肩から腕にかけての痛みで、それをモンキーショルダーと呼んだのだ。

　ただし、なぜモンキーショルダーといったのかはわからない。一説には、長年その作業に従事している職人は両肩が前に出て、歩く姿が猿に似ていたからというが、真偽は不明である。その古いテクニカルタームをブランド名にしたのが、このウィスキーで、製造元はグレンフィディックで知られるウィリアム・グラント＆サンズ社。ブレンドには同社傘下のグレンフィディック、バルヴェニー、キニンヴィの3つのモルト原酒が使われているという。

　その3つのモルトを強調するためか、ボトルの肩のところには3匹の猿のエンブレムが取り付けられ、パッケージデザインも凝ったものになっている。もともとシングルモル

トに馴染みがない初心者、女性向けというコンセプトでつくられたウィスキーだが、モンキーショルダーという風変わりなネーミングと、この3匹の猿が「可愛い!」ということで、女性を中心にファンが急増。

さらにグラント社では、この「モンキーショルダー」を使ったオリジナルのカクテルも開発し、それらのカクテルを出すバーを"モンキーバー"と呼んで、拡販に力を注いできた。そのせいかどうか、今ではイギリスのバーやパブの定番アイテムのひとつとなっているのが、このウィスキーなのだ。

製造元	ウィリアム・グラント＆サンズ社
系列	―
輸入元	三陽物産
主要モルト	グレンフィディック、バルヴェニー、キニンヴィ

Monkey Shoulder 40% 700ml B

- 香り —— フルーティでフローラル。オレンジ、ライム、ミント、青リンゴ。加水でメープルシロップ、蜂蜜。シトラスフルーツ。非常に心地よいアロマが広がる。
- 味 —— ソフトでスムーズ。スイートでまろやか。余韻は中程度で、爽やかなフルーツ香が印象的。加水をしても変化がなく、いくらでも飲めてしまう。
- 総合 —— 非常にバランスが良く、フルーティで華やか。加水をしても崩れないので、ロック、カクテル材料としても面白いかもしれない。イギリスで女性に一番人気なのも、うなずける。

Monkey Shoulder 123

Old Parr
オールドパー

岩倉遣欧米使節団が土産にしたというデラックススコッチ

　デラックススコッチとして圧倒的人気を誇る「オールドパー」が誕生したのは、19世紀後半のことであった。南西スコットランド、エアシャー出身のジェームズとサミュエルのグリーンリース兄弟が生みの親で、2人は1871年にグリーンリースブラザーズ社を設立。このブランドをロンドンばかりではなく、広く世界に売り広めた。

製造元	マクドナルドグリーンリース社
系列	ディアジオ社
輸入元	MHDモエヘネシーディアジオ
主要モルト	クラガンモア、グレンダランなど

Old Parr 12yo 40% 750ml　B

- 香り ── ドライアプリコット、ナツメグ、クローブ、アマニ油。やや若いが複雑で、バランスは悪くない。かすかにスモーキー。加水をするとフローラル。白い花、バニラクリーム…。
- 味 ── スィートでフルーティ。ミディアムボディ。しっかりしている。シナモンキャンディ、チョコレート。余韻は中程度。加水をしてもバランスは崩れない。
- 総合 ── しっかりとしたフレーバーを持つ古典的な美酒。ロックか少量の加水、あるいはクローブなどを入れたホットウィスキーとしても面白い。いくらでも飲めてしまう。

オールドパーのキーモルトをつくるクラガンモア蒸留所。左はそのポットスチルで、右は麦芽の粉砕機の前でハスク、グリッツ、フラワーの挽き分けについて説明する蒸留所のスタッフ。手に持っているのが粒度分布を調べる容器だ。

「オールドパー」というブランド名を考案したのは兄のジェームズだったといわれるが、このネーミングが兄弟のウィスキーを一躍有名なものにした。まさにネーミングの勝利といっていい。オルドパーとはトーマス・パーという実在の人物のことで、彼は152歳（!）まで生きたといわれる、英国史上最長寿の人物であり、誰ひとりとして知らない者はいない、歴史上の有名人であった。

史実かどうか本当のところはよくわからないが、パー翁は1483年2月に北西イングランドのシュロップシャーに生まれ、1635年11月にロンドンで亡くなるまで、じつに152歳と9か月を生きたという。その壮健ぶりはシュロップシャーの近郷近在ではつとに評判であったが、時の国王チャールズ1世（在位1625～49年）が噂を聞きつけ、ひと目会いたいということで、1635年トーマス・パー152歳のときに、ロンドンに招かれることになった。

さすがに、当時目が不自由だったパー翁の健康を気遣い、2頭立ての馬車が用意され、150マイル離れたシュロップシャーからロンドンまで、数週間かけてやってきたという。国王チャールズ1世は、パー翁が元気なことにいたく感動し、彼に長寿の秘訣を聞いたらしい。その時のパー翁の返答が、「特別なことは何もしとりません。しいて言えば105歳の時に不倫がバレて、公衆の前で懺悔させられたことでしょうか」というものであった。

晩婚の理由はわからないが、パー翁が最初の結婚をしたのが80歳で、この時に1男1女をもうけている。にもかかわらず105歳で不倫をし、さらに122歳で最初の妻と死別すると、同年再婚を果たしている。この2番目の妻との間にも1人の子供をもうけたというから、その絶倫ぶりは、はるかに常人のそれを超えている。

国王謁見の栄誉を機にトーマス・パー翁

Old Parr 125

クラガンモアを創業した
ジョン・スミスは大の鉄
道マニア。これは最寄り
駅から原料や樽を運ぶ
蒸留所専用の機関車の
模型で、スミスが作らせ
たもの。

は一躍ロンドンの寵児となり、記念メダルやパンフレット、「トーマス・パー・ウォーター」という長寿の秘薬まで売りに出されたというから、その熱狂ぶりは想像にかたくない。国王から年金を賜り、後見人であるアランデル伯爵のストランドの屋敷に暮らしたパー翁であったが、その年11月14日に呆気なく死んでしまった。ロンドンに来てわずか数か月後のことだった。

死亡所見を書いた医師ウィリアム・ハーベイによると、翁の内臓には何の異常も老化もなく、死因は食べ過ぎによる急死だったという。質素で規則正しい農夫の生活から環境が激変したことが、翁の寿命を結果として縮めることになってしまったのだ。国王チャールズ1世はトーマスの突然の死を悲しみ、勅命により公葬とし、亡骸をウエストミンスター寺院に埋葬することにした。

ウエストミンスター寺院は歴代の国王の戴冠式や国葬などに使用される英国随一の寺院であり、歴代の国王や詩人、芸術家などが眠る墓所としても有名である。その中にある通称「詩人のコーナー」にトーマス・パーは、シェイクスピアやワーズワース、テニソン、チョーサー、ミルトン、バイロンといった英文学史上の錚々たる著名人とともに眠っているのだ。

墓碑には「トーマス・パー、1483年シュロップシャー生まれ。エドワード4世、エドワード5世、リチャード3世、ヘンリー7世、ヘンリー8世、エドワード6世、メアリー1世、エリザベス1世、ジェームズ1世、チャールズ1世の10代の御代を生きる。享年152。1635年11月15日、ここに埋葬される」とある。

この10代にわたる御代を生きたトーマス・パーにあやかろうと名付けられたのが、グリーンリース兄弟の「オールドパー」であった。ブランドの趣意書には、「10代の治世を生きたトーマス・パーのように、時代がどんなに変わろうとも変わらぬ品質を約束する。それがオールドパー…」とある。

「オールドパー」は発売と同時に大好評を博し、1900年頃にはロンドン市場をほぼ席巻した。しかし、その後販路を世界に求め、特に日本と東南アジア、近年では南米ベネズエラ、コロンビアなどでブランドイメージを確立し、圧倒的な人気を博している。

126

特に「オールドパー」と日本との因縁は古く、このウィスキーが日本に初めて紹介されたのは1873年（明治6）のことだったとされる。岩倉具視を特命全権大使とする遣欧米視察団が日本を出発したのが1871年（明治4）のことで、この視察団がイギリスから持ち帰ったのが、発売間もない「オールドパー」だったという。

　この時のことは随行した久米邦武の『米欧回覧実記』（岩波文庫）に詳しいが、残念ながら本には「オールドパー」について触れられた箇所はない。しかし可能性としては十分考えられることで、誕生間もない「オールドパー」が、この時すでに日本に持ち込まれていたとするならば、それは奇縁としかいいようがない。

　以来、わが国の上流人士、特に政治家などから愛好され、吉田茂や田中角栄元首相が「オールドパー」のファンだったことは、つとに有名だ。権力者の常として、パー翁の不老長寿にあやかろうとしたのだろうか。

　グリーンリース社はその後アレクサンダー＆マクドナルド社に吸収合併され、1925年にはDCL社の傘下に入っている。現在はディアジオ社の系列で、社名はマクドナルドグリーンリース。同社はスペイサイドのグレンダラン蒸留所のライセンスを所持しているが、「オールドパー」の核となるモルト原酒は今も昔も、同じスペイサイドのクラガンモア蒸留所のそれである。

　角型の独特のボトルも創業者グリーンリース兄弟のアイデアによるもので、表面のクラックルパターンと呼ばれるヒビ割れ模様は、当時の陶製ボトルをイメージしたもの。また、ラベルに描かれているトーマス・パーの肖像画は、17世紀の巨匠、ルーベンスの筆によるもので、ルーベンス自ら、パー翁に描かせてほしいと頼んだのだという。当時の熱狂ぶりが、このことからも窺い知れる気がする。

クラガンモアの熟成庫。その外観と内部。樽を3段に積む伝統的なダンネージ式ウエアハウスで、熟成庫のすぐ横をスペイ川と、その支流であるエイボン川が流れている。ここはまたサーモン釣りのメッカとしても有名なところだ。

Old St.Andrews
オールド・セント・アンドリュース

愛嬌のあるボトルは日本の ゴルフ愛好家がターゲット

　ゴルフボールを模したユニークなボトルで知られるオールド・セント・アンドリュース社は1970年、主に日本への輸出向けの会社として設立された。当初26％の株式を所有していたのはトマーティン社であったが、1985年にハスウェル家が買い取り、現在は同家が経営にあたっている。なおトマーティン社がハイランドに所有していたトマーティン蒸留所は、現在宝酒造がオーナーとなっている。

　オールド・セント・アンドリュースは、もちろんゴルフ発祥の地セント・アンドリュースのことで、当初からゴルフとスコッチを結びつけたマーケティング戦略を展開してきた。「バーディー」「イーグル」「アルバトロス」という、かつてのラインナップはゴルフ用語であり、その順に値段も熟成年数も高くなっていた。今は「クラブハウス」という製品のみが、一般に流通している。

　スコットランドの国民的スポーツであるゴルフがいつごろ誕生したのか定かではないが、1413年にセント・アンドリュース大学ができたころには、すでにポピュラーなスポーツになっていたというから、600年以上の歴史があることになる。

　ゴルフという言葉が文献上に登場するのは1457年のことで、このころゴルフを禁止する法律が、スコットランド議会にいく度となく上程されている。理由は貴族や兵士がゴルフに熱中するあまり、対イングランド戦争に支障をきたしたからだという。戦闘の訓練より、ゴルフのほうに熱中したというわけだ。

　ゴルフがスコットランドからイングランドに伝わったのは、ジェームズ6世がイングランド王ジェームズ1世（在位1603〜25年）として即位した時で、王がエジンバラからロンドンに移るとともに、ロンドンの宮廷、貴族の間に広まっていったという。ちなみに世界4大ゴルフ大会の中でもっとも古く、もっとも格式を誇る「ジ・オープン（全英オープン）」が始まったのは1860年のこと。この時のコースにはスコットランドのプレストウィック・ゴルフ場が選ばれたが、1873年の大会は、ゴルフ発祥の地といわれるセント・アンドリュースのオールドコースで開かれ

世界中のゴルファーが憧れるセント・アンドリュースのオールドコース。ゴルフの「ジ・オープン」が始まったのは1860年で、4大大会の中ではもっとも古い。

ている。

　ゴルフボールを模したボトルの中央には、クラブを手にしたスタンディングライオン（立獅子）が描かれているが、立獅子はスコットランド王家の象徴。さらに"DUM SPIRO SPERO"という同社のモットーはラテン語で、『命の限り望みを捨てず』という意味だとか。ゴルファーにとっては、まさに座右の銘にしたいモットーだろう。

　ブレンドにはハイランドモルトを中心に、バルヴェニーやザ・グレンリベット、トマーティンの原酒が使われている。また同社ではブレンデッドウィスキーのほかに、ヴァッテッドモルトも出している。

製造元 ──── オールド・セント・アンドリュース社
系列 ──── ─
輸入元 ──── 明治屋
主要モルト ── バルヴェニー、ザ・グレンリベット、トマーティンなど

Old St.Andrews Clubhouse
40% 700ml　B

香り ── 厚みがあるが、ややもっさりしている。ある種のキノコ、トリュフ、ヘッセン布。加水でオイリーさが現われ、かすかにスモーキー、ハーブ様。
味 ── スィートでフルーティ。ミディアムボディ。甘・辛・酸のバランスがよく、余韻も中程度。加水でスパイシーになる。
総合 ── ゴルフにウィスキーはつきものだが、まさに目まぐるしく変わるスコットランドの天気のように、複雑な風味を持っている。ストレートかロックで楽しみたい。

Old St.Andrews

Old Smuggler
オールドスマグラー

密造者にあやかった郷愁のウィスキー

オールドスマグラー、「老いぼれた密造者」という、なんとも人を食ったネーミングをもつこのウィスキーは、ダンバートンにあったJ&Gストダート社が19世紀半ばに世に送り出したもの。

同社の創業は1835年で、グラスゴー出身のジェームズとジョージのストダート兄弟が創始した会社である。一説によると、ブレンドしたウィスキーをシェリー樽に詰めて寝かせるというマリッジ（後熟）の技法は、この兄弟が始めたものだという。もちろん当時は今日のようなブレンデッドウイスキーは誕生しておらず、複数の蒸留所のモルト原酒を混和した、いわゆるヴァッテッドモルトであった。

ストダート兄弟が自社ブランドに「オールドスマグラー」と名付けたのは、当時姿を消しつつあった密造酒に対する郷愁と、密造酒が正規のウィスキーより品質も優れ、格段に美味だったということと、無関係ではない。密造はすでに過去のものとなりつつあったが、人々の記憶の中には密造酒の味が生き続けていたのである。

スコッチの歴史はある意味、密造の歴史でもある。1707年にスコットランドがイングランドに併合されると、ロンドン政府はウィスキーに対してそれまでの15倍（!）もの

かつてスペイサイドには1000を超える密造所があったというが、19世紀半ばでほぼゼロに。これは20世紀初頭に捕まった最後の密造者といわれる人物の写真。

税金を課した。理由はそのころ激しくなった対仏戦争、植民地戦争の戦費をまかなうというもの。この異常とも思える政府の仕打ちに対してスコッツ（誇り高きスコットランド人は自分たちをこう呼ぶ）は、密造によって対抗しようとした。その中心地がスペイサイドで、スペイサイドの山中深くに分け入り、清らかな谷川の水とピートを使って密造酒づくりに励んだのだ。

皮肉なことにこれがウィスキーの品質を高め、しかも税金を払わないのだから正規のものよりはるかに安く、人々の間に流通した。徴税官に見つかれば命をも失いかねない彼らスマグラーは、反抗心旺盛なスコットランドの民衆から英雄扱いされ、人々はこぞって密造酒を求めるようになった。麦芽の乾燥にピートを用いたのも密造者だったといわれ、スコッチの風味の決め手となる

ピーティさは、じつは密造酒がなかったら生まれなかったのだ。

　J&Gストダート社は1931年にカナダのハイラムウォーカー社に買収され、その後アライド社、ペルノリカール社の一員となっていたが、2006年にイタリアのカンパリ社がグレングラント蒸留所とともに買収、現在はカンパリ社の所有となっている。

　ブレンドにはペルノリカール傘下のグレンバーギ蒸留所のモルト原酒などが使われていたが、今後は同じスペイサイドのグレングラントを中心としたブレンドに変わるものと思われる。南北両アメリカ大陸で人気のスコッチで、アメリカとアルゼンチンでは、スタンダードスコッチの売り上げ第2位を誇る人気銘柄だ。

製造元 ──── J&Gストダート社
系列 ───── カンパリ社
輸入元 ──── ─
主要モルト ── グレンバーギなど

Old Smuggler 40% 700ml ─

香り ── 穏やかだがフルーティで、フレグランス。溶剤、バニラ、蜂蜜、ミルクチョコレート。加水をしてもほとんど変化がない。

味 ─── スムーズだがオイリー。ライトボディ。スィートかつドライ。甘・辛のバランスはとれている。余韻は中程度で、加水をすると、よりドライになる。

総合 ── かつてのような重厚なフレーバーはないが、フルーティで心地よい香味がある。名前のわりに洗練されている。加水をしてもほとんど変化がないが、ドライになるのでロックがお薦めか。

Passport
パスポート

その名のとおり国境を超え世界市場をかけめぐる

　ダークグリーンの四角ボトルに、古代ローマの通行証をかたどったカラフルなラベル。一見するとスコッチらしからぬこのボトルが、カナダのシーグラム社が「100パイパーズ」の次に世に送り出した「通へのパスポート」、パスポート・スコッチ・ウィスキーであった。

　「100パイパーズ」が、スコットランドの伝説と歴史に基づいたウィスキーであったのに対して、こちらはあくまでも世界への「パスポート」である。

　製造元はウィリアムロングモア社。誕生は「100パイパーズ」の3年後の1968年で、ブレンドの中核を成すのは、スペイサイドのキースの町にあるグレンキース蒸留所のモルト原酒だ。

　同蒸留所はストラスアイラの姉妹蒸留所として、1957年にオープンした比較的新しい蒸留所で、1990年代から2000年代にかけてモスボール（生産中止）状態にあったが、世界的なウィスキー需要の伸びを受けて、2013年に復活をはたしている。現在の生産規模は年間600万リットルと、ストラスアイラの3倍近くある。

　もともと世界市場をターゲットにしたライトタイプのウィスキーで、特にヨーロッパ、なかでもスペインやポルトガル、ついでアメリカ、メキシコ、ブラジル、そして韓国などで

1957年にストラスアイラの姉妹蒸留所として建てられたグレンキース。1990年代終わりから2000年代にかけ生産中止となっていたが、2013年に再オープン。大幅な改修工事が行なわれ、その時に新しいパゴダ屋根が取り付けられた。左はそのスチル。

根強い人気を保っている。なかでもアメリカではバルクで輸出して、アメリカでボトリングしているほどだ。プレミックス・ドリンクとして、「パスポート＆コーク」という商品も売り出されているという。

　誕生後それほど経っていないが、「100パイパーズ」と同じく世界のトップ30ブランドで、近年では東欧や中米にも、その販路を拡大している。

　お洒落なデザインは現代的なセンスにもマッチし、さらにオン・ザ・ロックにしても水割りにしても、ストレートでも、ソーダ割りでも楽しむことができるクセのないマイルドな味が、国境を超えても受け入れられるのだろうか。まさに世界への、パスポートである。

製造元 ──── ウィリアムロングモア社
系列 ──── ペルノリカール社
輸入元 ──── ペルノ・リカール・ジャパン
主要モルト ── グレンキース、ザ・グレンリベット、グレングラント、ロングモーンなど

Passport 40% 750ml　A

香り ── 麦芽、ハスク、粉っぽいアロマ。非常にライト。遅れて蜂蜜、メープルシロップ、アマニ油。加水をしても変わらない。

味 ── ライトボディで、マイルド。スィートかつドライ。メープルシロップ。加水でよりなめらかになる。余韻は短め。

総合 ── 非常にライトボディで、モダンなイメージ。加水をしてもまったく変化がないので、ロック、水割り、ソーダ割り、カクテル材料としてもOKだろう。気軽に楽しみたい。

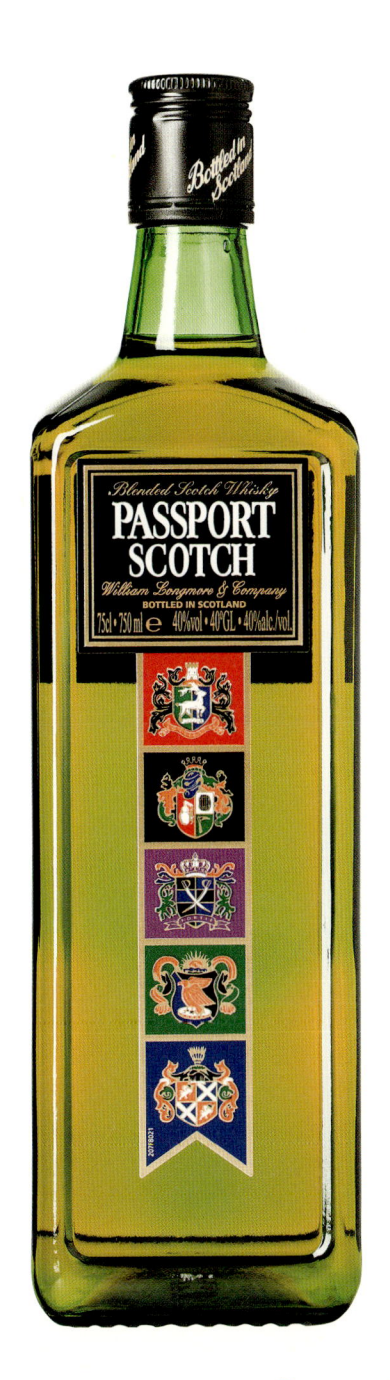

Passport 133

Rob Roy
ロブロイ

赤毛のヒーローの勇名を戴くモリソンボウモア社の1本

　ロブ・ロイとは「赤毛のロバート」こと、ロバート・マクレガー（1671〜1734年）の愛称で、スコットランド版「ロビンフッド」として、今でも人々から愛され続けている人物のことである。ロビンフッドが伝説上の英雄であるのに対して、こちらは実在の人物。名門氏族、マクレガー家の一員としてハイランドのトロサックス地方に生まれたロブ・ロイの一生は、愛と勇気とロマンに満ちあふれていた。

　農作物が育たないトロサックス地方の住民たちの唯一の生活の糧は、牛飼いと牛の商いであった。ロブ・ロイも牛飼いとしての一生を送ったが、宿敵モントローズ公の牛を略奪したり、果敢に公の軍隊と闘ったりした。必死に追いつめるモントローズ公によって何度も囚われの身となったが、そのたびに奇跡的に脱走し、最後まで信念と一族の誇りを捨てなかった。

　ロブ・ロイが単なる牛泥棒ではなく人々から英雄視されたのは、彼の義賊的な性格に負うところが大きいという。小作料が払えず立ち退きを余儀なくされている農民があれば、奪った金品で払ってやり、あくまでも私欲ではなく、貧しいハイランドの民衆の味方であろうとした。もちろんロブ・ロイはスチュワート王家を支持する熱烈なジャコバイト党で、そんなところも民衆から人気を勝ちえた理由だったのだろう。

　晩年はモントローズ公とも和解し、平和に暮らしたというが、彼が一躍有名になったのは、文豪ウォルター・スコット（1771〜1832年）の同名の小説によってであった。かなり脚色されているとはいえ、ロブ・ロイの愛と冒険に満ちた物語は人々を熱狂させ、圧倒的な支持を得ることになったのだ。

　以来、スコットランド版ロビンフッドとして、いく度となくドラマにもなり、映画も作られるようになった。『シンドラーのリスト』（アメリカ、1993年）で主人公を演じたリーアム・ニーソンが主演したハリウッド映画、『ロブ・ロイ』（1995年）は有名である。

　このロブ・ロイをブランド名にしたのが、モリソンボウモア社の「ロブロイ」である。同社は1951年に創立した会社で、当時はモリソンハワット社を名のっていたが、その後1960年代にアイラ島のボウモア蒸留所を買収し、モリソンボウモア社と改められた。

　現在はボウモア蒸留所のほかにローランドのオーヘントッシャン、ハイランドのグレンギリー蒸留所を所有し、蒸留業兼ブレンダーとして成長を続けている。ちなみに同社の現在のオーナーは日本のサントリーである。

　「ロブロイ」にはノンエイジや12年物、17年物などがあるが、いずれもイギリス国

内、ヨーロッパ市場が中心で、日本ではほとんど販売されていない。「ロブロイ」というスコットランドの英雄の名前を冠したウィスキーが、日本で飲めないのは少々残念という気がしないでもない。

「ロブロイ」の原酒モルトをつくるアイラ島のボウモア蒸留所。ロブ・ロイとは、あまり関係がなさそうなのだが…。

製造元 ── モリソンボウモア社
系列 ── サントリー
輸入元 ── ─
主要モルト ── ボウモア、オーヘントッシャン、グレンギリーなど

Rob Roy 40% 700m ──
香り ── スィートでフルーティ。スムーズ。黄桃。かすかにワクシー。加水でピートが現われる。
味 ── ピーティでスモーキー。フルーティ。焼きリンゴ、アップルパイ。ミディアムボディ。加水でボディが失われ、スカスカになる。
総合 ── ボウモアが効いているのか、明らかにピーティでスモーキー。甘・辛・酸のバランスも悪くなく、飲み飽きない。加水でバランスを崩すので、ストレートかロックで。

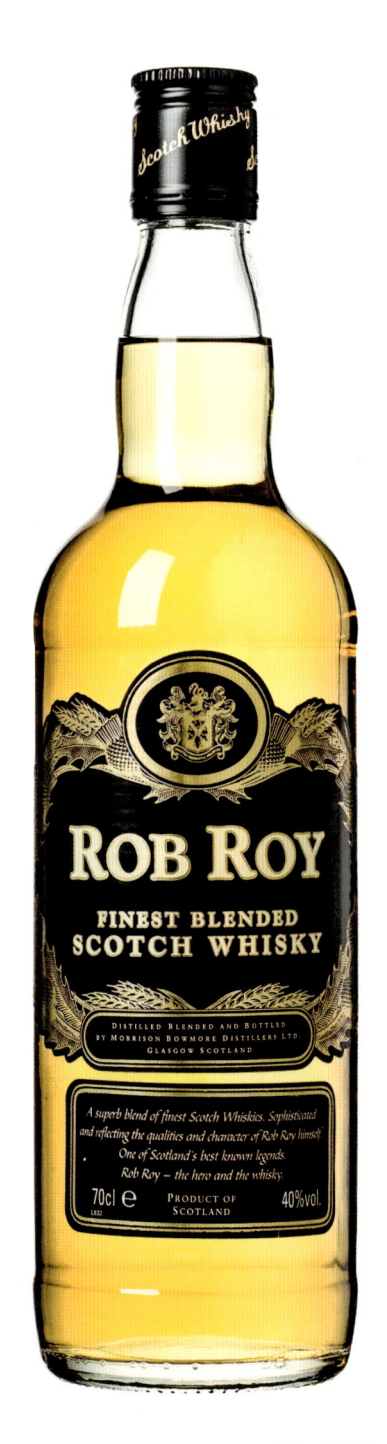

SCOTCH

Rob Roy

Robert Burns
ロバートバーンズ

国民詩人の名をラベルに謳うアラン島産のウィスキー

　シングルモルトのブランド名はいくつかの例外を除いて、そのほとんどは蒸留所名をそのまま付けたものだ。蒸留所ごとに個性が違い、しかも他の蒸留所のモルトを混ぜていないのだから、当然といえば当然である。

　それに対してブレンデッドスコッチは複数のモルトとグレーンを混ぜ合わせているから、ひとつの蒸留所名を使うわけにもいかず、その都度、イメージに合う名前を考案しなければならない。ある意味、中身以上にネーミングが成功の鍵を握っているともいえるのだ。

　ブランド名で多いのはブレンダー、あるいは創業者の名前をそのまま冠したもので、「バランタイン」「ベル」「シーバスリーガル」「ヘイグ」「ジョニーウォーカー」「ロングジョン」「グランツ」「ホワイト＆マッカイ」「デュワーズ」「ティーチャーズ」など、世界的に売れている有名なスコッチはほとんどがこれである。

　なかには「ブラック＆ホワイト」のジェームズ・ブキャナンや「ホワイトホース」のピーター・マッキーのように、ビッグネームでありながら、あえて他のブランド名をつけているものもある。

　ブレンダーや創業者の次に多いと思われるのが、歴史上の人物や王族の名前を冠

アラン島の北部、ロックランザという入江の奥に建てられているアイル・オブ・アラン蒸留所。ポットスチルは2基のみで、手づくり、少量生産がモットーだ。

したもので、この「ロバートバーンズ」や「ロブロイ」、「オールドパー」「ハイランドクィーン」「キングジョージ5世」などがこれにあたる。

　ロバート・バーンズは1759年に、ローランド地方のエアシャーに生まれたスコットランドの国民詩人で、『スコッチドリンク』や『ハギスに捧げる詩』『タム・オ・シャンター』などの作者として知られている。日本では『蛍の光』の原作者といったほうがわかりやすいかもしれない。もちろん、ウィスキーを語るうえで欠かすことのできない存在で、今までブランド名に使われなかったのが不思議なくらいだ。あまりにも象徴的な存在なので、一企業が使用するのは憚られたのかもしれない。

　製造元のアイル・オブ・アラン・ディスティラーズ社は、1995年にアラン島で創業した独立系の新しい会社で、この「ロバート

バーンズ」ブレンドはバーンズ協会の正式の認可を受けたもの。いわば会のオフィシャルボトルである。アイル・オブ・アラン蒸留所のモルト原酒を中心にブレンドされているという。ただし、同じブランド名でシングルモルトも販売されているので、注意が必要だ。

ボトルが入った円筒のパッケージには"Freedom an' whisky gang thegither!"というバーンズの詩の一節がプリントされている。意味は、『自由とウィスキーは共に手をとって歩む！』。バーンズがスコットランドの国民詩人といわれるゆえんである。

製造元 ──── アイル・オブ・アラン・ディスティラーズ社
系列 ──── ─
輸入元 ──── ウィスク・イー
主要モルト ── アイル・オブ・アランなど

🍷 Robert Burns 40% 700m　Ａ

香り ── オイリーで、やや金属っぽいアロマ。アマニ油。徐々にフルーティさが現われ、加水でバニラ、メープルシロップ。

味 ── ライトボディだが、しっかりとしている。スィートで後口はドライに切れ上がる。余韻は中程度。加水でフルーティになり、驚くほどスムーズに。

総合 ── アロマの印象よりもフレーバーはしっかりしていて、加水をしてもバランスは崩れない。よりフルーティでスィートになるので、トワイスアップかロックがお薦め。"自由と共に歩む"というほど、勇ましくはないが…。

Robert Burns

Royal Household
ロイヤルハウスホールド

一般に飲めるのは日本だけ！
王室御用達の伝統を誇る
気品あふれる逸品

　ロイヤルハウスホールドとは、そのものズバリ、「英王室」を指す言葉。王室好きのイギリス人（スコットランド人）の常として、ロイヤルと冠したウィスキーは多く存在するが、そのものズバリ「英王室」としたウィスキーは、後にも先にもこれひとつしか存在しない。

　ことの起こりは1897年にさかのぼる。当時ウィスキーのブレンダーとして名を挙げていたジェームズ・ブキャナンのもとに、皇太子（ヴィクトリア女王の息子で、のちのエドワード7世、在位1901～10年）から特別の注文が入った。それは皇太子専用のブレンドをつくってほしいというもの。その時、数種類の試作品の中から皇太子自らが選んだのが、このウィスキーだった。翌1898年には、皇太子御用達のロイヤルワラント（勅許状）が授けられ、皇太子が国王エドワード7世となった1901年に、それは国王御用達に切り替えられた。

　「ロイヤルハウスホールド」という特別な名前が付けられたのは、1901年に国王の弟、ヨーク公夫妻が世界一周の船旅に出かけた際、船に積み込まれた唯一のウィスキーが、このブレンデッドだったからだ。この時に王室専用のウィスキーとして認知され、「ザ・ロイヤルハウスホールド」という名前が公式に与えられている。

　かつてこのウィスキーは世界の3つの場所でしか飲むことができないといわれた。ひとつはもちろんバッキンガム宮殿で、もうひとつはアウターへブリディーズ諸島のハリス島にある「ローデルホテル」のバー、そして最後のひとつが日本である。

　ローデルホテルが選ばれたのは、もともとこのウィスキーのレシピは同ホテルのオーナー、ジャック・マッカラムが考案したものだったからだ。日本は、昭和天皇が皇太子時代（1920年代）にイギリスを訪れ、その際に英王室からプレゼントされたのが、このロイヤルハウスホールドで、それ以来、英王室の特別の許可により、日本だけで販売が許可されるようになったという。

　この伝統は今でも続いており、「ロイヤルハウスホールド」が一般に飲めるのは、世

かつてアウターへブリディーズでもっとも豪華といわれたローデルホテル。今はオーナーも代わりその面影はない。

界中で日本だけとなっている。ただし現在のボトルは、英王室そのものを表す定冠詞「ザ」はついていない。ブレンドにはブキャナン社傘下のダルウィニーやグレンダラン、グレントファースを中核に、45種類あまりのモルトとグレーン原酒が使用されている。

　かつてのボトルにはグレントファースと明記してあり、これが中心だったが、現在グレントファースはブキャナン社（ディアジオ社系列）からペルノリカール社に代わっている。そのため、現在はダルウィニーと表記されている。いずれにしろ、どれも希少性の高い、特別に選りすぐった原酒ばかりである。

製造元	ジェームズブキャナン社
系列	ディアジオ社
輸入元	MHDモエヘネシーディアジオ
主要モルト	ダルウィニー、グレンダラン、グレントファースなど

Royal Household 43% 750ml　F

香り　——　穏やかでソフト。雪解けの水のよう。マシュマロ、焼きたてのパン。オレンジ、イチゴジャム。アマニ油。かすかにピーティ。加水をするとシトラスフルーツ、洋ナシ。

味　——　ソフトでスパイシー。スイートでリッチ。複雑だがノーブル。ココア、シナモン。余韻は長く、加水でチョコレート。後口は意外にドライ。

総合　——　穏やかでノーブルな逸品。複雑なアロマ、フレーバーが特徴で、キーモルトのダルウィニーが効いている。クリスタル製の大きめのグラスで、ストレートかロックで優雅に楽しみたい。

Royal Salute
ロイヤルサルート

なめらかな口当たり、重厚なボディは熟成スコッチの極致

　ロイヤルサルートとは、イギリス海軍が王室の特別行事などに打ち鳴らす「王礼砲」のこと。このウィスキーは現女王、エリザベス2世の戴冠式を記念して1953年6月2日に、シーバスブラザーズ社が発売したものだ。

　いわば女王に敬意を表わすために特別にブレンドされたウィスキーで、21年以上熟成させたモルト原酒、グレーン原酒だけをブレンドしたスコッチの名品。

　「王礼砲」は、それぞれ何発鳴らすか儀式によって決められている。エリザベス2世の戴冠式ではそれが21発であったため、21年熟成に決めたのだという。

　熟成の極致ともいえる21年熟成と、ベルベットに包まれた陶製のフラゴン（栓つき細口瓶）は、最高級スコッチの代名詞として、ウィスキーファンの憧れの的となっている。陶製フラゴンは当初、イギリスの名門ロイヤルドルトン製であったが、現在はウェイド社製に変わっている。

　もともとは戴冠式用の限定販売であったが、人気があまりに高かったため、その後定番商品となり、現在では世界100か国以上で販売される、プレミアムスコッチの代表格となっている。このカテゴリーに限っていえば、世界No.1の売り上げを誇るのが、このロイヤルサルートなのだ。

　フラゴンの色は青（サファイア）と緑（エメラルド）と赤（ルビー）の3色があり、これは女王の王冠に飾られている3つの宝石を意識したものだという。すべて中身は同じだが、コレクターにとっては3色そろえることも、楽しみのひとつだろう。

　製造元はシーバスブラザーズ社で、「シーバスリーガル」同様、こちらもスペイサイドのストラスアイラ蒸留所のモルト原酒が中核となっている。それにザ・グレンリベットやロングモーン、アベラワーといった、シーバス傘下の名門蒸留所のモルト原酒が、惜しげもなくブレンドされているのだ。

　まさに「王礼砲」の名に恥じない気品漂うスコッチの名品で、口当たりはボトルを包むベルベットのようになめらか。それでいて熟成の極致を感じさせる複雑なボディと、マイルドさを併せ持っている。

「シーバスリーガル」「ロイヤルサルート」のキーモルトをつくるスペイサイドのストラスアイラ蒸留所。パゴダ屋根と水車がある美しい蒸留所として人気が高い。

「おいしい酒は水のようにスムーズに胃袋に落ちてゆく」というのは、まさにこのようなウィスキーをいうのであろう。「甘露」と呼ぶにふさわしい、美酒である。

製造元 ── シーバスブラザーズ社
系列 ── ペルノリカール社
輸入元 ── ペルノ・リカール・ジャパン
主要モルト ── ストラスアイラ、ザ・グレンリベット、ロングモーン、アベラワーなど

Royal Salute 21yo 40% 700ml D

香り ── 青リンゴ、オレンジ、遅れて黄桃。穏やかだが、非常にノーブル。スィートでシルキー。バニラ、メープルシロップ。甘・辛・酸のバランスが秀逸。加水でフレッシュなフルーツ。

味 ── ミディアムからライトボディ。上品で、シルクのようになめらか。熟したフルーツ。余韻は中程度。加水で、ややボディが失われる。

総合 ── バランスに優れた、極めて上品な味わい。うっとりするような美酒。シーバスリーガル18年と違って、より柑橘系フルーツを感じる。加水でややバランスを崩すので、ぜひストレートで。

Royal Salute 141

Sheep Dip
シープディップ

税金のがれのために付けられた"洗羊液"という名のウィスキー

「シープディップ」とは、羊の皮膚につく害虫を駆除するための洗羊液のことをいう。イギリスの農家にとっては欠くことのできない常備薬のひとつで、かつてはどこの農家でも、これを大量に保管していた。

一方でウィスキーの蒸留技術が民間にも流布するようになると、余剰大麦を使って農家がさかんに自家製ウィスキーをつくるようになった。ピークは18世紀から19世紀にかけてで、当初は自家消費用のウィスキーは無税であったが、密造酒が横行したため、農家の自家製ウィスキーにも税金がかけられるようになった。そのため、税吏の眼をゴマかすために農家がとった手段が、ウィスキーの入った樽に"SD"、シープディップとペイントすることだった。シープディップが、農家がつくる密造酒の隠語となったのは、そのためだ。

そうした伝統、伝説を復活させ、「シープディップ」というヴァッテッドモルトをつくったのが、グロスターシャーのM・J・ダウデスウェルである。商標登録したのは1974年で、彼はウェールズとの国境に近いオールドベリー・オン・セバーンでパブを経営していた。当初はパブ周辺だけで流通するローカルなブランドにすぎなかったが、やがてイングランドを中心に人気が急上昇。80年代には、あのハロッズ百貨店でも売られるようになったという。

現在の「シープディップ」は中身もパッケージも一新させたもので、製造・販売元はスコットランドのスペンサーフィールドスピリッツ社。オリジナル同様、グレーンウィスキーを使わないヴァッテッドモルトで、ブレンドを手がけているのは、かの有名なホワイト＆マッカイ社のマスターブレンダー、リチャード・パターソン氏だという。

レシピは公表されていないが、スコットラ

スコットランド農業に革命をもたらしたといわれた牧羊だが、今は羊の数も減少。外国産の安い原毛が手に入るからだ。

ンドの4つの地域のモルト原酒16種類をブレンド。酒齢は8年から21年と多様で、マリッジを完璧なものとするため、アメリカンホワイトオークの新樽で後熟を行なっているという。

　パッケージには洗羊液につかる羊がユーモラスに描かれ、ラベルにはオールドベリーのパブで生まれたことを表記する文字が。じつは一時期、パブ周辺のグロスターシャーやウェールズの農家では、シープディップ名目でウィスキーを購入し、それを本物の洗羊液として、必要経費で申告するということが流行ったのだという。

　もちろん、すぐに当局の見破るところとなったが、これも「シープディップ」にまつわる、伝説のひとつといえるかもしれない。

SCOTCH

製造元 ── スペンサーフィールドスピリッツ社
系列 ── ─
輸入元 ── ─
主要モルト ── 不明

Sheep Dip 40% 700ml　B

香り ── アマニ油、針葉樹の葉。ワクシーでオイリー。ドライでハーブ様のアロマが支配的。加水で麦芽糖。かすかにスモーキー。

味 ── ライトボディ。スィートでなめらか。ハーブ、フローラル。加水でボディが失われ、スカスカになる。香りとのギャップもあり、バランスはいまいちか…。

総合 ── "シープディップ"を意識したわけではないだろうが、ケミカルでオイリーなアロマがある。名前といい、非常に個性的なウィスキーに仕上がっている。

Sheep Dip　143

Something Special
サムシングスペシャル

スコッチ通なら
一度は飲んでみたい
"特別"なウィスキー

　製造元であるヒルトムソン社は、1793年にエジンバラで創業した老舗企業。創業者はウィリアム・ヒルであったが、1857年にウィリアム・トムソンが加わり、社名が現在のヒルトムソン社に変更になった。

　同社の事業は順調に発展し、創業後すぐにローズ・ストリート・レーンから、場所の良いフレデリック・ストリートに移転した。ここはエジンバラのニュータウン（新市街）と呼ばれる地域で、ジョージ王朝時代の建物が立ち並び、当時は空前の活況を呈していた。

　フレデリック・ストリートの社屋は現在もそのままで、1838年にはヴィクトリア女王から王室御用達の勅許状を授けられている。それ以来、現エリザベス女王まで歴代の国王から連続して御用達の栄誉を授けられているのも、同社の自慢のひとつである。

　そのヒルトムソン社がスペイサイドの優れたモルト原酒を中心にブレンドし、世に送り出したのが「クィーンアン」と、この「サムシングスペシャル」であった。「クィーンアン」はウィスキー好きであったアン女王（在位1702～14年）にちなんだもので、スペイサイドモルトを中心に18種類の原酒をブレンド。「サムシングスペシャル」はその

ロングモーンのポットスチルと、案内してくれた統括マネージャーのハーミッシュ・プロクター氏。

上をゆくデラックスブレンドで、「特別なひと瓶」との願いが込められている。もちろん英語で"something special"とは『特別な何か』の意味である。

　王室御用達銘柄として、バッキンガム宮殿の指定ブランドにもなっていて、1975年のエリザベス女王来日の際、宮中晩餐会で出されたのも、この「サムシングスペシャル」と「バランタイン30年」の2銘柄だったという。

　ボトルは曲線と直線を組み合わせたユニークな10面体で、エジンバラのダイヤモンド加工職人のデザイン。さらにラベルの中央には誇らしげに、エリザベス女王の紋章が掲げられている。面白いことに、この紋章をよく見ると、通常のエリザベス女王の紋章とは、中央の楯を囲むユニコーンとライオンの像が左右逆になっている。これ

はスコットランド女王としての紋章で、あえてこの紋章を使っているところに、スコッツマンとしてのヒルトムソン社のプライドと、こだわりが見て取れる気がする。

　同社は現在シーバスブラザーズ（ペルノリカール）社系列となっており、シーバス傘下のザ・グレンリベット、ロングモーン、アベラワーなどのスペイサイドモルトが中心にブレンドされている。中でもキーモルトとなっているのがロングモーンで、フルーティでマイルドな風味は、ロングモーンのDNAを受け継いだものだろう。

　スコッチ通なら一度は口にしたいといわれる「サムシングスペシャル」。特別な日の特別な機会に、こだわりをもって飲んでほしいというのが、ヒルトムソン社の願いでもある。

製造元 ——— ヒルトムソン社
系列 ——— ペルノリカール社
輸入元 ——— —
主要モルト ——— ロングモーン、ザ・グレンリベット、アベラワーなど

Something Special 40% 750ml　Ⓐ

香り ——— 穏やかで落ち着いた印象。洋ナシ、バナナ、パイナップル、かすかにスモーキー。加水でバニラクリームが現われる。

味 ——— ミディアムボディ。スィートでスムーズ。奥にかすかなスモーキーさ。チョコレート。甘・辛・酸のバランスも悪くない。加水で根菜、ナッツ。

総合 ——— なかなか個性的な風味を持つクラシカルなブレンデッド。バランスも悪くなく、複雑で楽しめるが、「特別な日に飲むウィスキー」というより、ロックなどで気軽に楽しみたい。

Something Special

Spey Cast
スペイキャスト

世界のサーモン釣り師御用達
レトロなラベルも人気の秘密

「スペイキャスト」の製造元は、エルギン市に本拠を構える老舗のゴードン＆マクファイル社、通称GM社である。同社の創業は1895年。もともとワインや高級食材を扱う小さな会社だったが、1900年代初頭に同社に入社したジョン・アーカートが、大きく流れを変えた。ジョンは、そのころ注目を集めていたウィスキーに着目し、やがてボトラーズとして、数多くのモルトウィスキーのボトリングに力を入れるようになった。

いわば今日のシングルモルトブーム、ウィスキーブームの立役者といってもいい存在で、GM社のボトルでシングルモルトに開眼したウィスキーファンも数多い。そのためGM社というと、ボトラーズというイメージが圧倒的に強いが、じつはオリジナルのブレンドも存在する。そのうちのひとつが、この「スペイキャスト」である。もちろんオリジナルのレシピをつくったのはジョン・アーカートで、1920年代頃といわれている。

スペイキャストとは、スペイ川で発達したフライ（毛鉤）のキャスティング方法のこと。スペイ川は同じハイランドのテイ川、ディー川と並ぶ有名な"サーモンリバー"で、イギリス中から、いや世界中から多くの釣り師が訪れる。全長約160キロメートルのスペイ川の上流部まで、川の両岸には2～3キロおきぐらいに釣り小屋が並び、シーズン（5～9月）ともなれば、腰のあたりまで川に立ち込んで竿を振るう、多くの釣り師の姿を見ることができる。

スペイ川はスコットランドいちの急流で、両側は比較的高い土手になっているため、オーバーヘッドキャストができず、そのために発達したのがロールキャストの一種、スペイキャストである。川の右岸、左岸、どちらに立ち込むかでシングルスペイ、ダブルスペイなど、いくつかの方法があり、その複雑な投げ方は修得するのに5～6年はかかるといわれる。

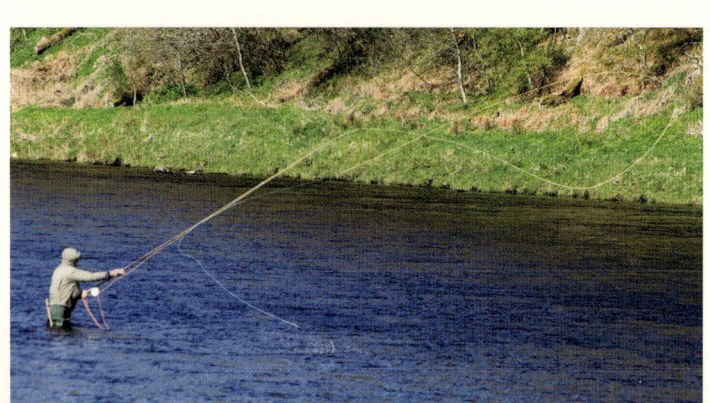

マッカラン蒸留所近くのスペイ川で釣りをするサーモン釣り師。手に持っているのがダブルハンドのサーモンロッド。

釣法はもちろん、15〜17フィート（約4.5〜5メートル）の長い、ダブルハンド（両手で持つ）のサーモンロッド（竿）を使った、伝統的なフライフィッシング。このボトルのラベルに描かれている釣り師が手にしているのが、ダブルハンドのサーモンロッドだ。スコットランドを代表するスポーツのひとつで、昔から王侯貴族のスポーツといわれてきた。おそらく、ブレンドを手がけたジョン・アーカート自身が、たいへん熱心なサーモン釣り師だったのだろう。

　ブレンドには10種類前後のモルト原酒が使われているが、そのすべてがスペイサイドモルトだという。100年前から変わらないクラシカルなラベルと相まって、スペイサイドを訪れる釣り師に絶大なる人気を誇るのが、このウィスキーなのだ。

製造元 ──── ジェームズゴードン社
系列 ──── ゴードン&マクファイル社
輸入元 ──── ジャパンインポートシステム
主要モルト ── 不明

Spey Cast 12yo 40% 700ml　B

香り ── リッチでフルーティ。非常に複雑。アプリコット、サルタナレーズン。やがて黄桃、アップルパイ。加水でよりスィートになる。

味 ── ミディアムからフルボディ。渋みと甘みのバランスがとれている。アプリコット、枝付レーズン、ココア、コーヒー豆。余韻は中程度で、ややオーキーな渋みが残る。

総合 ── スペイサイドの有名モルトがブレンドされているのか、非常にリッチでフルーティ。バランスも申し分なく、ぜひ一度は飲んでおきたい。ストレートか少量の加水がお薦めだ。

Spey Cast　147

Stewart's
スチュワート

銘柄名の古い綴りに感じる老舗の意地

　スチュワート王家の名前でもあり、スコットランドでもっともポピュラーな姓でもあるスチュワート＝スチュアートの綴りには2通りの方法がある。Stewartと綴るのが古くからある綴りで、Stuartはフランス風の教育を受けたメアリー女王（在位1542〜67年）が、フランス語風に改めたものである。1603年にイングランド王位も兼ねることになったメアリーの息子、ジェームズ6世（イングランドではジェームズ1世）以降の「スチュワート王朝」では、後者の綴りが用いられている。

　ブレンデッドスコッチ「スチュワート」は、次項で紹介する「スチュワーツ・クリーム・オブ・ザ・バーレー」と同様、古い綴りを用いている。スコットランドを捨ててロンドンに行ってしまったジェームズ6世にならうことを、潔しとしなかったのだろうか。

　製造元のJ&Gスチュワート社は、1779年にエジンバラで創業した老舗中の老舗。もともとワインや紅茶を扱う貿易商だったが、創業者ジェームズ・スチュワートの息子の代に、ウィスキーのブレンド業を始め、ヨーロッパ、特にスウェーデンへの輸出に力を入れてきた。

　現在のボトルのラベルには見られなくなったが、かつてのものには女王御用達の証

かつてスチュワートの原酒モルトをつくっていたスペイサイドのコールバーン蒸留所。

である女王の紋章と、スウェーデン王グスタフ6世の紋章が誇らしげに掲げられていたものである。さらに最高品質のウィスキーであることを証明する認定書が、ラベルの下に印刷されていた。

　スチュワート家が家族経営を続けていたのは19世紀末までで、1899年には株式会社となり、その後はいく度となくオーナーが代わった。一時期DCL社、ディアジオ社がオーナーとなったが、現在はホワイト＆マッカイ社の所有となっている。

　ブレンドにはかつてDCL社が所有していたスペイサイドのコールバーン蒸留所と、同じく東ハイランドのノースポート蒸留所のモルト原酒が使用されていたが、現在はどちらも閉鎖されている。それに代わってホワイ

ト＆マッカイ社のアイル・オブ・ジュラやフェッターケアン、タムナヴーリンなどが使われているという。

「スチュワート」が変わっていたのは、ラベルに「ヴァッテッド・スコッチウィスキー」と謳っていたことだ。「アッシャーズ」の項（→166P.）を参照していただきたいが、かつてはブレンデッドとヴァッテッドの間に明確な区別はなく、初めてのブレンデッドスコッチは、じつはヴァッテッドモルトであったという、歴史的な認識に立っていたのかもしれない。

　ただし現在のボトルは、一般的なブレンデッドスコッチという表記に変わっている。オーナーも代わり、紛らわしい表記はやめようという意図が働いたのかもしれない。

製造元	J&Gスチュワート社
系列	ホワイト&マッカイ社
輸入元	明治屋
主要モルト	アイル・オブ・ジュラ、フェッターケアン、タムナヴーリンなど

Stewart's 40% 700ml　A

- 香り ── リッチだがオイリー、ハスキー。麦芽、麻布、イースト。ヘーゼルナッツ、カシューナッツ。加水ですっきりした麦芽糖。
- 味 ── ライトボディ。スィートでスムーズ。バランスは悪くなく、余韻は中程度。スパイシーで、かすかにスモーキー。加水でスカスカになってしまう。
- 総合 ── このクラスとしては意外にリッチで複雑なアロマ・フレーバーを持っている。加水でスカスカになってしまうので、ロックなどがお薦めか。

Stewarts Cream of the Barley
スチュワーツ・クリーム・オブ・ザ・バーレー

アイルランドで
人気No.1スコッチとなった
イギリス人家庭の"常備薬"

　クリーム・オブ・ザ・バーレーとは『大麦の精髄』という意味。大麦はもちろんウィスキーの原料である。大麦が本来持っているほのかな甘みと、ふくよかな香りが楽しめる秀逸なブレンデッドスコッチで、イギリスでは1970年代から80年代にかけて、たいへん人気があるブランドだった。

　実際に当時イギリスを訪れると、スーパーでも酒販店でも、この「スチュワーツ・クリーム・オブ・ザ・バーレー」を置いていない店はないくらいで、黒地のラベルと赤のタータンチェックが、どこへ行ってもよく目立っていた。現在は残念ながら、イギリスのスーパーでもあまり見かけることはない。そのかわりイギリス国内市場からアイルランドにシフトし、アイルランドで人気No.1のスコッチウィスキーとなっているのだ。

　製造元はスチュワート＆サン・オブ・ダンディー社という、こちらも長い名前で、前ページの「スチュワート」をつくっているJ&Gスチュワート社とはまったくの別会社である。J&Gスチュワート社がエジンバラに所在するのに対して、こちらはテイ湾を望むダンディーの町に本拠を構えている。

　創業は1831年にまで遡るが、同社はいち早くブレンデッドウィスキーに注目し、モルトとグレーンのブレンド技術に磨きをかけてきた。1831年といえば、アイルランドのイーニアス・コフィーが連続式蒸留機を発明した年で、グレーンウィスキーの生産が本格化した年でもある。

　スチュワート社は他のブレンド業者と異なり、自社のモルトウィスキー蒸留所を所有しないことが、ポリシーであった。蒸留所を所有することのリスクを回避し、その分スコットランド各地から良質のモルト原酒を買い集め、そのブレンド技術を磨いてきたのだ。「スチュワーツ・クリーム・オブ・ザ・バーレー」は、当初「センチュリー・ハイアット・クリーム・オブ・ザ・バーレー」というブランド名で売られていたが、1969年に同社がアライド・ライオン・グループに買収されてから、上記の名称に改まった。現在のような

スペイサイドのマレー湾に面した一帯は大麦の主産地として知られるところ。これはそこで穫れる二条大麦。

四角のボトルになったのは比較的新しく、1980年代以降のことだという。

　ブレンドにはダンディーに近い、東ハイランドのグレンカダム蒸留所のモルト原酒を中心に、30種類以上のモルトが使われていたが、現在はアライド傘下からシーバスブラザーズ傘下へと変わり、シーバス社がスペイサイドに所有する蒸留所のモルト原酒が主体となっている。

　かつてイギリス人家庭の"常備薬"といわれて一世を風靡した『大麦の精髄』。現在は日本で販売されていないが、いつかまた、日本に輸入される日を待ちたいと思っている。

製造元 ───── スチュワート&サン・オブ・ダンディー社
系列 ─────── ペルノリカール社
輸入元 ───── ─
主要モルト ── グレンカダムなど

Stewarts Cream of the Barley 40% 700ml　A

香り ── 穏やかだが、ライトでクリーミー。上品な甘み、バニラ、シトラスフルーツ。遅れてアマニ油、グレーン。バランスが良く、加水でフローラルに変化。

味 ─── クリーミーでソフト、スムーズ。ライトボディ。甘・辛・酸のバランスがとれていて、いくらでも飲めてしまう。加水でさらに飲みやすくなる。

総合 ── 「大麦の精髄」というだけあって非常にクリーミーでバランスも良く、秀逸なウィスキーだ。さすが「イギリス人家庭の常備薬」だけのことはある。ストレートかロックで。

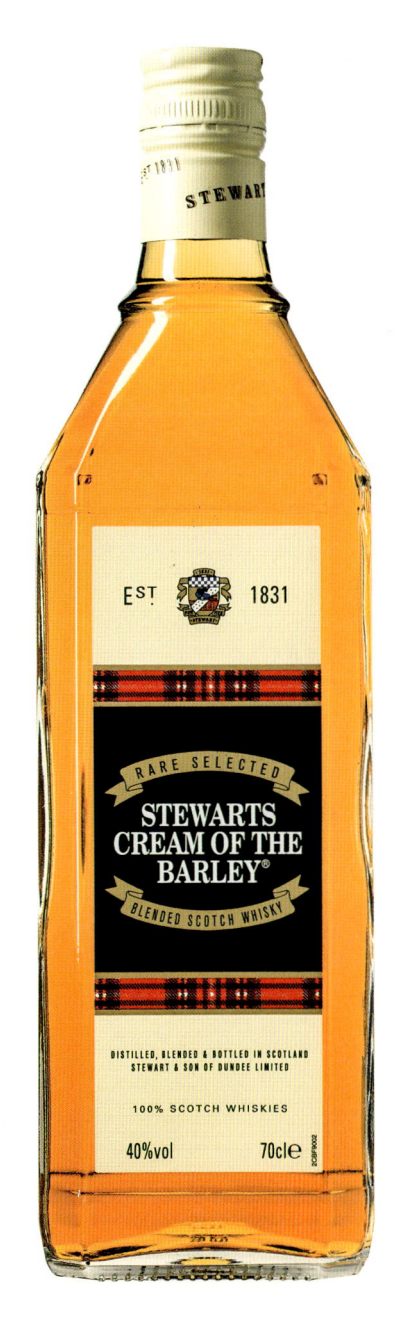

Stewarts Cream of the Barley

Swing
スウィング

芸術家たちから愛された豪華客船でも倒れないボトル

　1932年、1本の不思議なウィスキーが大西洋を航行する豪華客船の上で華々しくデビューした。その名は「スウィング」。船上でもけっして倒れることがなく、船の揺れに合わせてスウィングする独特のボトル。中央には大麦をあしらった黄金のエンブレムと、王室御用達を示す紋章。そしてキャップにはスコットランドの国花であるアザミの花があしらわれていた。

　ジョン・ウォーカー＆サンズ社の3代目、アレクサンダー・ウォーカー（1869〜1950年）がつくり出した「スウィング」誕生の瞬間である。「ジョニーウォーカー・ブラックラベル」、通称ジョニ黒を世に送り出したことで知られる、アレクサンダー・ウォーカー卿は、創業者ジョンの孫にあたる。

　祖父ジョンが、キルマーノックに小さな食料雑貨店を開いたのが1820年。1850年代にはジョニ黒の前身となった「ウォーカーズ・オールド・ハイランド・ウィスキー」を完成させ、今日の発展の礎を築いた。2代目のアレクサンダー・ウォーカーの時にブレンド業に転身し、ウィスキー業界に確固たる地位を占めた。ジョニーウォーカー独自の四角形のボトルも斜めのラベルも、2代目アレクサンダーの考案によるものだ。小さな食料雑貨店を国際企業に導いた彼の業績は

グラスゴーのクライド湾（川）一帯はかつて造船で栄えた。豪華客船のクィーンエリザベス号もここで建造されている。

高く評価され、スコッチ業界の「巨人」といわれたものである。

　その父の跡を継いで「希代の名ブレンダー」「スコッチ業界の巨匠」といわれたのが3代目のアレクサンダー・ウォーカーである（父と同名のためアレクサンダー2世、通称アレックと称される）。祖父がつくり、父が発展させたジョニ黒に代わって、より飲みやすくマイルドな味を求めて彼がつくり出したのが、今日世界一の売上げを誇る「ジョニーウォーカー・レッドラベル」、通称ジョニ赤である。しかしアレックはジョニ赤の成功に満足せず、豪華客船の乗客である紳士淑女に愛されるウィスキーとして、この「スウィング」を生み出したのだ。

　時あたかも豪華客船時代。大西洋をはさんだヨーロッパとアメリカの両文化が華開いた時代で、多くの客船が大西洋を航行し、連夜のように豪華なパーティーが繰り

広げられていた。ジャズの巨匠、デューク・エリントンが「スウィング」という新ジャンルを築いたのも、ちょうどこのころであり、時代の風潮を取り入れた贅沢なウィスキーとして、上流階級や文化人・芸術家たちから圧倒的な支持を受けた。

「スウィング」には、ローランドモルトを中心に35種類のモルトとグレーン原酒がブレンドされているという。シェリー樽熟成による甘みと、シルクのような滑らかさが特徴となっている。これはジョニーウォーカー・シリーズにはない特徴で、両方を飲み比べてみるのも楽しいだろう。

製造元 ──── ジョン・ウォーカー&サンズ社
系列 ──── ディアジオ社
輸入元 ──── MHDモエヘネシーディアジオ
主要モルト ── ローズバンク、グレンキンチー、カードゥなど

Johnnie Walker Swing 40% 750ml　B

香り ── スィートでまろやか。麦芽、麦芽糖、アマニ油、ピスタチオ。かすかにピーティで、徐々に上品なフルーツ、メープルシロップ。加水でかすかなシェリー香。

味 ── ミディアムからライトボディ。スィートでスムーズ、シルキー。甘・辛・酸のバランスがとれていて、テクスチャーもしっかりしている。余韻は中程度。加水でよりスムーズに。

総合 ── さすがジョニーウォーカーのスウィング。古典的なブレンデッドで、アナログ盤のジャズのレコードを聴きながら、ロックで飲みたい。

Syndicate 58/6
シンジケート 58/6

たった6人のためにつくられた、65対35の究極の「クラシックブレンド」

　モルトウィスキーとグレーンウィスキーをブレンドするのがブレンデッドウィスキーだが、その比率は各銘柄によってさまざまである。比率をめぐっては昔から議論が絶えなかったが、究極の比率といわれたのが、モルト65に対してグレーン35の、通称「クラシックブレンド」であった。その究極のブレンドを復活させたのが、この「シンジケート58/6」である。

　1958年、エジンバラの実業家ドナルド・スミスが、港町リースの倉庫で、30年以上眠りについていた数十樽のウィスキーを発見した。「シンジケート58/6」の物語は、そこから始まる。スミスは大のスコッチ好きで、かねてより自分たちだけのウィスキーをつくりたいと考えていた。

　スミスと彼の仲間の計6人はすぐさまこのウィスキー樽を買い取り、旧知の間柄であったインバーゴードン社の会長、チャールズ・クレイグに夢を託した。モルト65に対してグレーン35という、クラシックブレンドによって完成したこのウィスキーは、もちろんスミスとその仲間たちだけが飲める、まったくの"プライベートウィスキー"であった。

　シンジケート（仲間）と付けたのもそのためで、58は1958年の意味、6は6人

スコットランド人もじつは大のビール好き。いたる所にパブがある。これは『治安判事』という名前のパブ！

の仲間という意味である。さらに中身にふさわしいデザインということで、18世紀のブルゴーニュワインのボトルが選ばれた。

　実際それから30年近くは、6人だけが飲めるプライベートウィスキーであったが、1991年からウォレス・ミルロイの尽力で、特別に日本のみで販売されることになった。ミルロイ氏は『モルトウィスキー・アルマニャック』の著者として知られる人物だ。

　もともとドナルド・スミスがリースの倉庫で発見した樽は、18蒸留所のモルトウィスキーと、2蒸留所のグレーンウィスキーで、ウィスキーはそこからつくられたという。さすがにオリジナルのように30年熟成とはいかなくなったが（現在日本で販売されている「シンジケート58/6」のラベル表示は17

年以上)、どの原酒を、どれくらい使用するかというレシピは、オリジナルとほとんど変わっていないという。

　オリジナルのレシピは、トーモア、ダルモア、バルブレア、トマーティン、ロングモーン、グレングラッサ、インチガワー、グレンキース、グレングラント、キャパドニック、ダフタウン、グレンファークラス、タムナヴーリン、トミントール、ブラッドノック、キンクレイス、インヴァリーブン、ブルイックラディの18のモルト原酒と、インバーゴードン、ノースブリティッシュの2つのグレーンであった。

　これはスペイサイドを中心とした(18のうち11銘柄)ブレンドで、スペイサイドらしい気品と、華やかな香りを追求したブレンドということができるかもしれない。

製造元	ベンリアックディスティラリー社
系列	ホワイト&マッカイ社
輸入元	オザキトレーディング
主要モルト	本文参照

Syndicate 58/6 Over17yo 40% 750ml　C

- 香り ── リッチでまろやか。スィート、フルーティ。洋ナシ、バナナ、パイナップル。やがてバニラ、蜂蜜。加水で削りたてのオーク。瑞々しいプラム。
- 味 ── ミディアムボディ。飲みごたえがあり、しっかりしている。スィートで、かすかにハーブ様。心地よいウッド。余韻は中程度で、後口はドライに切れ上がる。
- 総合 ── 究極の比率といわれるとおりバランスに優れ、ほとんどグレーンを感じない。フルーティでうっとりするような風味がある。加水でやや弱くなるので、飲むならストレートか、少量の加水で。

Syndicate 58/6　155

Taplows タプローズ

熟成の変化を楽しめる樽詰だけのラインナップ

「樽から直接、消費者の手に届けたい」というユニークな発想のもとに生まれたのが、この樽詰スコッチ「タプローズ」である。まさにボトルを拒否したウィスキーとでもいえようか。

ウィスキーは樽の中で熟成する。ということはボトルに詰められた瞬間から熟成は止まってしまうわけで、樽から直接グラスに注げば、その分長く熟成の変化を楽しむことができる。同じタプローズのウィスキーでも、歳月の経過とともに、風味の変化を楽しむことができるのだ。

タプローズ社の創業は1760年。この年ジョージ2世が死去し、ジョージ3世が王位に就いた。ウィスキーとの関連でいえば、その前年の1759年にロバート・バーンズが生まれている。

タプローズ社の創業者はトビアス・タプローズという人物で、ロンドンで長くワイン・スピリッツ類を扱っていた。いつごろオリジナルのタプローズ・ウィスキーをつくったのかは不明だが、第一次大戦後にはチャリントングループ（ビール業界の大手）に加わり、その後バーンスチュワート社に吸収されたが、現在はマスターブレンダーのビリー・ウォーカー氏の移動により、スペイサイドのベンリアック蒸留所でブレンドされている。

樽は熟成に使用される樽とまったく同じ材質（ホワイトオーク）で、サイズは45〜68リットルの通称オクタブ樽。もちろんモルト原酒とグレーン原酒をあらかじめブレンドし、マリッジ（後熟）のためにこのオクタブ樽に詰め、それをそのまま出荷したものだ。タプローズウィスキーでは、瓶詰したものはいっさい出していない。

容量は樽がひとつひとつ手づくりなためバラつきがあるが、平均約60リットル。ボトルに換算して約80本分。また、最近では小さい20リットル樽、5リットル樽も出している。一般的に手に入るものとしては、

現在タプローズの生産が行なわれているスペイサイドのベンリアック蒸留所。合計4基のポットスチルが稼働。

8年物と17年物の2種類がある。

　樽の鏡板には創業年の1760という数字と、タプローズウィスキーがスウェーデン王室御用達であることを示す文字が書かれていて、長い伝統を感じさせる。

　バーなどで見かけたら、樽から直接このウィスキーを味わってみていただきたい。時間の経過とともに味が変わるため、その時あなたが飲んだタプローズは、じつはあなただけが味わえる一期一会のウィスキーなのだから…。

　唯一無二、それがタプローズウィスキーの最大の特徴である。

製造元	タプローズ社
系列	ベンリアックディスティラリー社
輸入元	ワイン・アンド・スピリッツ・ジャパン
主要モルト	ベンリアックなど

Taplows 8yo 43% ［F］

香り ── スィートかつドライ。フルーティ。オイリーでヘッセン布。しっかりしている。ライ麦。加水で白い花、フローラル。かすかに硫黄。

味 ── ライトボディ。スムーズだが、後口はドライでスパイシー。余韻は短め。加水で穏やかになり、飲みやすくなる。

総合 ── やや若さが気になるが、これから樽の中で深みを増すのだろう。加水をしたほうが本領を発揮するので、ロックなどがお薦めかもしれない。

Taplows　157

Teacher's
ティーチャーズ

信厚き「スコッチの教師」はいかにして生まれたか？

「スコッチの教師」として知られる「ティーチャーズ」の物語は、19世紀初頭のグラスゴーに始まる。創業者ウィリアム・ティーチャーは1811年、グラスゴーの貧しい工場労働者の家に生まれた。父を早くに亡くし、未亡人となった母は紡績工場で働いていた。

当時のグラスゴーは科学技術の進歩と造船業の発達により、急速に工業都市へと

製造元	ウィリアム・ティーチャー＆サンズ社
系列	ビーム社
輸入元	サントリー酒類
主要モルト	アードモア、グレンドロナックなど

🍷 Teacher's Highland Cream 40% 700ml A

- 香り ── 麦芽、アマニ油、イースト菌。ハーブ、マジパン。かすかにスモーキー。加水で焼きたてのパン、クリーム、柑橘系フルーツ。
- 味 ── ミディアムボディで、しっかりしている。ソフトでスムーズ、クリーミー。スィートで複雑。後口はピーティで、スパイシーだが、加水で穏やかに。チョコレート。余韻は中程度。
- 総合 ── このクラスとしてはしっかりしていて、バランスも悪くない。ピートを効かした古典的なブレンデッドで、ロックやソーダ割りなどがお薦め。

「ティーチャーズ」といえば、かつてはこのグレンドロナックが原酒の中核を担っていた。ただし現在はオーナーが代わり、ベンリアック社の所有となっている。右はそのポットスチル。全部で4基が稼働している。

変貌を遂げつつあった。一方で貧富の差は広がり、労働環境の悪化と貧困は社会問題化しつつあった。ウィリアム少年も7歳になると母の工場へ働きに出され、まともな教育の機会すら与えられなかったという。

転機となったのは11歳の時に、仕立屋ロバート・バーの見習いとなったことである。ロバート・バーは正義感に富み、何よりも向学心旺盛な人物であった。文学や詩を愛し、仕事場の片隅ではいつもロバートの妻が、作業をする2人のために書物を朗読して聞かせたという。満足な教育を受けられなかったウィリアム少年にとって、ロバートの仕事場は学校であり、ロバートは人生の師そのものであった。自らの努力と自由を愛し、社会正義と人間の尊厳を大切にするというウィリアムの信条は、この時の体験がもとになっている。そしてこの信条は、後年ウィリアム・ティーチャー＆サンズ社の基本理念にもなった。

ティーチャーズのウィスキーが、「スコッチの教師」といわれ人々から尊敬されたのは、名ブレンダーとしてのウィリアムの才能もさることながら、厳格で誠実、正義感に富んだ彼の人格によるところも大きいのだ。

ウィリアムがウィスキーとかかわりをもつようになったのは、1830年にグラスゴーの小さな食料雑貨店に雇われたことがきっかけ

Teacher's

グレンドロナック蒸留所のウォッシュバック。オレゴンパイン製で、現在は8基が稼働。

であった。ウィスキーがビッグビジネスになると考えたウィリアムは、女主人を説得して酒類販売の免許を取らせた。当初は食料品の片隅に置かれていたウィスキーであったが、ウィリアムが女主人の娘アグネスと結婚した1834年には棚の主流を占めるようになり、その2年後、店を完全に任されるようになった頃には、反対に食料品はすっかりその姿を消してしまったという。

　1851年に正式にワイン・スピリッツ商として登録してから店は大繁盛、彼の先見性は見事に証明されることになった。ウィリアムが次に取り組んだのは、当時誕生して間もないブレンデッドウィスキーだった。ブレンダーとしての経験を積み、独自のブレンドを開発。このオリジナルブレンドを小売りするだけではなく、店頭でも客が飲めるようにした。

　ウィリアムのこのアイデアは大成功を収め、彼の「ドラムショップ」（ドラムは"1杯"のこと）はまたたく間に評判となり、1861年までにグラスゴーとその近郊に18のショップを開店するまでになった。ドラムショップはパブとは異なり、内装は質素で、その代わりウィスキー1杯が3ペンスという、当時のパブの半額以下の安さであった。面白いのはウィリアムはタバコと大酒飲みが大嫌いで、彼の店では禁煙、そして客同士がおごり合う「ラウンド」（パブではこれが一般的。際限なく続き結果的に大量の酒を飲むことになる）も禁止された。客は静かにウィスキーを飲み、飲むとおとなしく帰っていったという。「節酒」に協力したということで、市当局から表彰されたというのも、ウィリアムらしいエピソードである。

　家業の発展とともにウィリアムの2人の息子、ウィリアム・ジュニアとアダムが経営に参画し、1874年にはグラスゴーの一等地、セント・イーノック広場に社屋を移転。その2年後にはロンドン進出も果たしている。しかし同年、創業者ウィリアムは65歳で死去、事業は2人の息子が継ぐことになった。「ティーチャーズ・ハイランド・クリーム」というブレンドが正式に登録されたのは1884年のことで、このブランド名には『ハイランドの精髄』という意味が込められている。実際ハイランドの精髄と呼ぶにふさわしいモルト原酒がふんだんに使われ、全体に占めるモルトの比率は45％以上だったという。これは当時のスコッチとしては破格の比率であり、この伝統はもちろん現在も守られている。

　兄の死後、家業を継いだのは弟のアダムで、彼のもとで事業はますます発展。急増する需要と、モルト原酒の確保のために彼が着手したのが蒸留所の建設で、ウィリアム・ティーチャー＆サンズ社念願の蒸留所が完成したのが1898年、アバディーン州

ケネスモントのアードモア蒸留所がそれであった。

　貧しい工場労働者からスタートし、自ら興した会社を巨大企業に成長させたティーチャー家の歴史で、もうひとつ特筆すべきは、従来のコルク栓に代わる新しいキャップの発明であった。1913年、アダムの甥であるウィリアム・バーギスが発明したこの新しいコルク栓は、あらゆる意味で画期的であった。従来のコルク栓はワインと同様コルク抜きが必要であったが、バーギスの栓は短いコルクの上部に木製の頭を付けたもので、簡単に開け閉めが可能になった。当時のラベルや宣伝ポスターには、この画期的な発明を誇らしげに謳った"SELF OPENING BOTTLE"という文字と"Bury the Corkscrew!"（コルク抜きを埋めてしまえ！）という文字が大きく躍ったものだ。

　卓抜したアイデアと、創業者ウィリアム・ティーチャー譲りの起業家精神で、2度の大戦とアメリカ禁酒法時代の不況を乗り切ったティーチャーズ社は、その後も発展を続け、戦後の1960年には、アードモア蒸留所の近くにあるグレンドロナック蒸留所の買収にも成功している。

　このグレンドロナック買収は、それまでのティーチャーズ社の歴史の中でエポックメイキングな出来事であったが、記念すべきといえば、この年グラスゴーに残っていた最後のドラムショップを閉鎖したのも、同社にとっては感慨ひとしおであっただろう。

　1976年、ティーチャーズ社は長い家族経営の歴史に終止符を打ち、アライドグループの一員となる道を選んだが、現在はアードモア、ラフロイグとともにアメリカのビーム社の所有となっている。同社傘下となってから再び国際ブランドとして成長を続け、現在はアメリカやインドを中心に年間210万ケース（2012年）を売り上げるまでに成長しているという。

現在ティーチャーズのキーモルトとなっているのがアードモア。1898年に創業した蒸留所で、今はアメリカのビーム社の所有となっている。看板にはそのビーム社のロゴマークが。2014年1月、そのビーム社を買収したのが日本のサントリーだ。

Teacher's

Té Bheag
チェイヴェック

スカイ島振興と
ゲール語普及のために
つくられた気骨の酒

　ウィスキーはもともとゲール族の酒で、ウィスキーという言葉もゲール語で「生命の水」を意味する「ウシュクベー」「ウスカバッハ」から生まれたことは、よく知られている。

　スコットランド人の祖先の一部はアイルランドから渡ってきたゲール族だが、今日ではゲール語を日常的に話す人は数万人程度になってしまった。人口の99％が日常使っているのは英語であって、ゲール語はヘブリディーズ諸島の一部の住民が話す程度である。

　そんなヘブリディーズ諸島のスカイ島で誕生したのが、このゲーリックウィスキーの「チェイヴェック」だ。「チェイヴェック」の正式ブランド名は"Té Bheag nan Eilean"（チェイヴェック・ナン・イーラン）で、意味は『島の可愛い娘』のこと。じつはこれは、ラベルに描かれた小さな漁船の名前だが、スラングで『グラス1杯のウィスキー』という意味もあるという。

　スカイ島の地域振興とゲール語普及の目的で、このウィスキーがつくられたのは1976年のこと。製造元のプラバン・ナ・リンネ社（Prabann na Linne）は、スカイ島南部のアイルオルンセイ港に本拠を置く会社で、ヘブリディーズ諸島に所在するブレンド会社としては唯一の会社である。

　創業者はイアン・ノーブル卿で、ブランド名の「チェイヴェック」も、さらにラベルにもいっさい英語を使わず、すべてゲール語表示にしたのも、彼のアイデアだという。

　会社が所在するアイルオルンセイ港は、かつてヘブリディーズ諸島有数の漁港で、

スカイ島の周辺には多くのアザラシが生息していて、そのアザラシをボートで見に行くツアーが人気だ。右はタリスカー蒸留所の外観。

本土側のマレイグに鉄道が敷かれるまでは、周辺では最大の漁港だったという。湾口にオルンセイ島という小さな島があり、天然の良港をなしていた。ちなみにオルンセイというのはゲール語ではなく、ヴァイキングの言葉で、ゲール語では、"Eilean Iarmain"と綴る。

　すべてゲール語表記したこの「チェイヴェック」は発売と同時にたいへんな評判となり、地元だけではなくフランスやカナダ、アメリカでも大人気を博した。カナダのノヴァ・スコシア州にはゲール語を話す、ヘブリディーズ諸島からの移民のコミュニティがあり、ここでも引っぱりだこだという。

　ブレンドにはタリスカーを中心としたアイランズモルトを使い、シェリー樽熟成、ノンチルフィルターのボトリングとともに、リッチで香り高い秀逸なウィスキーとなっている。

製造元 ── プラバン・ナ・リンネ社
系列 ──── ─
輸入元 ── ─
主要モルト ── タリスカーなど

Té Bheag 40% 700ml　C

- 香り ── スィートでフルーティ。リッチでなめらか、メープルシロップ。加水でフレッシュになり、瑞々しいフルーツが現われる。
- 味 ──── スィートで、かすかにピーティ。ミディアムボディ。テクスチャーがしっかりしていて、飲み飽きない。バランスも悪くなく、加水でスムーズに。余韻は中程度。
- 総合 ── ブレンデッドとしては珍しいノンチルで、テクスチャーがしっかりとしている。ほとんどグレーンを感じることがなく、シングルモルトのようにストレートで楽しめる美酒。

Tomatin
トマーティン

日本企業が買収した蒸留所第1号。モルトと飲み比べる楽しみも

　蒸留所の名前をそのままブランド名としたブレンデッドスコッチというのは数えるほどしかないが、その数少ない例外のひとつが、この「トマーティン」だ。

　トマーティンというのはインバネスの南にある蒸留所のことで、創業したのは1897年。インバネスの投資家たちが資本を出しあって建設したもので、当時ウィスキー業界は活況にわいていた。トマーティンとは蒸留所が所在する村の名前でもあり、ゲール語で『ネズの木の茂る丘』の意味がある。

　創業当初はポットスチルも2基しかなく、こぢんまりとした蒸留所だったが、1960年代から70年代にかけて大規模な改修工事が行なわれ、1974年にはポットスチル23基を擁する、巨大な蒸留所に生まれ変わった。数だけ見れば、これはグレンフィディック蒸留所の29基に次ぐ、スコットランドで2番目の大きさの蒸留所だった。

　生産能力もスコットランドNo.1で、ピーク時には年間1,200万リットル（現在は約500万リットル）に及んだが、過剰な投資と、その後80年代におとずれたウィスキー不況によって経営難に陥り、解体の危機にさらされてしまった。それを救ったのが日本の宝酒造と大倉商事である。

　両者のベンチャー企業によって1986年にトマーティン蒸留所は買収されることになった。もともと大倉商事を通じて宝酒造がトマーティンの原酒を買っていたのが縁だったというが、トマーティンは日本企業が買収した第1号の蒸留所となった。

　その後、日本企業による買収は1989年のニッカウヰスキーのベンネヴィス蒸留所、1994年のサントリーのボウモア、オーヘントッシャン、グレンギリーと続いていく。

かつてポットスチル23基を擁し、スコットランド最大を誇ったトマーティン蒸留所。今は12基までその数を減らしているが、それでもハイランドの蒸留所として最大級。

トマーティン社では「トマーティン12年」「15年」「18年」「25年」「レガシー」というオフィシャルのシングルモルトも出しているが、もともとは「ビッグティー」(Big T) の愛称で親しまれるブレンデッドウィスキーのほうが有名であった。Tとはもちろんトマーティンのイニシャルだ。

　かつてのボトルのラベルにはすべてこの"Big T"の文字が見えたが、現在のラインナップには付いているものとそうでないものと、2つに分かれている。5年物は「トマーティン・ビッグT 5年」であり、12年物は「トマーティン12年」となっている。

　どちらもトマーティンのモルト原酒を中核としたブレンドで、ドライな風味のなかに、かすかなピート香を感じさせる秀逸な酒となっている。

製造元 ──── トマーティンディスティラリー社
系列 ──── 宝酒造
輸入元 ──── 宝酒造
主要モルト ── トマーティンなど

Tomatin Big "T" 40% 700ml　A

香り ── 穏やかで優しい印象。麦芽、ふすま、メープルシロップ。かすかにピーティ。加水でシトラスフルーツ。

味 ── スィートでしっかりしている。ミディアムボディ。余韻は中程度で、後口は比較的ドライ。チョコレート。加水でよりスムーズに。

総合 ── ビッグという名前のわりにはライトでスムーズだが、甘・辛のバランスは悪くなく、十分楽しめる。加水でよりスムーズになるので、ロックかトワイスアップがお薦め。

Tomatin

Usher's
アッシャーズ

祖先をたどればブレンデッド第1号の由緒あるブランド

　スコットランドの首都エジンバラを訪れると、エジンバラ城の真下に巨大な円形のホールが建っていて、いやが応でも目をひく。「アッシャーホール」と名付けられたこの建物は、1896年にアンドリュー・アッシャーによって寄贈された、スコットランド最初のコンサートホールである（完成は1914年）。収容人数3,000人、建設には当時の金額で13万ポンドの巨費が投じられたというこのホールは、今でもエジンバラ市民の誇り

製造元	J&Gスチュワート社
系列	ディアジオ社
輸入元	―
主要モルト	不明

🍷 Usher's Green Stripe 40% 750ml　B

香り ── 穏やかだがフルーティ。リンゴ、洋ナシ、ラズベリー。加水でバニラ、蜂蜜、黄桃。かすかにスモーキー。

味 ── ライトボディだが、スィートでメロー、マイルド。余韻は短めだが、甘・辛・酸のバランスが良く飲み飽きない。加水でよりクリーミーになる。

総合 ── このクラスとしてはフルーティで秀逸なブレンデッド。どこか古酒のようなイメージもあり、いつまでも飲んでいたくなるような美味しさがある。さすが、アッシャーズだ。

スコッチウィスキーの今日の繁栄を築いたアンドリュー・アッシャー。ただし晩年は必ずしも幸福とはいえなかった。

となっている。

　アンドリュー・アッシャーはブレンデッドウィスキーを最初に考案した人物といわれ、いわばスコッチの今日の隆盛を築いた、最大の功労者のひとりでもある。

　アッシャー家の出身はボーダーズ地方のピーブルスで、1813年に父アンドリュー（同名）がエジンバラでワイン・スピリッツ商を始めたのが、その創始である。

　同社は1820年代からグレンリベットのウィスキーを扱うようになり、1840年からは独占販売権を手に入れている。「スミスのグレンリベット」として知られた、スペイサイドのザ・グレンリベット蒸留所のモルトウィスキーは、アッシャー家の専売となったのだ。

　これがアッシャー家成功のきっかけであったが、さらに1845年に2人の息子、アンドリューとジョンが父のビジネスに参画し、1853年に息子のアンドリュー・アッシャー（アンドリュー2世）が考案したのが、スコッチで最初のブレンデッドウィスキーであった。じつは母マーガレットは、リキュールなど薬用酒のブレンドのエキスパートで、そこからヒントを得て、ウィスキーのブレンドを思いついたのだという。

　ただし彼が考案したブレンデッドは今日のそれとは違い、熟成年数の異なるグレンリベットのモルト同士を混合した、いわゆるヴァッテッドモルトであった。このウィスキーは「アッシャーズ・オールド・ヴァッテッド・グ

ディアジオ社のアーカイブに保存されている「アッシャーズ・オールド・ヴァッテッド・グレンリベット・ウィスキー」(左)と、「エキストラ・リカー(リキュール)・スコッチ・ウィスキー」。リキュールと書いているが、中身はオールドグレンリベットと他のモルトウィスキーのブレンドと、下に表記されている。

レンリベット」と名付けられ、たちまち大評判となった。

当時ウィスキーは酒屋の店頭で量り売りされるのが一般的であったが、毎回味が違い、品質にバラつきがあった。複数の樽を混ぜることでバラつきをなくし、品質も一定に保つことができた意義は大きい。人々は安心して買い求めることができ、それゆえに人気を博したのだ。

当時の法律では、まだモルトとグレーンを保税倉庫内でブレンドすることは禁止されていたが、その後、1860年の酒税法改正によりこれが可能になった。モルト同士のヴァッティングでブレンドの技術を磨いていたアンドリュー2世は、すぐさまこの新しいブレンドに挑戦し、今日のようなブレンデッドスコッチを完成させた。

アッシャー家の繁栄は、グレンリベットの独占販売権を獲得したことと、他業者に先駆けてブレンド技術を完成させたことに負っているが、さらに来るべきブレンデッドの時代を読みとり、次々と手を打っていったことも見逃せない。

1859年にはローランドのグレンサイネス蒸留所を買収し(その後エジンバラ蒸留所と改名されたが現存しない)、さらに当時としては世界最大級の熟成庫の建設にも着手した。この熟成庫は長さが140メートルもある巨大なもので、当時のエジンバラ市民の度肝を抜く大きさだったという。

1880年代にはスコットランドでもっとも成功したブレンド業者となり、いち早く輸出事業にも乗り出している。モルトの蒸留所を買収し、巨大な熟成庫も確保したアッシャー家が次に手がけたのが、グレーンウィスキー蒸留所の建設であった。

ウィリアムサンダーソン社と手を組んだアッシャーは1887年、エジンバラ市郊外にグレーンウィスキー蒸留所を建設した。これが今日のノースブリティッシュ・グレーンウィスキー蒸留所で、アンドリュー・アッシャーは同社の初代会長に、ウィリアム・サンダーソンが初代社長に就任している。

アッシャー兄弟は、スコッチ業界に貢献したばかりではなく、エジンバラ市に対しても計り知れない恩恵をもたらした。兄アンドリューが市に寄贈したのが前述のコンサートホールで、弟ジョンは公衆衛生の推進・

研究を目的とした「公衆衛生研究所」を設立し、これをエジンバラ市に寄贈した。「アッシャーズ公衆衛生研究所」と名付けられたこの施設は、エジンバラ市民にとっては最大のプレゼントだったと、いっていいだろう。こうした功績が認められ、弟ジョン・アッシャーは1900年に准男爵に叙せられている。

スコッチの歴史を大きく変えたアッシャー家ではあったが、1919年にはDCL社の子会社、J&Gスチュワート社によって買収され、アッシャー家の輝かしい歴史にピリオドが打たれてしまった。アンドリューは子宝に恵まれたといえず、後継者となるべき男子が生まれなかったのも、アッシャー家が続かなかった理由のひとつである。

1920年代まで販売されていたアンドリュー・アッシャーの「アッシャーズ・オールド・ヴァッテッド・グレンリベット」は現在は製造されておらず、今は「アッシャーズ・グリーン・ストライプ」というブレンデッドのみが販売されている。

核となるモルト原酒はスペイサイドのコールバーンだったというが、コールバーンは1985年に閉鎖されていて、今は一滴もつくられていない。現在はディアジオ社が所有するスペイサイドの優良モルト原酒を中心にブレンドされているという。

そのせいかどうか、このクラスのブレンデッドとしては非常にフルーティで、うっとりするようなアロマ・フレーバーがあり、古き良き時代のスコッチのブレンデッドの一典型を見る思いがする。スコッチファンとしては、「アッシャーズ・オールド・ヴァッテッド・グレンリベット」も復活させてほしいと思うのだが…。

アッシャーのウィスキーの重要な鍵を握っていたのが、1824年に政府公認第1号となったザ・グレンリベット蒸留所(右)。創業者のジョージ・スミスは名うての密造者で、彼が使っていたスチルを再現したのが、左の小さなスチルだ。

Usquaebach
ウシュクベー

これさえあれば
悪魔なんてへっちゃらさ！

「ウシュクベー」、あるいは「ウスカバッハ」「ウシュクベーハ」はゲール語で『生命の水』を意味する言葉で、これがウィスキーの語源になったことはよく知られている。これをそのままブランド名にしたのが、この「ウシュクベー」である。

もともとロス＆キャメロン社がつくっていた製品で、1768年から1842年にかけてはシングルモルトとして販売されていた。しかしその後ウィリアム・グリゴール＆サンズ社が買収、同じ商標名で今度はヴァッテッドモルトとして販売された。「ウシュクベー」というブランド名が商標登録されたのは1876年のことで、1904年以降は少量のグレーンウィスキーを加えて、今日のようなブレンデッドスコッチとして販売されるようになったという。

「ウシュクベー」はモルト原酒の比率が高く（85％がモルトで残りの15％がグレーン）、高級ウィスキーとして常に少量生産を基本としてきた。そのためイギリス本国に限らずヨーロッパの王侯貴族、アメリカの富裕層に愛される数少ないウィスキーのひとつであった。1969年のニクソン大統領の就任式のパーティーで、公式スコッチとして選ばれたのがこの「ウシュクベー」だったという事実は、そのことを雄弁に物語っている。

新聞でそのことを知ったアメリカのシングルモルト・コレクター、スタンリー・J・スタンキウィクスは、トゥエルブ・ストーン・フラゴン社（現在はトゥエルブカスク社）という会社を興すと、「ウシュクベー」の商標権買収に乗り出した。買収に成功したのは4年後の1973年のこと。ボトリングを実際に行なっていたのは、同社の委託を受けたグラスゴーのダグラスレイン社である。スコットランドからの移民が多いアメリカでは、本国以上に彼らのルーツを偲ばせる「ウシュクベー」というブランド名に、愛着が強かったのだろうか。

製品は3〜4種類販売されている。「ウシュクベーリザーブ」はモルトが60％でグレーンが40％。10年から18年熟成の25種以上の原酒が主に使用され、さらにシェリー樽で最低6か月のマリッジ（後熟）が施されている。

「ウシュクベー・ストーン・フラゴン」はもっともオリジナルに近く、85％のモルトと15％のグレーン、そして同じくシェリー樽で最低18か月間の後熟が行なわれている。陶製の容器はウェッジウッド製で、これは19世紀の陶製ジャグのレプリカだという。

さらに「ウシュクベークリスタル」は、「エジンバラの星」と呼ばれるデザインがカットされた手吹きのクリスタルデカンター入り。それぞれボトルの裏にはスコットランドの国民詩人ロバート・バーンズの肖像画と、彼の代表作である『タム・オ・シャンター』の

一節、"wi usquaebae, we'll face the devil" が引用されている。意味は、「ウシュクベーさえありゃ悪魔なんてへっちゃらさ」。いかにも、このウィスキーにふさわしい詩句ではないか。

"バーンズカントリー"といわれるエアシャーを訪れると、いたる所にバーンズゆかりのモニュメントが。これは作品の中に登場する飲酒シーンを風見鶏にしたもの。

製造元 ── トゥエルブカスク社
系列 ── ─
輸入元 ── ─
主要モルト ── 不明

Usquaebach Reserve 43% 700ml ──

香り ── スィートでリッチ。オイリー、アマニ油、麦芽。加水でよりスィートになり、フルーティなアロマが現われる。

味 ── スィートでスパイシー。ライトからミディアムボディ。チョコレート、コーヒー。余韻は中程度。加水をしてもバランスは崩れない。

総合 ── 往年のリッチさはやや失われたが、バランスが良く飲み飽きない。これを飲めば悪魔なんて、へっちゃらか…。ロックでも水割りでも。

VAT69
ヴァット69

エロティックな命名がアメリカでブレイクした69番目の樽

　黒のラベルに大きな白文字で「VAT69」。なんとなくエロティックなこのウィスキーが誕生したのは、1883年のこと。生みの親はエジンバラの名ブレンダー、ウィリアム・サンダーソン（1839〜1908年）であった。

　ウィリアムはエジンバラの外港リースに生まれ、当初はワイン・スピリッツ商のもとで主に果実酒づくりを修業していたが、1863年、24歳の時に独立。その後ウィスキーのブレンダーとして活躍することになる。果実酒づくりの経験がブレンダーとして生かされたというのも、風変わりで面白い。

　そのウィリアムが、究極のブレンデッドづくりに着手したのが1880年のことで、モルトとグレーンの原酒比率を変えたり、試行錯誤を繰り返して、その3年後には100の試作品を完成させた。

　1883年7月、ウィリアムはそれらを100の樽に入れて順番に番号を付け、ウィスキー好きの友人や知人のブレンダーを招いて、実際にテイスティングをしてもらった。その時に全員一致で「これがベスト!」と選ばれたのが、69番目の樽、VAT69であったという（VATは樽の意味）。

　少々出来すぎた話という気がしないでもないが、ブランド名は「VAT69」に決定され、全世界に向けて販売されることになっ

VAT69のキーモルトとなっているのがロイヤルロッホナガー。スチルは2基と、ディアジオ社の中で最も小さい蒸留所だ。

た。ウィリアム・サンダーソン＆サンズ社のその後の発展は、この「VAT69」の成功に負うところが大きい。特にアメリカ市場で絶大なる人気を博した。

　ただしネーミングだけで中身がまずかったらそうはいかなかっただろう。じつは「VAT69」のブレンドには、ディーサイドのロイヤルロッホナガーのモルト原酒が使われている。同蒸留所の創業者ジョン・ベッグとウィリアムは長年の友人で、その関係でブレンダーならだれもが欲しがる貴重な原酒を、使うことが可能だったのだ。

　ウィリアム・サンダーソン＆サンズ社は、

172

創業者ウィリアムから3代にわたって家族経営を続けてきたが、1937年にDCL社と合併。「ビッグファイブ」に次ぐ「ビッグシックス」として、DCL社の中で独自の地歩を固めてきた。現在はディアジオ社の系列となっているが、「ジョニーウォーカー」や「J&B」の陰に隠れて、往年の存在感は発揮できていない。近年はアメリカ市場からベネズエラ、スペイン、オーストラリアなどに、その販路を転換している。

　ブレンドには上記のロイヤルロッホナガーを中心に、42種のモルトとグレーン原酒が使用されている。「VAT69」のロゴが斜めになったくらいで、ボトルデザインは100年前のものとほとんど変わらず、キャップにはサンダーソン家の紋章であるタルボット犬と、同家のモットー「神なくしては何者も存在し得ない（SANS DIEU RIEN）」が、誇らしげに刻印されている。

製造元 ── ウィリアム・サンダーソン&サンズ社
系列 ── ディアジオ社
輸入元 ── ―
主要モルト ── ロイヤルロッホナガーなど

VAT69　40%　700ml　A

- 香り ── スィートで、どこか古典的なニュアンス。上品なフルーツ。やがてハーブ、オイル。加水で梅シソ…。
- 味 ── スィートでノーブル。ミディアムからライトボディ。テクスチャーがしっかりしていて、甘・辛・酸のバランスもとれている。加水でややドライに変化。
- 総合 ── 古典的な美酒。バランスも悪くなく、さすがと思わせる。加水でややバランスを崩すので、ロックなどがお薦め。

White Horse
ホワイトホース

自由と独立を象徴する白馬に託された、勝利への祈り

エジンバラのキャノンゲート街に1742年に創業した古い酒亭があった。名前は「ホワイトホース・セラー」(白馬亭) といい、当時は宿屋 (イン) も兼ねていた。その白馬亭の名前と看板をそのまま借用したのが、スコッチの「ホワイトホース」である。命名者はホワイトホース社 (当時はマッキー社) の創業者ピーター・マッキーで、1890年の

製造元	ホワイトホース社
系列	ディアジオ社
輸入元	キリンビール
主要モルト	ラガヴーリン、クレイゲラキ、グレンエルギンなど

White Horse 12yo 40% 700ml [A]

香り —— フルーティで、しっかりとしている。リンゴ、洋ナシ、黄桃。かすかにピーティ。加水でバニラ、メープルシロップ、クレームブリュレ。よりスィートに。

味 —— ミディアムボディ。パンチがありスィートでドライ、スパイシー。かすかにピーティ。余韻は中程度。加水で甘・辛・酸のバランスが整い、よりスィートに。

総合 —— 12年クラスのウィスキーとしては、かなりの総合力。バランスが良く、秀逸なアロマ・フレーバーが楽しめる。加水でも美味しいが、どちらかというとストレート、ロック向き。

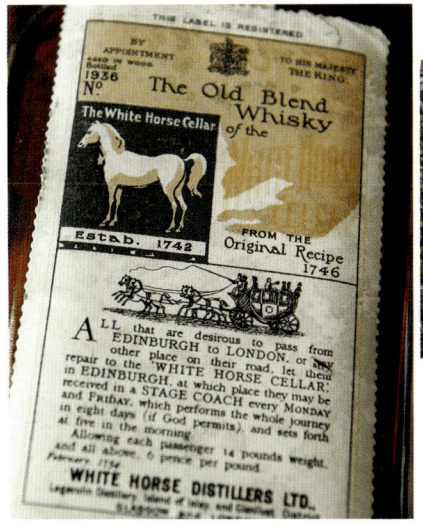

かつてのホワイトホースのボトルには、『白馬亭』の看板と駅馬車の有名な文言がプリントされていた。右はその『白馬亭』の建物で、現在は住居に改造。歴史的建造物として外観は保存が義務づけられているのだ。

ピーターがあえてマッキー家の名前を使わず古い酒亭の名前を採用したのは、世界に通用するブランドをつくりたいとの想いと、白馬亭が歴史的にも重要な酒亭で、スコットランド人にとっては自由と独立の象徴的存在でもあったからだ。

スコットランド独立を願ったジャコバイトの反乱については、本書の中でもたびたび触れてきたが、1745年、ボニー・プリンス・チャーリー率いるジャコバイト軍がエジンバラに進攻した際、彼らが常宿としたのがこのホワイトホース・セラーだった。

白馬亭の前には多くのエジンバラ市民が参集し、興奮のるつぼと化したという。「ホワイトホース」というブランド名には、スコットランド人の悲願でもある、自由と独立への願いが込められていたのだ。

不眠不休のピーター

さらに白馬亭は、ロンドンとエジンバラを結ぶ乗り合い馬車の乗降地としても有名であった。古いボトルのラベルには4頭立ての馬車の図柄とともに、こんな文面が印刷されていた。

『エジンバラからロンドンに向かわんとする者、あるいは道中の他の場所に行こうとする者は、エジンバラ市のホワイトホース・セ

ラーに参集すべし。毎週月曜日と金曜日に駅馬車の便があり、早朝5時に出発する。全旅程は8日間で可能なるべし。もし神の御加護があれば…』

　ウィスキーのラベルに採用する文面としては、いささか不思議な文面だが、ピーター・マッキーにとって、白馬亭に寄せる想いがそれほど強かったということなのだろう。ちなみにピーターの生家は白馬亭の隣にあり、一時期マッキー家が白馬亭を所有していたこともあるといわれている。

　ピーター・マッキーの人となりについては、数々のエピソードが語られている。巨漢でエネルギッシュ、休みを知らないその行動

White Horse 40% 700ml　Ⓐ

香り —— プラム、干しプルーン、オイリー、アマニ油。かすかなピート。やがて金属臭…。加水でよりスモーキーに変化する。かすかなキャラメル香。

味 —— スムーズでスィート、まろやか。ライトボディ。余韻は短めで、後口にピスタチオ、かすかな塩味。加水ですいすい飲める！

総合 —— このクラスとしてはバランスも悪くなく、スィートで複雑な香味を持っている。かすかなピートがアクセントになっていて、飲み飽きない。水割りで和食などと合わせるのも、有りかもしれない。

力は、使用人や同業者から「レストレス・ピーター」(不眠不休のピーター)として恐れられた。さらにその特異なキャラクターは「3分の1は天才、3分の1は誇大妄想、3分の1はエキセントリック」と称され、業界でも異彩を放っていた。そのピーターが若いころ修業したのが、アイラ島のラガヴーリン蒸留所である。

キーモルトはラガヴーリン

1816年創業のラガヴーリン蒸留所は、当時ピーターの叔父であるジェームズ・ローガン・マッキーが所有しており、ピーターはその叔父のもとで、ウィスキーづくりのイロハを教わった。「ホワイトホース」の長熟品で、「ローガン」というウィスキーがあるが、ローガンとはピーターの叔父であるローガン・マッキーのことなのだ。

「他のすべての物と同様、ウィスキーにも良いウィスキーと悪いウィスキーがある。もし最良のウィスキーが手に入らないのなら、そのことに金を費やすのは馬鹿げている」というピーターの言葉が残されているが、彼のこの信念は、叔父のもとでの修業時代があったからこそかもしれない。

そんなピーターにとって最良のウィスキーが、ラガヴーリンのピーティでスモーキーなモルト原酒であった。そのラガヴーリンを中核にしてブレンドされたのが「ホワイトホー

従業員の食事にプロテインを入れて筋肉をつけさせようとしたというピーター・マッキー。エキセントリックなピーターらしいエピソードだ。右はラガヴーリン蒸留所の眼の前にあるダニヴェイグ城。今は廃墟となっているが、かつてはヘブリディーズの島々に睨みをきかせていた。

White Horse

ラガヴーリン蒸留所の伝統的なダンネージウエアハウス。ラガヴーリンはこことポートエレン、そしてカリラの熟成庫でも貯蔵されている。右はラガヴーリンのポットスチル。初留・再留計4基が稼働する。

ス」である。

　クセのあるアイラモルトを中核にしているというのはたいへん珍しいが、もちろんそれだけではブレンドは成り立たない。ラガヴーリンとのベストマッチとして選ばれたのが、スィートでフルーティな風味を持つクレイゲラキと、蜂蜜のような風味が特徴のグレンエルギンのモルト原酒だった。どちらもスペイサイドモルトである。

　特にクレイゲラキ蒸留所は1891年にピーター・マッキー自らが創建した蒸留所で、当初から「ホワイトホース」の原酒用にと、考えられたものである。今日のような「ホワイトホース」が誕生するのは1900年以降のことだが、1908年には国際大会でグランプリを獲得し、その同じ年に王室御用達の栄誉も授かっている。現在「ホワイトホース」には前記の3つのモルトを中心に、35種類以上のモルト原酒とグレーン原酒がブレンドされているという。

スクリューキャップの発明

　ピーターは1924年に69歳で亡くなったが、その跡を継いで2代目マスターブレンダーとなったのが、愛弟子ジョン・ブラウンであった。ジョンは若くして天才といわれた名ブレンダーで、1897年の入社以来、じつに52年の長きにわたって「ホワイトホース」の味を守り続けてきた。

　そのジョン・ブラウンがつくり出したのが「ホワイトホース8年」で、長く幻のウィスキーとなっていたが、1990年に日本市場のみの限定販売でよみがえることになった。現在は12年に改まっているが、相変わらず一般的に流通しているのは日本市場のみ

178

ラガヴーリンやカリラ、ラフロイグ、アードベッグの麦芽をつくるポートエレン製麦所(右)。左のパゴダ屋根は、かつてのポートエレン蒸留所のキルン塔。蒸留所自体は1983年に閉鎖になり、それ以来一滴もつくられていない。

となっている。
　ピーターは生前、DCL社による買収を頑なに拒んでいたが、死から3年後の1927年にDCL社の軍門にくだり、マッキー家の経営にピリオドが打たれた。死の直前まで、「DCL社は俺の死体まで買い取ろうとするだろう」と、警戒を強めていたが、第一次大戦で一人息子を亡くし、後継者に恵まれなかったのも大きかったのだろう。この時に、社名はマッキー社からホワイトホース社に正式に改められている。
　もうひとつ同社において特筆すべきは、1926年に初めてコルク栓に代わるスクリューキャップを発明したことだ。このスクリューキャップの導入により、6か月で売り上げは2倍に伸びたという。ティーチャーズの新しいコルク栓と並ぶ、2大キャップの誕生である。

　まさに今日のウィスキーの礎を築いたといっても過言ではないが、"Nothing is impossible"(不可能なことはない) という言葉が口癖だったピーターの、起業家精神が生き続けていたというべきだろう。
　「ホワイトホース」はかつて、世界の100を超える国々で売られていて、年間の総売上げも200万ケースを超えていたが、残念ながら現在は100万ケース以下まで落ち込んでいる。"不眠不休のピーター"といわれたピーター・マッキーが生きていたら、どう思うのだろうか。
　白馬は自由と独立の象徴だけでなく、古来「勝利」の象徴ともいわれてきた。再び勝利を目指した快進撃は起こるのだろうか。巻きかえしを、ぜひ期待したいと思うのだが…。

Whyte & Mackay
ホワイト&マッカイ

ダブルマリッジによる
スペシャルブレンドが魅力

　ホワイト&マッカイ社の前身は、1844年にグラスゴーで創業したアラン&ポインター社。同社は主に雑貨卸業と倉庫業を営んでいたが、1882年に当時支配人をしていたジェームズ・ホワイトが、友人のチャールズ・マッカイとパートナーシップを組み、ウィスキー事業に進出。それに伴って社名をホワイト&マッカイ社に変更。ほどなくして2人の夢の実現である「ホワイト&マッカイ・スペシャルブレンド」が誕生した。

製造元	ホワイト&マッカイ・ディスティラーズ社
系列	UBグループ社
輸入元	明治屋
主要モルト	ダルモア、フェッターケアン、タムナヴーリン、アイル・オブ・ジュラなど

Whyte & Mackay 40% 700ml　A

- 香り ── 青草、春菊、ハーブ様。オイリー、アマニ油、ユーカリ油。遅れて青リンゴ。加水でかすかな硫黄と金属臭。
- 味 ── スィートでスムーズ、まろやか。ライトボディ。バランスは悪くなく、余韻も中程度。後口はスパイシー。加水で再びハーブ…。
- 総合 ── 香りの印象よりも、飲んだほうがまろやかでスィート。バランスも悪くなく、ソーダ割りなどでも楽しめるだろう。

ダルモアのポットスチルは独特のユニークな形状をしている。現在は初留4基、再留4基の計8基が稼働している。

　このウィスキーは、他社のそれまでのウィスキーとは大きく異なる特徴をもっていた。それは後熟を2回ほどこす「ダブルマリッジ」という手法で、これによりモルト原酒とグレーン原酒が最良の状態で混ざり合い、しかも後熟にシェリーバット（シェリー酒熟成用の大樽）を使用することで、深みのある色調と独特のフレーバーが生み出された。

　まず厳選された35種類以上のモルト原酒がヴァッティングされ、シェリーバットの中で8～12か月以上眠りにつく。これをファーストマリッジといい、その後これにグレーン原酒がブレンドされ、再びシェリー樽の中で2回目の眠りにつく。これがセカンドマリッジだが、ホワイト＆マッカイ社の発展は、このダブルマリッジによるところが大きいという。

　ジェームズ・ホワイトとチャールズ・マッカイがつくり出した「ホワイト＆マッカイ・スペシャルブレンド」は現在、「スペシャル」と名前を変えているが、他に「13年」「19年」「22年」「30年」「40年」などがあり、すべてこのダブルマリッジという手法が採られている。定番商品として、これだけのラインナップを揃えているのも、特筆すべきことだ。

　同社はジェームズが1910年に、チャールズが1921年に亡くなると、その後はそれぞれの息子であるハートリー・ホワイトとウィリアム・マッカイに引き継がれた。その後1935年にウィリアムが会社を去り、ハートリー・ホワイトひとりが会社を運営してゆくことになる。第二次大戦の混乱期から戦後いち早く抜け出した同社は、1960年にダルモア蒸留所を所有するマッケンジーブラザーズ社と合併した。もともとマッケンジー社の創業者であるマッケンジー兄弟とジェームズ・ホワイト、チャールズ・マッカイは友人同士で、「ホワイト＆マッカイ」の重要な原酒がダルモアであったことから、ここにモルト原酒の安定確保と、蒸留事業に進出するという、ホワイト＆マッカイ社の長年の夢が叶うことになった。

　同社は、1972年に東ハイランドのフェッ

「ホワイト＆マッカイ」の原酒のひとつであるフェッターケアン蒸留所。東ハイランドののどかな田園地帯の中に所在する。右はそのポットスチルで、じつはここもダルモアに負けないくらいユニークなシステムで蒸留が行なわれている。

ターケアン蒸留所、スペイサイドのトミントール蒸留所を買収し、さらに1988年にはリースのボトリング会社、ウィリアムミュアー社の買収にも成功している。ミュアー社は独立の瓶詰プラントとしては最大級の会社で、これにより自社ブランドの瓶詰から他社のボトリングまで可能になった。

しかし、より一層の国際競争力、資本投入の必要性から1990年には、バーボンの「ジムビーム」で有名なアメリカンブランド社の傘下に入り、ここにホワイト＆マッカイグループが誕生することになる。同グループが次に行なったのはさらなる合併・買収で、1994年にはインバーゴードン社の買収にも成功している。

インバーゴードン社は、傘下に4つのモルト蒸留所と1つのグレーンウィスキー蒸留所を所有する大手企業で、これによってホワイト＆マッカイグループは、合計7つのモルト蒸留所と1つのグレーン蒸留所を併せ持つ巨大企業に成長した。

ちなみに同グループのモルト蒸留所は前記の3つの蒸留所のほかに、タムナヴーリン、タリバーディン、ブルイックラディ、アイル・オブ・ジュラの4つ。さらに同グループが所持していたブレンデッドスコッチは「ホワイト＆マッカイ」をはじめとして、「クレイモア」「リアルマッケンジー」「オールドマル」「ジョンバー」「マッキンレー」「クルーニー」

同じく原酒のひとつであるアイル・オブ・ジュラ。ジュラ島にある唯一の蒸留所で、ライトタイプのモルトを生産。

「フィンドレーター」「スコッツグレイ」など、多岐にわたっていた。ただし現在も残っているのはダルモアとフェッターケアン、アイル・オブ・ジュラ、タムナヴーリンの4つのモルト蒸留所とインバーゴードンのグレーン蒸留所だけである。

　ホワイト＆マッカイグループという会社名はしかし、1995年に親会社であるアメリカンブランド社の社名変更にともない、JBBグレイターヨーロッパ社と改められた。さらにその後、キンダルインターナショナル、ホワイト＆マッカイ（社名復活）と目まぐるしくオーナーが代わり、2007年にはインドのユナイテッドブリュワリーズ（UB）グループが買収し、現在はインド資本の会社となっている（2013年夏にディアジオ社がUB傘下のUS社の株式約57％を買収したので、今後は不透明になっている）。

　ただし、オーナーが代わってもホワイト＆マッカイ社には変わらないものがひとつある。それはすべてのブレンドを手がけるマスターブレンダーの存在で、同社のマスターブレンダーは若くしてその才能を謳われたリチャード・パターソン氏。1970年にブレンダーとしてホワイト＆マッカイ社に入って以来、じつに44年近くを第一線で活躍する名ブレンダーで、『偉大なる鼻』として業界で最大級の尊敬を集めているのだ。

26歳という若さで名門ホワイト＆マッカイ社のマスターブレンダーとなったリチャード・パターソン氏。

ダルモアのウエアハウス。第一次大戦時には軍に接収され、対潜水艦（Uボート）用の機雷がここでつくられていたという。

Whyte & Mackay

William Lawson's
ウィリアムローソン

スコッチ堂々の第8位は謎の人物が創案したウィスキー!?

　ブレンデッドスコッチのブランド名は、その会社の創業者の名前が多いと、これまで述べてきたが、創業者でもなく、またその人物のこともよくわかっていないという、不思議なブランドが、この「ウィリアムローソン」である。

　「ウィリアムローソン」というブランド名が商標登録されたのは1889年のことで、登録申請したのはアイルランドのダブリンを本拠とする老舗企業のE&Jバーク社だった。同社は1849年にエドワードとジョンのバーク兄弟によって設立された会社で、2人はかの有名なギネスビールの2代目、アーサー・ギネス（父と同名）の甥であった。19世紀後半から20世紀にかけて、もっとも成功したダブリンのスピリッツ会社で、この会社に1881年に雇われたのが、スコットランド出身のウィリアム・ローソンである。

　ウィリアムはバーク兄弟の下で、スコッチの輸出を担当していたことはわかっているが、それ以外についてはいっさい記録が残っていない。なぜバーク社のオリジナルスコッチに、入社間もないウィリアムの名前が付けられたのか、1900年頃まで同社にいたことはわかっているが、その後どこへ行ったのか、何もわかっていない謎だらけの人物なのだ。

　しかし、ブランドそのものは禁酒法時代のアメリカ市場でよく売れたという。その後アメリカ市場では低迷したが、1963年にイタリアのマルティーニ＆ロッシ社がブランド権を買い取り、ヨーロッパ向けにマーケティングを開始した。このマーケティングは成功し、フランスやベルギー、スペイン、ポルトガルでは人気のブランドになったという。

　高まる需要を受けて、原酒確保のために1972年に買収したのが、ハイランドのマクダフ蒸留所である。マクダフは1962年に創業した新しい蒸留所だが、これにより「ウィリアムローソン」の原酒モルトの安定確保に成功。しかしその20年後の1992年に、ラムで有名なバカルディ社が、マルティーニ＆ロッシ社と「ウィリアムローソン」のブラン

キーモルトをつくるマクダフ蒸留所のポットスチル。ラインアームの形状がユニークだ。

ド権、さらにマクダフ蒸留所も買収することに成功。現在は同社傘下のブランドとなっている。

「ウィリアムローソン」がヨーロッパで人気を博したのは、女優のシャロン・ストーンを起用したTVコマーシャルによるところが大きいというが、近年は南米のベネズエラやエクアドル、そしてロシアでも人気のスコッチとなっている。特にロシアでは人気絶大で、数量的にも金額的にも、No.1スコッチの座に君臨しつづけている。

そのせいかどうか、近年、伸びがもっとも著しいのがこの「ウィリアムローソン」で、2012年の販売量は約260万ケース。これはスコッチブレンデッドの堂々第8位の数字で、対前年比13%増という破竹の勢いなのだ。

製造元	ウィリアム・ローソン・ディスティラーズ社
系列	バカルディ社
輸入元	―
主要モルト	マクダフなど

William Lawson's 40% 700ml

- 香り ── スイートだが非常に穏やか。シトラスフルーツ。加水でフローラルになり、遅れて削りたてのオーク。
- 味 ── スムーズだが、スパイシーでオイリー。後口にややグリーンっぽさを感じる。ライトボディ。加水でよりスムーズになる。
- 総合 ── 新興国向けのウィスキーとして、ウィスキー初心者に人気なのもうなずける。ボディもコンテンツも少ないが、嫌味なところがなく、いくらでも飲めてしまう。どんなスタイルでもOKだろう。

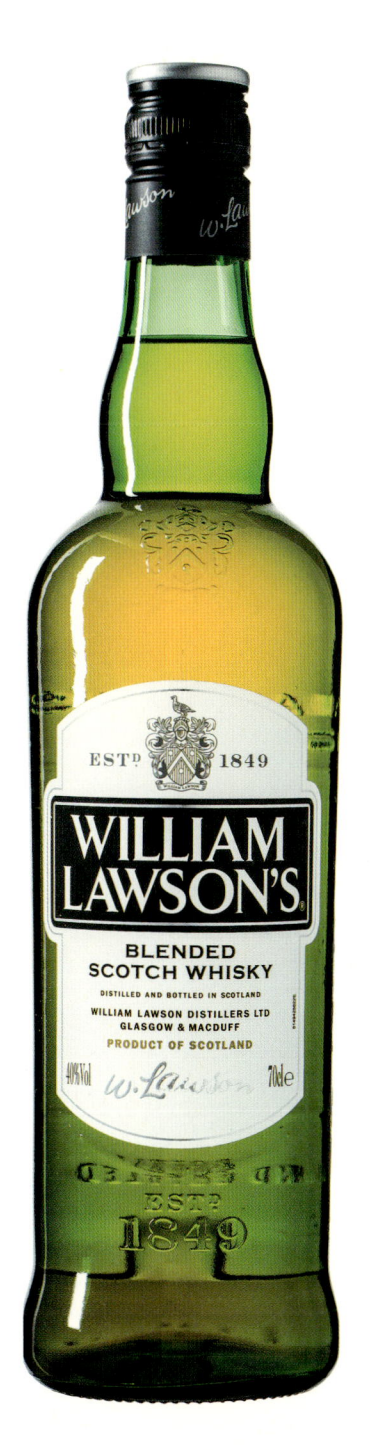

column

協力／アサヒビール（株）

すべての日本のウィスキーの原点「竹鶴ノート」の持っている意義

「1本のペンで我が国の重要な産業の秘密を盗んでいった…」。元英国首相のヒューム卿にそう言わせたのが、竹鶴政孝の『実習報告』、通称「竹鶴ノート」である。B5判の大学ノート2冊に、びっしりと書かれたこの竹鶴のノートが、日本のウィスキーのすべての始まりだった。1923年（大正12）創業の山崎も、1934年（昭和9）創業の余市も、そして1960年に山梨で始まったマルスのウィスキーづくりも、このノートがなかったら始まらなかったかもしれない。

竹鶴がスコットランドに留学したのは1918年の暮れ。グラスゴーの大学で聴講生として学ぶ傍ら、スペイサイドのロングモーン蒸留所や、エジンバラ近くのボーネス蒸留所で実地の訓練を積んだ。しかし本格的にウィスキーづくりを学んだのは、キャンベルタウンのヘーゼルバーン蒸留所である。

当時ヘーゼルバーンを所有していたマッキー社（のちのホワイトホース社）から実習許可がおりたのが1920年の1月。竹鶴は将来を誓い合っていたリタと急いで結婚をし、その月の終わりには船でグラスゴーから5時間かかるキャンベルタウンに赴いている。結婚を急いだのは、「本格ウィスキーづくりを日本に伝える」という夢は、もはや竹鶴ひとりのものではなく、リタの夢でもあったからだ。竹鶴はキャンベルタウンでリタと新婚生活を送りながら、ヘーゼルバーン蒸留所での5か月の実習に臨んだ。

「竹鶴ノート」には原料大麦や製麦、糖化、発酵、蒸留、貯蔵に関することまで、モルトウィスキーの詳細な製造法が、手描きのイラストや、竹鶴自らが撮影した写真とともに、克明に綴られている。そればかりか当時の職工の賃金や労働問題、労使関係、そし

『実習報告』（一）（二）のレプリカノート。1920年5月在カンベルトンとある。（一）には竹鶴が撮影したキャンベルタウンの写真が貼られている。

てウィスキーにかかる税金まで述べられている。大麦の品種についての言及がないことや、麦芽の挽き分けについて述べられていないなど、いくつか不明な点もあるが、100年前のスコッチウィスキーの製法について、これほど微に入り細をうがった記録はどこを探しても存在しない。

「竹鶴ノート」の持っている意義は、このノートがなかったら日本のウィスキーはスタートできず、また今日のような世界で称賛されるウィスキーに育っていなかったということに尽きるが、もうひとつ重要なのは、スコッチにおいてもこのような詳細な記録が存在しないということだ。100年前にスコッチではどんなつくりをしていたのか…。原料や製麦、仕込み、発酵、蒸留はどうやっていたのか。このノートは、まさにそれを知る貴重な「歴史の証言者」でもあるのだ。

Irish

Blended
and
Pure Pot Still Whiskey

Bushmills ブッシュミルズ

スコッチに対抗した
アイリッシュの先駆け

　白いラベルの通称"ホワイトブッシュ"と黒いラベルの"ブラックブッシュ"は、どちらもブッシュミルズ蒸留所がつくるアイリッシュブレンデッドだ。ブッシュミルズ蒸留所は「ブッシュミルズモルト10年」「16年」「21年」などのシングルモルトで知られる蒸留所だが、かなり早い段階からスコッチに対抗したアイリッシュブレンデッドをリリースしてきた。

製造元	オールド・ブッシュミルズ・ディスティラリー社
系列	ディアジオ社
輸入元	キリンビール

Bushmills Black Bush 40% 700ml　A

香り　フルーティでフローラル。上品で、しっかりとしている。心地よい熟成香。青リンゴ、青梅、アプリコット。加水をするとよりスィートに。カスタードクリーム。

味　ミディアムからライトボディ。しっかりとしている。スィートでメロー。余韻は中程度だが、最初から最後まで、まったく嫌味がない。後口はドライでスパイシー。

総合　"ホワイトブッシュ"と違って熟成香が素晴らしい。フルーティでフローラル、それでいてスムーズでメローな風味が楽しめる。ぜひストレートかロックで。

トレードマークとなっている1608年と書かれたポットスチル。現在の建物は1885年の火災後に新しく建築されたもので、スコッチ風のパゴダ屋根が特徴だ。

　ブランドの誕生はいつごろのことなのか、はっきりとはわかっていないが、第二次大戦直後の1950年代初めごろといわれている。アイリッシュはどこもそうだが、スコッチのシングルモルトとも、ブレンデッドとも違う"ピュアポットスチル・ウィスキー"をつくっていた。スコッチのモルトウィスキーと違うのは、原料に大麦麦芽と未発芽大麦を混ぜて使うこと。古くはこれにライ麦やカラス麦も加わっていたという。もちろんグレーンウィスキーもなく、モルトとグレーンを混ぜるブレンデッドウィスキーというのも、アイリッシュには存在しなかった。

　しかし19世紀後半に誕生したスコッチのブレンデッドによって、アイリッシュの市場は脅かされ、2度の大戦とアイルランドの独立戦争、アメリカの禁酒法によって、完膚なきまでに叩きのめされてしまった。もう一度市場を取りもどそうと、スコッチになら って始めたのが、グレーンを混和するアイリッシュブレンデッドで、一般的には1960年代から70年代にかけてとされている。

　ブッシュミルズが他に先駆けてそれができたのは、当時ピュアポットスチルではなく、すでにスコッチタイプのモルトウィスキーをつくっていたからだ。原料は麦芽100％で、蒸留はアイリッシュ伝統の3回蒸留。もちろん麦芽はノンピートである。グレーンをつくる設備がないので、同じ北アイルランドのグレーン業者から買い入れていたという。

　こうして市場に投入されたのが、「ブッシュミルズ・オリジナル」と「ブッシュミルズ・ブラック」。現在は"ホワイトブッシュ""ブラックブッシュ"と呼ばれていることは前述したが、この2つは、そのブレンドの構成も好対照であった。ホワイトブッシュが使うモルト原酒は熟成5〜6年、グレーン原酒は3〜4年で、モルトとグレーンの割合は、1

蒸留所のそばにある「ブッシュミルズイン」というホテルのレストラン。いたる所にブッシュミルズ関連グッズが。右はブッシュミルズのポットスチル。現在は10基が稼働する。

対3くらい。対してブラックブッシュはモルトが8〜9年、グレーンが5〜6年で、中身の75％以上がモルトウィスキーだという。

　もうひとつ、ブッシュミルズを語る際に欠かせないのが、ここが"世界最古の蒸留所"だということだ。創業は1608年といわれ、どのボトルにも1608という数字が誇らしげに掲げられている。しかし、これは1608年に時の国王ジェームズ1世（スコットランドではジェームズ6世）から、アントリムの領主サー・トーマス・フィリップスに蒸留免許が与えられたということで、必ずしも現在の蒸留所の創業年を表わしてはいない。ブッシュミルズ創業の記録は1784年で、しかも、その後いく度となくオーナーが代わり、浮沈をくり返してきた。

　現在のような蒸留所に生まれ変わったのは1885年の大火後のことで、この時にスコッチ風のパゴダ屋根の建物に変更され、仕込みもスコッチ風の麦芽100％のモルトウィスキーに切り替わった。以来、1987年にクーリー蒸留所ができるまで、アイリッシュとしては唯一のシングルモルトウィスキーを生産しつづけてきたのだ。

　ブッシュミルズは1972年に南のコークにあるIDC社（アイリッシュ・ディスティラーズ・カンパニー）に合流し、IDCはIDG（アイリッシュ・ディスティラーズ・グループ）となる。その後もブッシュミルズは新ミドルトン蒸留所と並ぶアイリッシュウィスキーの両輪として、その存在感を発揮しつづけてきた。しかし1988年にIDG社はフランスのペルノリカール社傘下となり、「ジェムソン」や「タラモアデュー」の陰に隠れがちの存在となってしまった。新ミドルトン蒸留所はアイルランド共和国の蒸留所だが、ブッシュミルズは、それとは「敵対」する英連邦の北アイルランドに所在したことも大きかったのだろう。

　その状況が一変したのは2005年のことで、業界第1位のディアジオ社がペルノリカール社からブッシュミルズを買い取り、リニューアル計画を発表。その後1,000万ポンド（約16億円）を超える投資が行なわれ、新たな増産態勢がスタート。ペルノ時

蒸留所近くのジャイアントコーズウェイ。溶岩が急速に固まってできたもので、世界遺産に登録されている。

代に年間300万リットルに届かなかった生産量が、現在は450万リットル規模にまで高められている。

　それにともなって販売量も急上昇し、この10年近くで20万ケースから65万ケースまで、3倍以上に膨れ上がっているのだ。「ジェムソン」「タラモアデュー」に追いつき、追い越すことが、現在のブッシュミルズの使命なのだ。

Bushmills 40% 700ml　A

- 香り ── 穏やかでライト。麻布、植物油、レモン。非常にオイリー。加水で香りが開き、リンゴ、アップルサイダー、蜂蜜。
- 味 ── ライトボディ。クリーンでスムーズ。余韻は中程度で、バランスも悪くなく、すいすい飲めてしまう。ビターチョコ、ハーブ様。加水でよりスムーズに。
- 総合 ── 白いラベルの通称"ホワイトブッシュ"。非常にオイリーでライト。ストレートよりも加水かロック、ソーダ割り、カクテル向きか…。

Bushmills

Green Spot
グリーンスポット

ダブリンの老舗ワイン店が手掛ける希少なピュアポットスチル

　アイリッシュウィスキーは近年売り上げを急激に伸ばしているが、なかでも注目を集めているのが、スコッチにはないピュアポットスチル・ウィスキーだ。今では"シングルポットスチル・ウィスキー"と呼称することが多いようだが、スコッチのシングルモルトと違うのは、原料に大麦麦芽と未発芽大麦を混ぜて用いること。大麦麦芽は英語でモルト、未発芽大麦はバーレイと厳密に区別されている。

　原料の混合比率は20対80くらいから80対20と、幅がある。つまり麦芽と未発芽大麦の比率にはバリエーションがあって、その割合によっても、香味に違いが出てくるのだ。さらにスコッチのモルトウィスキーは麦芽100％で、2回蒸留をするのが一般的だが、アイリッシュのシングルポットスチルは3回蒸留をする。それもスコッチに比べて大きめの銅製の単式蒸留器を用いるのが特徴だ。

　この「グリーンスポット」は、ピュアポットスチル100％の正真正銘のアイリッシュウィスキー。製造元はダブリンに本拠を構えるミッチェル＆サン社で、創業者は北イングランドからやってきたウィリアム・ミッチェルである。ダブリンいちの繁華街、グラフトン通

ダブリンいちの繁華街、グラフトン通り。ジョイスやイエーツなど、文学者ゆかりのパブや店も多い。

りに店をオープンしたのは1805年のことだという。

　当初はベーカリー兼コーヒーショップだったが、やがてワインも取り扱うようになり、ビジネスは大きく変化。19世紀後半以降は家族経営のワインショップとして、アイルランド中に名前が知られる存在となった。他の多くのワインショップと同じように、ミッチェル店が顧客用に販売していたのが、オリジナルのウィスキー。もちろん当時はピュアポットスチルしかなかった時代なので、この「グリーンスポット」も当然ピュアポットスチル・ウィスキーだった。

　名前の由来は樽に熟成年別に印（スポット）をつけていたことで、ブルースポット（7年）、イエロースポット（12年）、レッドスポット（15年）などがあったという。しか

し一番人気が10年物のグリーンスポットだったため、いつしかグリーンスポットのみが残ったのだ。

　かつては同じダブリンのジェムソン社から原酒の供給を受けていたが、現在はアイリッシュで唯一ピュアポットスチルをつくる、新ミドルトン蒸留所から原酒の供給を受けている。大麦麦芽と未発芽大麦の比率は公表されていないが、今は10年物ではなく8～9年物の原酒が主体だという。使用している樽の25％がシェリー樽というこだわりで、年間500ケース、わずか6,000本のみの販売となっている。そのため、ほとんどがアイルランド国内のみでの流通で、入手はそう容易ではない。

　最近「イエロースポット12年」を復活させたが、こちらも年間6,000本のみの限定販売だ。

製造元　──　ミッチェル＆サン社
系列　　──　─
輸入元　──　─

Green Spot 40% 700ml　B

香り ── クリーミーでフルーティ。熟したリンゴ、アップルパイ、バナナ。やがてオイリーなアロマに変化。加水でカスタードクリーム、アマニ油。

味 ── ミディアムボディ。スィートでスムーズ、メロー。オイリーでスパイシー。余韻は中程度。加水でリコリス飴。やや埃っぽいテクスチャーが現われる。

総合 ── 伝統的なアイリッシュのシングルポットスチルで、フルーティでクリーミーなアロマと、オイリーなテクスチャーが味わえる。加水でややバランスを崩すので、ストレートがお薦めだ。

Green Spot 193

Jameson
ジェムソン

アイリッシュの雄として
君臨する
"恐れる者なし"の精神

　ナンバーワン・アイリッシュウィスキーとして圧倒的な売り上げを誇るのが、この「ジェムソン」だ。2012年の販売量は400万ケースで、対前年比6％の伸び。ここ10年近く、毎年2桁にせまる伸びを見せていて、今世界でもっとも成長著しいブランドだといわれている。アイリッシュに限って見るとそのシェア率は70％を超えていて、全世界で飲まれるアイリッシュウィスキーの、じつに4本のうちの3本が、この「ジェムソン」ということになるのだ。

　ジェムソン社のスタートは1780年。スコ

製造元 ── ジョン・ジェムソン＆サン社
系列 ── ペルノリカール社
輸入元 ── ペルノ・リカール・ジャパン

Jameson 40% 700ml　A

香り ── 穏やかだが、しっかりとしている。アマニ油、ユーカリ油。加水で針葉樹の葉、マジパン。
味 ── ライトボディ。非常になめらかでスムーズ。オイリーでスィート。加水でよりまろやかになり、甘・辛のバランスが整う。
総合 ── さすがナンバーワン・アイリッシュ。バランスは悪くなく、誰にでも受け入れられそうだ。加水をしたほうが楽しめるので、水割りかロックで。

創業者のジョン・ジェムソンの肖像画。これは60歳を過ぎてのものだが、意志の強さを感じさせる。右はボウストリートのスチルの模型。初留・再留2基ずつで、2回蒸留をしていた。スコッチに比べると、その形状の違いがよくわかる。

ットランド・アロア出身のジョン・ジェムソン（1740～1823年）が、ダブリンのボウストリートに蒸留所をオープンしたことに始まる。ジョンの妻マーガレットは、ヘイグ一族のジョン・ヘイグの娘で、"スタイン式連続蒸留機"を発明したロバート・スタインとは従兄妹同士。つまりジェムソン家は、ヘイグ、スタイン両家に繋がる名門蒸留一家だった。

創業当時は小さな蒸留所にすぎなかったが、3代目のジョン・ジェムソン（代々父の名前を受け継ぐ）の時代に大きく拡張。1880年代には年間生産量100万ガロン、約450万リットルを生産する巨大蒸留所に成長した。ダブリンの中心を流れるリフィー川の左岸沿いに広大な面積を占め、そこでは300人を超える従業員が忙しく働いていたという。川の反対側にあるパワーズ社とは、ダブリンを二分する好敵手でもあった。

ただしパワーズがいち早く瓶詰ウィスキーを販売したのに対して、ジェムソンのメインビジネスは樽のまま出荷すること。多くのブレンダーや酒屋に原酒を供給し、それぞれのブランドを生み出す原動力となっていた。ジェムソンが自社の瓶詰ウィスキーを販売するようになったのは、なんと1968年以降のことだという。

もちろん、ボウストリートがつくっていたのはピュアポットスチル。しかし、他の蒸留所と違って蒸留は2回蒸留だった。現在、蒸留所が建っていた場所は、「オールド・ジェムソン」という博物館になっているが、そこに行くと当時のポットスチルの模型が展示

Jameson 195

コーク市郊外にある新ミドルトン蒸留所（左）。中央の高い建物は連続式蒸留機が入る蒸留棟で、右の巨大な容器がモロミをつくる発酵槽。右の写真はダブリンのジェムソン工場を描いた19世紀の銅版画。その巨大さが見てとれる。

してある。

　初留釜2基、再留釜2基の計4基のスチルがあったが、初留釜のサイズが2万4,000ガロン（約10万9,200リットル）、再留釜が1万4,500ガロン（約6万6,600リットル）、1万3,000ガロン（約5万9,100リットル）と、じつに巨大である。旧ミドルトン蒸留所の3万1,648ガロンには及ばないものの、かつてのジェムソンのスケールが、いかに大きかったかわかるというもの。

　ジェムソンも2度の大戦とアメリカの禁酒法、アイルランドの独立戦争によく耐えたが、1966年に南のコークディスティラリーズ社（CDC）と合併することを決意。ここにIDC社（アイリッシュ・ディスティラーズ・カンパニー、後のIDG社）が誕生した。その後、コークの新ミドルトン蒸留所にすべての生産設備を集中させることを決断し、ボウストリート蒸留所での生産はストップ。1971年の最後の蒸留をもって、200年近く続いたボウストリート蒸留所は閉鎖されてしまった。

　現在の「ジェムソン」は、1975年に竣工した新ミドルトン蒸留所で、すべてがつくられている。大麦麦芽と未発芽大麦を使い、3回蒸留した新ミドルトンのピュアポットスチルと、同じく新ミドルトン産のグレーン原酒をブレンドした、アイリッシュブレンデッドである。ピュアポットスチルとグレーンの比率はスタンダード品で、50対50くらいだという。もちろん「12年」や「18年」は、その限りではない。

　「ジェムソン」のボトルには、創業年の1780という数字と、ジェムソン家の紋章が飾られている。この紋章には楯の上に帆船が描かれているが、じつはジェムソン家の先祖が、スコットランドの西海岸でかつて海賊を捕えたことがあり、その功を讃えるためにスコットランド王から、帆船を授けられたのだという。以来、この帆船の紋章がジェムソン家の紋章となっているのだ。

　楯の下のモットーはラテン語で"Sine Metu"。これは『恐れる者なし』という意味で、勇猛果敢なジェムソン家の家訓となっている。まさに19世紀から20世紀初頭にかけては、恐れる者はなしという存在だったのだ。

🍷 Jameson 12yo 40% 700ml　B

香り ── 穏やかだがリッチで複雑。スィートでフルーティ、オイリー。リンゴ、ライチ、カスタードクリーム。加水でよりフルーティ、メープルシロップ。

味 ── ミディアムボディ。リッチでなめらか。余韻は中程度だが、スパイシーな香味が長く続く。加水でよりなめらかになるが、ややボディ感が失われる。

総合 ── 熟成感たっぷりでバランスに優れた佳酒。ピュアポットスチルらしいオイリーさと、フルーティさが見事に融合している。加水でボディ感が失われるので、ストレートかロックで。

🍷 Jameson 18yo 40% 700ml　C

香り ── 深みがあり、複雑。瑞々しいフルーツ。メロン、キウイ、アロマティックキャンドル。バニラ、メープルシロップ。加水でキャンディボックス、イチゴのショートケーキ。

味 ── うっとりするようなフルーツ感。ミディアムボディだが陶酔感があり、バランスも素晴らしい。アロマティックオイル。奥にメロン、ライチ、焦がしたオーク。加水でよりなめらかに。

総合 ── 新ミドルトンのピュアポットスチルの良さが凝縮されたような1本。うっとりするほど美味。加水でも悪くないが、できればストレートで、じっくりと楽しみたい。

Kilbeggan
キルベガン

アイリッシュ最古の蒸留所名を冠したスコッチタイプのブレンデッド

　キルベガンとはダブリンから西に80キロほど行ったところにある町の名前で、この町のブルスナ川のほとりに1757年に創業したのが、キルベガン蒸留所である。キルベガンは現存する蒸留所としてはアイルランド最古の蒸留所で、古くは川の名前をとってブルスナ蒸留所、19世紀以降は蒸留所を経営していたロックスファミリーの名前をとって、ロックス蒸留所とも呼ばれてきた。

　特にロックス家の時代には名声を博し、ダブリンばかりでなく、遠くイングランドのリバプールあたりでも、広く飲まれたウィスキーだったという。1880年代から90年代にかけてはそのピークで、当時の年間生産量は約60万リットル。これは「ジェムソン」や「パワーズ」には及ばないものの、アイリッシュ全盛時代の一翼を担う存在だった。

　しかし20世紀に入ると経営は悪化し、1953年をもって200年近い歴史に幕がおろされてしまった。その後は養豚場（!）になったり、農機具メーカーの倉庫として使われていたが、歴史的蒸留所として保存の気運が高まり、1982年に「キルベガン蒸留所博物館」として蘇った。

　それを、そっくり買い取ったのがクーリー蒸留会社で（1989年）、当初は博物館とカフェは町が経営、熟成庫はクーリーが利用するということだったが、2007年に小さなポットスチルが運び込まれ、キルベガンでも蒸留が再開されることになった。それは蒸留所が創業して250年の節目の年でもあった。現在は仕込みから発酵、蒸留まで、すべてキルベガンで行なうことができるようになっている。

　親会社のクーリー社は1987年に創業したアイリッシュのニューウェーブで、クーリー蒸留所と、このキルベガンの2つの蒸留所を所有していたが、2012年1月にアメリカのビーム社が買収に成功。さらにその2年後の2014年1月に、日本のサントリーがビーム社を総額1兆7,000億円で買収することが発表され、現在はサントリーの系列となっている（本書の執筆時点では最終的

大麦麦芽と違って固い未発芽大麦やライ麦、カラス麦を粉にするためには、このような大きな石臼が必要だった。

な契約締結はまだだが…)。
　「キルベガン」には限定物のシングルモルトとブレンデッドの2つがあり、ブレンデッドのほうはクーリーのモルト原酒とグレーン原酒が、主にブレンドされている。クーリーはアイリッシュとしては初めての、純スコッチタイプの蒸留所で、一般的な3回蒸留ではなく、スコッチ同様の2回蒸留。原料も大麦麦芽100%のモルトウィスキーである。
　同時に2塔式の連続式蒸留機でグレーンウィスキーもつくっていて、そういう意味では「キルベガン」は、限りなくスコッチに近いブレンデッドということができるかもしれない。

製造元　――　クーリーディスティラリー社
系列　　――　サントリー
輸入元　――　サントリー

Kilbeggan 40% 700ml　A

香り　――　トップノートは、かすかな硫黄。スイートで熟したフルーツ。やがてナッティなオイリーさと、アマニ油。加水で爽やかなフルーツ、バニラに変化。

味　――　ライトボディ。オイリーで口当たりはスムーズだが、スパイシーで後口は意外にドライ。余韻は短めで、加水でややボディ感が失われる。

総合　――　複雑なアロマはあるが、やや深みに欠けるか…。アイリッシュ最古の蒸留所だが、テイストは意外にモダン。ストレートかロックがお薦め。

Midleton Very Rare
ミドルトン・ベリー・レア

アイリッシュの粋を集めた至高のウィスキー

「ミドルトン・ベリー・レア」、通称ミドルトンVRは1984年から毎年リリースされている、いわばイヤーブレンド。通常、年号が入ったボトルは、それが蒸留されたヴィンテージイヤーを表わすことが多いが、このVRの場合は、それがボトリングされた年を表わしている。ボトリングされるのはごく少量で、毎年600〜1,200ケース。本数にして7,200本から1万4,400本くらいである。すべてのボトルには新ミドルトン蒸留所のマスターディスティラー、バリー・クロケット氏のサインとシリアルナンバーが入っている。

バリー・クロケット氏は親子2代にわたるミドルトン蒸留所のマスターディスティラーで、生まれも育ちも蒸留所の敷地内にあるマネージャーハウス。2013年に惜しまれつつリタイアしたが、ミドルトン、新ミドルトン一筋に50年の長きにわたって勤めた、いわばIDG社の顔でもあった。

もともとミドルトン蒸留所が建てられたのは1825年のことで、創業者はジェームズとダニエルとジェレミッシュのマーフィー3兄弟。やがてコークにあった他の4つの蒸留所と合併してコークディスティラリーズ社を設立。第一次、第二次大戦、アイルランドの独立戦争、アメリカの禁酒法という厳しい時代を耐え抜き、1966年にダブリンの他の蒸留所、ジェムソンやパワーズ、タラモアなどと合併して、ここにIDC社（後のIDG社）が誕生した。その際に決断したのが、スコッチに対抗する巨大な複合蒸留所の新たな建設であった。

その候補地として選ばれたのがミドルトンの敷地内で、1975年、旧ミドルトンの背後に巨大な新ミドルトン蒸留所が完成した。評論家のジム・マーレイ氏が「世界でもっとも複雑な蒸留所」と言うように、新ミドルトンではピュアポットスチルとモルトウィスキー

かつて世界最大といわれた旧ミドルトンのポットスチル。1975年まで使われていた。現在旧ミドルトン蒸留所はジェムソンの博物館、ショップ、レストランなどに改造されている。年間10万人近くが訪れる人気のスポットだ。

をつくる単式蒸留器が計4基。さらにグレーンウィスキーをつくる連続式蒸留機が、2セット備えつけられている。原料の比率や蒸留方法を変え、ここでは数十の原酒タイプをつくり分けているのだ。現在は「ジェムソン」や「パワーズ」、「パディー」「タラモアデュー」「レッドブレスト」など、ほとんどすべてのブランドが、ここでつくられている。

そのなかで、いわば"アイリッシュの最高峰"といわれるのが、この「ミドルトンVR」。主体となっているのは新ミドルトンがつくる長熟のピュアポットスチル・ウィスキーで、それにごく少量のグレーンがブレンドされている。本数も少なく、滅多にお目にかかるボトルではないが、バーなどで見かけたら、ぜひ一度はトライしておきたい。毎年味が変わるのも"売り"のひとつだが、至高のアイリッシュとはどういうものか、これを飲めばわかるはずだ。

製造元 ──── ミドルトンディスティラリー社
系列 ──── ペルノリカール社
輸入元 ──── サントリー

Midleton Very Rare 2010 40% 700ml　E

香り ── 穏やかだが深みがある。たっぷりの熟成感。熟したフルーツ。武夷岩茶…。加水でバニラ、蜂蜜、瑞々しいフルーツに変化。

味 ── ミディアムボディ。非常にスムーズでシルクのようになめらか。メンソール、レモン。余韻は長く、瑞々しいフルーツが続く。加水でややドライに。

総合 ── 毎年味が変わるイヤーブレンドだが、さすがに長熟のピュアポットスチルが効いている。非常に複雑で、うっとりするようなオイリーなスムーズさが秀逸。ぜひストレートで！

IRISH

Midleton Very Rare

Paddy パディー

セールスマンの名前を
ブランド名にした
南部を代表するウィスキー

　19世紀の後半頃、アイルランドで一般的に手に入る瓶詰ウィスキーは、パワーズ社の「パワーズ・ゴールドラベル」と、コークディスティラリーズ社（CDC）の「オールド・アイリッシュ・ウィスキー」の2つくらいしかなかった。「ジェムソン」も「ブッシュミルズ」も、ほとんどが輸出用で、他は樽で直接パブや酒屋に出荷されていたからだ。

　コークディスティラリーズ社はコークにあった5つの蒸留所が合併してできた会社で、会社の設立は1867年に遡る。中心的役割を担ったのが、最大のミドルトン蒸留所で、「オールド・アイリッシュ・ウィスキー」は、そのミドルトンのフラッグシップ的ブランドであった。ダブリンの「パワーズ・ゴールドラベル」とは好敵手であり、北の"ダブリンウィスキー"に対抗して、南のコークの蒸留所が結集してつくられたのが、"コークウィスキー"であった。

　当時同社には南部一帯で知られたパディー・フラハティという優秀なセールスマンがいた。彼は自転車の荷台にウィスキーを積んでセールスを行なっていたが、人々はフラハティの自転車がパブの店先に止まっているのを見かけると、そのパブに急いで駆けつけたという。そこに居合わせた客に、

ブランド誕生100年を記念して販売されたリミテッドエディション。伊達男だったパディーの写真が貼られている。

彼が気前よくウィスキーを奢るのを知っていたからである。

　いつしかこの「オールド・アイリッシュ・ウィスキー」はパディーのウィスキーとして知られるようになり、注文も「パディー・フラハティのボトルをくれ」と言うことが多くなったという。そこで1913年にコークディスティラリーズ社ではブランド名を変更して、「パディー」を正式名称とした。一介のセールスマンの名前が、ウィスキーのブランド名になるというのは、この「パディー」をおいてほかにはないだろう。ただし、今でも"パディー"の下に小さく「オールド・アイリッシュ・ウィスキー」と入っている。

　ブランド誕生当時の「パディー」は、ミドルトン蒸留所がつくるピュアポットスチル・ウィスキーだったが、現在は新ミドルトン蒸

留所のピュアポットスチルに、同じく同蒸留所がつくるグレーンウィスキーをブレンドした、ブレンデッドアイリッシュとなっている。

　新ミドルトン蒸留所のグレーンウィスキーにはライト、ミディアム、ヘビーと3つのタイプがあるが、「パディー」が使うのは、そのなかでももっとも軽いライトタイプ・グレーン。しかも、かなりの比率がグレーンウィスキーということもあって、アイリッシュのなかでは、もっともライトテイストなウィスキーとなっている。

　ちなみに2013年に、ブランド誕生100年を記念したリミテッドエディションがリリースされたが、これはオリジナルレシピを再現したピュアポットスチルの「パディー」で、木箱の内側にはパディー・フラハティの写真が貼られていた。

製造元 ── コークディスティラリーズ社
系列　 ── ペルノリカール社
輸入元 ── ─

🍷 Paddy 40% 700ml　A

香り ── 穏やかで控えめ。スィート。ややグレーンウィスキーっぽい。加水でしっかりとした甘さが現われ、バニラ、フルーツキャンディ。

味 ── ウルトラライトボディ。若いグレーンが支配的だが、甘みとオイリーさのバランスは悪くない。かすかにスパイシー。加水をしたほうがバランスが整い、飲みやすい。

総合 ── パディー・フラハティの性格のように親しみやすく、万人受けするウィスキーか。ややグレーンっぽいが、加水でバランスが整うので、水割りやロックで気軽に楽しみたい。

Powers
パワーズ

アイルランド人の魂の酒は
3羽のツバメがトレードマーク

　かつてアイルランド全土を席捲し、"アイルランド人の魂の酒"といわれたのが、この「パワーズ」。アイルランド人をもてなす最良の方法は、この「パワーズ」のボトルを用意することだといわれたほど人気を博した。「ジェムソン」や「ブッシュミルズ」と違って、ほとんど輸出はされず、もっぱらアイルランド国内のみで流通した。今でも、国内消費ではこのパワーズがNo.1だという。

　パワーズ社の創業は1791年に遡る。もともとダブリンで小さな旅籠を経営していたジェームズ・パワーが蒸留所を建てたのが始まりで、息子のジョン・パワーの時代にビジネスは飛躍的に大きくなった。19世紀半ばには社名をジョン・パワー＆サン社とし、1871年に全面建て替え。敷地面積7エーカー(約8,500坪)、従業員300人を抱える巨大蒸留所に成長した。当時の生産量は年間33万ガロン(約150万リットル)にものぼったというから、ジェムソンには及ばないものの、スコッチの比ではないくらいに巨大な蒸留所であった。

　もちろん当時つくっていたのは、アイリッシュ伝統のピュアポットスチル。瓶詰ウィスキーとして販売したのも早く、1894年には現在の「ゴールドラベル」が登場している。しかしスコッチブレンデッドの台頭と、アイルランド独立戦争などで経営は悪化。1950年代に、グレーンウィスキー用の連続式蒸留機を導入し、170年近い伝統に終止符を打って、グレーンを混和するアイリッシュブレンデッドの販売に乗り出した。

　しかし1966年にジェムソンやコークディスティラリーズ社と合併し、70年代にすべての生産設備を新ミドルトン蒸留所に集約することを決定。1976年の最後の蒸留をもって、ダブリンのジョン・パワー社の歴史に幕がおろされた。これは200年以上にわたって繁栄を続けた"ダブリンウィスキー"の終焉の瞬間でもあった。

　現在の「パワーズ」は、すべて新ミドルトン蒸留所でつくられている。ピュアポットスチルとグレーンをブレンドした、アイリッシュブレンデッドで、ピュアポットの麦芽と未発芽大麦の比率は40対60だといわれている。これは同蒸留所がつくるピュアポット

ダブリンといえばパブ。アイルランドのパブはライブ音楽であふれている。すぐにセッションが行なわれる。

スチルのなかでは、わりとヘビーな酒質で、しかもグレーンとの比率は、ピュアポット70％に対して、グレーンは30％ほどでしかないという。パワーズの名の通り、パワーを秘めた酒なのだ。

「パワーズ」といえば、"three swallows"、3羽のツバメが有名で、ネックラベルに3羽のツバメが描かれているが（現在はエンボス加工）、これは「飲み込む（swallow）」とツバメをかけたもの。パワーズはパンチがあるから1口で飲むのではなく、『ゆっくりと3口くらいに分けて飲むべし』という、洒落が効いているのだ。

テイスティングは掲載ボトルとは異なり、輸出用に出されている1リットルサイズの、年数表示のないもので行なっている。

製造元 ── ジョン・パワー＆サン社
系列 ── ペルノリカール社
輸入元 ── ―

Powers Gold Label 40% 1,000ml　A

香り ── アマニ油、溶剤、オイリー。非常になめらかで、控えめな印象。加水でスィート、カスタードクリーム。パイ生地…。

味 ── ライトボディ。ソフトでまろやか。甘・辛・酸のバランスはとれていて、後口はオイリー。余韻は中程度。加水で、ややバランスを崩し、リコリス飴。

総合 ── かつてのダブリンウィスキーを代表する銘柄のひとつだが、やや個性に乏しい気がする。加水でバランスを崩すので、ストレートで飲むのがお薦めか…。

Redbreast
レッドブレスト

世界のモルトファンが注目する"牧師のウィスキー"

　レッドブレストとは胸のところが赤いコマドリ（ロビン）のこと。イギリスやアイルランドで一般的に見かけるロビンは、ヨーロッパコマドリという鳥で、イギリスの国鳥にもなっている。春を告げる鳥ともいわれ、春先によく民家の庭にやってきて、美しい声で鳴いている。

　そのコマドリを酒名にしたのが、この「レッドブレスト」で、誕生は1939年のこと。ブランドを創案したのは「ギルビージン」で知られるイギリスのギルビー社で、原酒はすべてダブリンのジェムソン社が供給していた。もちろん、すべてジェムソンのボウストリート蒸留所がつくるピュアポットスチル・ウィスキーである。ブレンドはシンプルで、シェリー樽2に対してバーボン樽1の割合だったという。

　発売直後からアイルランドでは人気のウィスキーとなり、かつて"プリーストズ・ボトル"、『牧師のウィスキー』として評判になった。どこの牧師の家でも、この「レッドブレスト」が棚に置かれているといわれたものだ。

　じつはコマドリの胸が赤いのは、磔になったイエス・キリストの頭に巻かれた茨のトゲを抜いてやったのがこの鳥で、その時にイエスの血が付いて、赤く染まったからだという。キリスト教社会では昔から"聖職者の鳥"として知られていたのだ。

　それはともかくダブリンのボウストリート蒸留所は1960年代に閉鎖が決定。原酒の供給は1971年まで続けられたが、その後はストップ。そのためギルビー社が最後に「レッドブレスト」をボトリングしたのは、1985年のことだったという。現在のボトルは、IDG社がギルビー社よりブランド権を買い取り、復刻させたもの。原酒は当然、新ミドルトン蒸留所がつくるピュアポットスチルである。

　新ミドルトン蒸留所では、いくつかのタイプのピュアポットスチルをつくり分けているが、「レッドブレスト」が使うのは、比較的ヘビータイプの原酒だという。オリジナル同様シェ

未発芽大麦やカラス麦、ライ麦、小麦を粉砕するのに用いられた石臼。すべてフランス産の硬い石だという。

リー樽も使うが、今はバーボン樽の影響を、より強く受けている。

　ラインナップは「12年」「15年」、それぞれのカスクストレングスなどだが、高まるピュアポットスチル人気を受けてか、2013年に「21年」もリリース。現在のアイリッシュウィスキーブーム、ピュアポットスチルブームを象徴しているのが、この「レッドブレスト」なのだ。

　まさに、世界中のシングルモルトファンが注目するアイリッシュであり、これでアイリッシュのピュアポットスチルを知ったというファンも多いのだ。

製造元 ── アイリッシュディスティラーズ社
系列　── ペルノリカール社
輸入元 ── ─

Redbreast 12yo 40% 700ml　B

香り ── 穏やかだが、オイリーで上品な甘さがある。瑞々しいフルーツ。アニス、ライチ、スターフルーツ。やがてイチゴのショートケーキ。加水で白い花、ジャスミン、ココア。

味　── ミディアムボディ。スムーズでオイリー、フルーティ。余韻は中程度。加水でオイリーさが際立ち、ヘッセン布が現われる。

総合 ── 瑞々しいフルーツのようなアロマと、オイリーなテクスチャーが見事に融合されている。世界が驚いたアイリッシュのピュアポットスチル。ぜひストレートで飲んでみてほしい。

Redbreast

Tullamore Dew
タラモアデュー

すべての男性諸氏に
タラモアの露を1杯…

「タラモアデュー」とは"タラモアの露"という意味で、かつてアイルランドでもっとも成功したウィスキーのひとつだった。製造元は首都ダブリンから西に80キロほど行った所にある、タラモア町のタラモア蒸留所である。蒸留所の創業は1829年で、設立したのは地元の名士、マイケル・マロイであったが、1857年に甥のバーナード・ダリーに引き継がれ、さらに87年に、その息子のキャプテン・バーナード・ダリーに経営権が移っている。

キャプテン・ダリーは国際的なポロ選手で、ドッグレース用のハウンド犬の育成や、競走馬の馬主としても知られた人物。ダブリン郊外の豪壮な邸宅に暮らし、ウィスキービジネスにはあまり関心がなかった。そこで彼が蒸留所の運営をまかせたのが、当時技師をしていたダニエル・E・ウィリアムスである。

ウィリアムスはキャプテン・ダリーとは正反対の人間で、15歳でタラモア蒸留所に入り、その後60年近くをタラモア一筋に捧げた人物。その彼がダリーを説得して発売したのが、自分の名前のイニシャルを付けた「タラモアデュー」であった（Dewは露であると同時に、D・E・ウィリアムスの略でもある）。

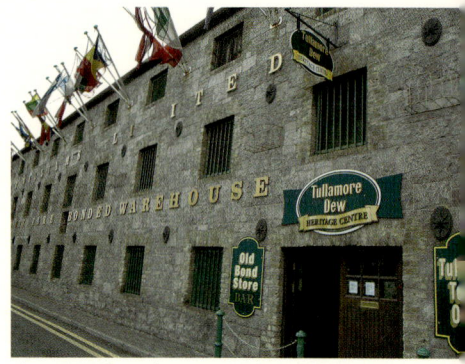

グランド運河沿いに建てられた熟成庫は現在博物館として公開されているが、今後の去就は未定となっている。

同時につくられたキャッチコピーが"Give every man his Dew"で、このコピーはまたたく間にアイルランド中を席捲、タラモア蒸留所の大躍進につながった。キャプテン・ダリーの死後、蒸留所の所有権はウィリアムスのものとなり、その後ウィリアムス家が経営を続けてきたが、他のアイルランドの蒸留所と同様、20世紀に入ると衰退し、1954年に蒸留所は閉鎖。「タラモアデュー」のブランド権は他に売却されてしまった。

現在の「タラモアデュー」は、ピュアポットスチルウィスキーとグレーンウィスキーをブレンドした、アイリッシュブレンデッドで、どちらの原酒も新ミドルトン産である。主な製品は年数表示のない「タラモアデュー」と「12年」の2つだが、一時期、スコッチのボトラーズであるケイデンヘッド社から、1940年代、50年代の希少なボトルが相

次いでリリースされ、話題になった。もちろん、中身はタラモア蒸留所産のピュアポットスチル・ウィスキーであった。

　現在、蒸留所の建物はほとんど取り壊されてしまったが、ダブリンとタラモア町を結ぶグランド運河沿いにあった熟成庫は、博物館兼ビジターセンターとなっていて、訪れる人も多い。

　さらに2012年には、「タラモアデュー」のブランド権を買い取っていたスコッチのウィリアム・グラント＆サンズ社が、蒸留所を復活させることを決定。2014年中に、新タラモア蒸留所のオープンを目指したいとしている。場所はタラモア町から2マイルほど離れた所で、ピュアポットスチルとモルトウィスキーの2つをつくるという。

製造元 ──── タラモアデュー社
系列 ───── ウィリアム・グラント＆サンズ社
輸入元 ──── サントリー

▽ Tullamore Dew 40% 700ml　Ⓐ

香り ── ライトでオイリー。ユーカリ油、乾燥イチジク。針葉樹の葉、ジュニパー。加水をするとソフトになり、クリーミーでスィート。遅れてネーブルオレンジ。

味 ─── ライトボディだが、しっかりとした甘みとオイリーさが印象的。非常にスムーズで、後口はウッディに変化。加水をしてもバランスは崩れない。

総合 ── 酒齢は若いと思われるが、バランスは悪くなく、オイリーでスィートなテイストが楽しめる。ロックや水割り、ソーダ割りでアイリッシュ料理のお供に飲むのがベストだろう。

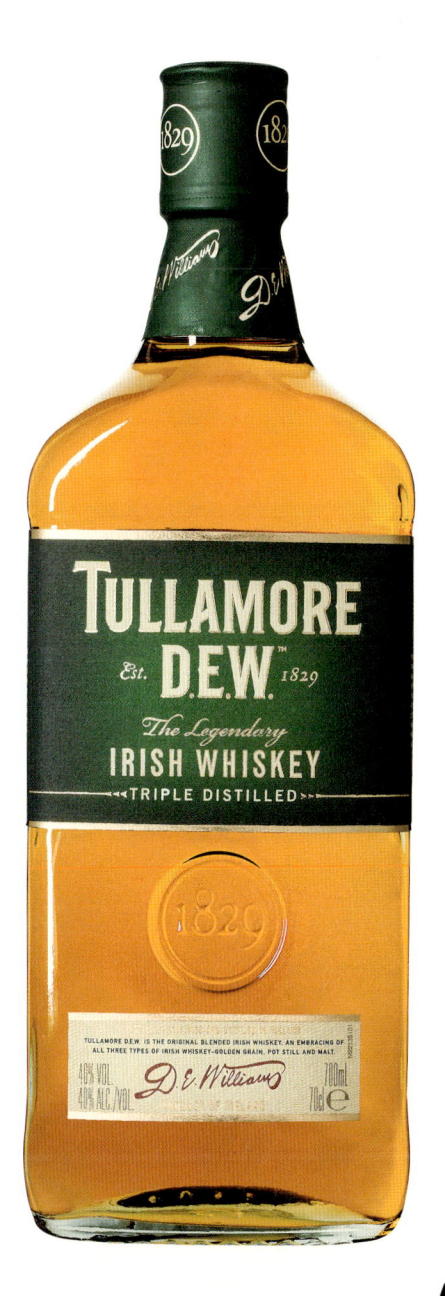

column

あまりに長き空白の果てに… アイリッシュ衰退の原因とは

　アイルランドの独立戦争と二度の大戦、アメリカの禁酒法によってアイリッシュウィスキーが衰退したと、再三本文でも述べてきた。しかし原因はそればかりではない。ひとつはイーニアス・コフィーによる連続式蒸留機の実用化と、もうひとつは第二次大戦前後の政府の対応にも、衰退の原因があった。

　イーニアス・コフィーの連続式蒸留機については、それによりスコッチにグレーンウィスキーが誕生し、やがてそれがブレンデッドを生むことになったことは、スコッチの項でも述べている。皮肉なことにコフィーはアイルランド人だったが、結果としてスコッチを利したことになる。戦後復興がなり、スコッチがアイリッシュに代わって、"世界の蒸留酒"となった1960年代、スコッチ業界の重鎮たちが集まり、こう述べたという。

　「イーニアス・コフィーほどアイロニーに富んだ人物はいない。コーヒーという名前なのにウィスキーのために奔走し、アイルランド人であるにもかかわらず、スコッチのために多大なる貢献をした…」。おそらく、それを聞いたアイリッシュの関係者は、地団駄踏んで悔しがったに違いない。彼らにとっては、もっとも痛いところを突かれたからだ。コーヒーとコフィーという駄洒落はともかくとして。

　もうひとつの政府の対応とは、こういうことだ。ウィンストン・チャーチル率いるイギリスの戦時内閣は戦費をまかなうために、スコッチの輸出を奨励した。国内消費を制限してまで、多くのスコッチを主にアメリカに輸出しようとした。アメリカは禁酒法撤廃直後のこともあり、ウィスキーに飢えていた。本文でも触れている「ポリティシャン号」の事件は、そうしたなかで起こった事件だったのだ（→98P.）。

　それに対して、1922年に誕生したアイルランド自由国政府は、イギリスとは反対の施策をとった。国内消費を確保するために、アイリッシュウィスキーの輸出を制限し、そのために第一のマーケットだったアメリカ市場を失ってしまった。1920年代から50年代にかけて、アイリッシュウィスキーは大英帝国の商圏から締めだしを食らったばかりでなく、頼みの綱だったアメリカ市場も、結果として失ってしまったのだ。

　アイリッシュが輸出できなかった（しなかった）空白の30〜40年間は、あまりにも大きい。人々がアイリッシュウィスキーの存在を忘れてしまうのに、それは十分すぎる時間だったからだ。

アイルランドにキリスト教を伝えた聖パトリックの像。右手に持っているのが三つ葉のクローバー、シャムロックで、アイルランドの象徴となっている。

Japanese
Blended Whisky

Kakubin
サントリーウイスキー角瓶

"角ハイ"ブームで復権を遂げた日本で一番売れているウィスキー

　年間約300万ケースの売り上げを誇る日本一のウィスキーで、世界のウィスキー市場で見ても、トップ30にジャパニーズで唯一ランクインするのが、この「角瓶」だ。

　角瓶が発売されたのは1937年（昭和12）。サントリーの前身である寿屋が、国産第1号ウィスキーとして発売した「白札」は市場の支持を得られず、次いで価格を下げて普及用として発売した「赤札」も不調。寿屋は、喫煙者用の半練り歯磨き「スモカ」や、カレー粉などの調味料でなんとかウィスキー事業の費用を捻出してきたが、1931年には資金が底をつき、山崎蒸溜所の仕込みを中止せざるを得なかった。

　しかし、創業者の鳥井信治郎は1932年に「スモカ」の製造販売権を売却して蒸留を再開。2年後には横浜にあったビール工場まで売却して原酒づくりを継続する。そうした苦境のなかで、まさに捲土重来を期して発売されたのが、この角瓶だったのだ。

　角瓶の開発にあたっては、日本人の繊細な味覚に合うウィスキーを目指し、鳥井自身が数えきれないほどのブレンドを試作。技術者をスコットランドに派遣するなどして研究を重ね、ついに満足のいく品質へとたどり着いた。もちろん、山崎蒸溜所が稼働を始めた1924年（大正13）から10年以上が過ぎ、円熟した原酒の貯蔵量が増えてきたことも幸いした。

　今では「角瓶」の名でお馴染みだが、発売当時の正式名称は「サントリーウイスキー12年もの」。庶民には高嶺の花ともいえる高級ウィスキーであったが、「サントリーは旨い」と大衆からの支持を得ることに成功。また、日本の伝統的な意匠である亀甲紋からインスピレーションを受けた、亀甲のカットが入った角型のボトルも評判を呼び、いつしか「角瓶」の愛称が定着。1950年代には正式に「サントリー角瓶」の名称が採用された。

1929年に発売された国産第1号の「白札」。レア・オールド・アイランド・ウィスキー、ピュアモルト・アンド・ボットスチルと表記されている。意図するところは不明だが、日本をアイランド（島）としたのかもしれない。右は創業者の鳥井信治郎。

角瓶が発売された1937年は、日華事変が起こった年だが、国内はまだ平穏な空気に包まれていた。東京や大阪などの都市部には、カフェやバーなどの洋風酒場が急増。戦後もトリスバーなどの大衆バーブームに乗って、角瓶はその売り上げを確実に伸ばしていった。

　しかし、その後はウィスキー市場の変化もあり、角瓶の出荷量は1980年頃から減少し、長い冬の時代を迎える。ところがハイボールブームによって2009年（平成21）には再び上昇へと転じ、ここ数年は300万ケースを売り上げる、日本のトップブランドとしての地位を不動のものとしている。

　現在のラインナップは、発売時から変わらぬ黄色いラベルの「角瓶」と、より和食に合うように改良された淡麗辛口な「白角」、発売当時と同じアルコール度数にこだわった「角瓶〈黒43°〉」など。発売から80年近くが経つが、ボトルの亀甲カットと、肩ラベルに入った鳥井の直筆サインは、まったく変わっていないのだ。

サントリーウイスキー角瓶 40% 700ml　A

香り —— 穏やかで、じっくりと広がる印象。一本芯が通っている。上品なオイル、麦芽様、フローラル、フェンネル、春菊…。加水で爽やかなフルーツ。

味 —— マイルドでソフト。ミディアムからライトボディ。スィートだが、ややオーキー。削りたての木材。余韻は中程度で、スパイシーでドライな後口。加水をしてもバランスは崩れない。

総合 —— 穏やかだが、じんわりと効いてくる印象で、バランスも悪くない。加水をしても崩れないので、水割り、ハイボールとの相性はバツグンだろう。

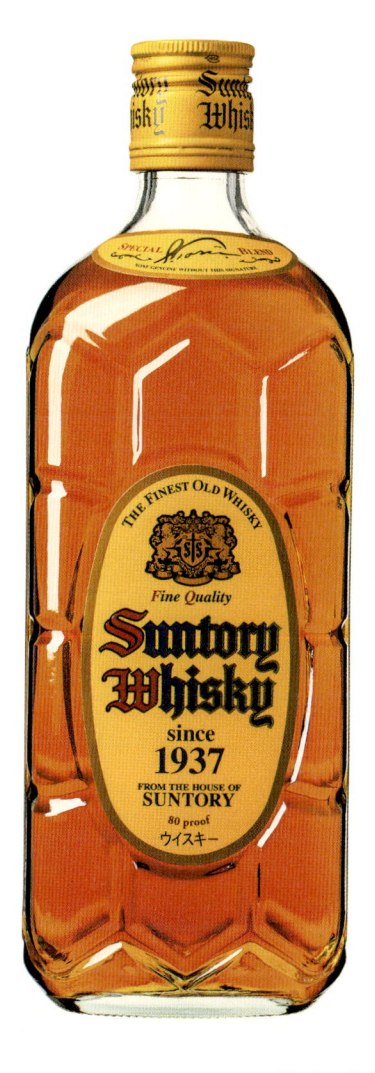

Kakubin

Old サントリー オールド

苦難の歴史を乗り越えて
世界No.1のセールスを記録

　日本には幾度かのウィスキーブームがあったが、なかでも戦後の高度経済成長期から1980年代初頭にかけては、まさにウィスキーが"国民酒"としての地位を確立した時代であった。そんな時代に絶対的な王者として君臨したのが、"ダルマ"や"タヌキ"の愛称で親しまれた「サントリーオールド」である。

　日本では1970年代に冷蔵庫が全国に普及。一般家庭でも手軽に氷がつくれるようになったことで、ウィスキーがオン・ザ・ロックで飲まれるとともに、水割り文化も普及した。また、バーやクラブではボトルキープという日本独特の習慣も誕生。このころ、サントリーでは東京支社があった日本橋と、和食の象徴である"箸"をかけた、「二本箸作戦」なるキャンペーンを展開。和食とウィスキーを合わせるという新たな飲み方を、全国に定着させていった。

　そうした宣伝活動も功を奏し、1980年には、「オールド」の年間出荷量が1,240万ケース（ボトル換算で約1億4,880万本）を突破。「ジョニーウォーカー」の当時の年間出荷量は約1,400万ケース。ただしこちらは「ジョニ黒」や「ジョニ赤」といった全ラインナップを含む数字である。対して「オールド」の場合は単独銘柄。しかも「ジョニーウォーカー」が全世界で飲まれたのに対して、「オールド」はほぼ日本市場のみ。そう考えると、いかに日本人が「オールド」を飲んでいたかわかるというものだ。

　そんな空前のウィスキーブームに乗じ、まさにこの世の春を謳歌した「オールド」。しかし、じつはその誕生には大きな苦難と挫折があった。時は1940年、「角瓶」の成功によってウィスキー事業を軌道に乗せた鳥井信治郎は、「会心の作」と自負する新製品の開発に成功する。その数か月前には、長男であり副社長の鳥井吉太郎が31歳という若さで急逝。鳥井が大きな悲しみを乗り越えて完成させたこのウィスキーこそ、後に「オールド」として世に出ることとなる「オールドサントリー黒丸」であった。

山崎蒸溜所に展示されている国産第1号のポットスチル。渡辺鉄工所につくらせたもの。

しかし、黒丸は「新・サントリーウイスキー誕生！」と市場にアナウンスされたものの、世に出ることは叶わなかった。時代は太平洋戦争開戦の前夜。いかに鳥井でも、そうした時代に抗うことはできなかったのだ。戦後になり、ようやく「オールド」が発売されたのは、日本が戦災からの復興を遂げようとしていた1950年のこと。高度経済成長期を目前にして華々しく登場した「オールド」は、「出世してから飲む酒」として、一躍ビジネスマンにとって憧れの存在となった。

　「オールド」の人気を支えたのは、サントリーの広告戦略の妙にもあった。当時寿屋宣伝部に在籍し、後に芥川賞作家となる開高健の「人間みな兄弟」という名コピーをもとに、小林亜星が作曲したテーマ曲「夜がくる」など、時代を的確に捉えた広告によって、「オールド」は多くのウィスキーファンの心を捉えることに成功したのである。

JAPANESE

サントリーオールド 43% 700ml　A

香り ── ソフトでマイルド、スィート。華やかで芳醇。シナモンシュガー、ショートケーキ、クリーム。加水でフレッシュフルーツ、桃のコンポート。

味 ── まろやかでスィート。ミディアムボディ。甘・辛・酸のバランスがとれていて、後口はややオーキー。余韻は中程度だが、心地の良いスパイシーさが持続する。加水で、ややオイリーに。

総合 ── "ダルマ"や"タヌキ"というより、今は女性に好まれそうな、華やかでスイートなアロマ・フレーバーが印象的。水割りやソーダ割りだけではなく、ストレートやトワイスアップで、おシャレに楽しむもよし。

Old

Royal
サントリーウイスキー ローヤル

時代を超えて飲み継がれる高級ウィスキーの代名詞

　サントリーの創業者、鳥井信治郎の経歴は「響」の項で詳しく述べているが（→220P.）、彼の国産ウィスキーへの情熱がなければ、歴史の浅いジャパニーズウィスキーがこれほどまでに早い段階で、世界の5大ウィスキーのひとつに数えられることはなかったかもしれない。

　もともと大阪商人の子であった鳥井は、市場分析や宣伝戦略に長けた優れた経営者であり、「日本人の繊細な味覚や嗜好に合うウィスキー」を創造する才能を持った、優れたブレンダーでもあった。

　サントリーの前身である寿屋の初代マスターブレンダーとして、自ら陣頭指揮を執って数々の名ブランドを手掛けた"ジャパニーズウィスキーの始祖"。鳥井商店から数え、寿屋の創業60周年の翌年となる1960年に発売された「サントリーウイスキーローヤル」は、そんな偉大なるブレンダーの遺作となったウィスキーである。

　独特のボトルの形状は、酒という漢字のつくりの部分にあたる「酉」の字を模したもので、十二支のなかで十番目に数えられる「酉」には、本来"酒の壺"や"酒器"といった意味がある。

　両端に向かって曲線を描く栓は、山崎蒸溜所の奥にある椎尾神社の鳥居から着想を得たデザイン。鳥井は、自身がこよなく愛した風景である、椎尾神社の鳥居にかかる桜吹雪をイメージし、この「ローヤル」のブレンドを設計したといわれている。

　もっとも、このころにはすでに80歳を超えていた鳥井に、長時間ブレンドに携わる体力は残されていなかった。そのため、ブ

天王山の山懐に抱かれた山崎蒸溜所。思いのほか自然が濃く、この地が第1号蒸溜所として選ばれた理由がよくわかる。右は鳥井信治郎と佐治敬三親子の像。

レンド作業は次男であり後継者でもあった佐治敬三や、初代チーフブレンダー、佐藤乾が担当。山崎で熟成を重ねた良質なモルト原酒を厳選し、サンプルの試作を重ねては鳥井に指示を仰ぎ、まさに日本人の繊細な味覚に相応しい"黄金比"とも呼べるブレンドを完成させた。

そして1960年、「ローヤル」は「オールド」よりも上位に位置する、超プレミアムクラスのウィスキーとして発売され、日本の高級ウィスキーの代名詞としての地位を得ることになる。その成功を見届けるかのように、鳥井は翌年に社長とマスターブレンダーの座を佐治に譲り、1962年、死去した。享年83であった。

ジャパニーズウィスキーの一時代を築いた男の、文字通りの遺作となった「ローヤル」は、時代に合わせた幾度かのリニューアルを重ね、現代もウィスキーファンに飲み継がれている。

JAPANESE

サントリーウイスキーローヤル
43% 700ml　B

- 香り —— 熟した、たっぷりのフルーツ。メロン、巨峰、白桃。非常に深みがある。バニラ、溶剤…。加水でよりスィートに。クリームタルト、削りたてのオーク。

- 味 —— ミディアムからフルボディ。しっかりとしている。タンニン、なめし革。余韻は長く、ナッティなフレーバーが後口に残る。加水でややオイリーに。

- 総合 —— 創業者・鳥井信治郎のDNAを受け継ぐ、いわばジャパニーズウィスキーの原点。深みがあり、複雑なアロマ・フレーバーが幾層にもなって、迫ってくる。ぜひストレートで。

Royal　217

Special Reserve
スペシャルリザーブ

国産品から国際品へ
世界を意識したブレンデッド

　鳥井信治郎に代わって寿屋の経営を継いだのは、次男の佐治敬三であった。親子で姓が異なるのは、佐治が鳥井の妻であるクニの親戚筋にあたる佐治家の養子に入り、その家名を継いでいたからである。

　社長となった佐治は、新たな飛躍を期して、1963年に社名を寿屋からウィスキーのブランド名であったサントリーへと変更。国内で急増するウィスキー需要に対応すべく、山崎蒸溜所のポットスチルを増設するなど、原酒の生産能力向上を積極的に図っていった。

　さらに、翌年には「白札」を「ホワイト」と改称してリニューアル、「赤札」を「レッド」の名で復活させるなど、着々と商品ラインナップを揃えていった。

　高度経済成長期の1971年には、日本における輸入洋酒の制限撤廃が決定。スコッチなどの舶来ウィスキーの輸入が自由化され、日本のウィスキー市場に国際化の波が押し寄せようとしていた。

　そうしたジャパニーズウィスキーの新たな時代の到来を見越し、サントリーウィスキーの品質を世界にアピールすべく発売されたのが、「サントリーリザーブ」である。

　「サントリーリザーブ」が発売されたのは、サントリー創業70周年にあたる1969年。翌年には大阪万国博覧会へのパビリオン出展を控え、「海外から来日するお客さんから見ても、見劣りしないウィスキーを」という佐治敬三の命のもと、華やかに香る新たなウィスキーが開発されたのだ。

山崎のキルン塔を模した白州蒸溜所のウィスキー博物館と、白州のポットスチル。スチルのサイズも形状もバラバラで、多彩な原酒のつくり分けができるようになっている。

発売時の広告コピーは、「国産品と呼ばずに国際品と呼んでください」。時代を反映したストレートなこのコピーの反響も大きく、「サントリーリザーブ」は国内のウィスキーファンはもとより、万博で来日した外国人たちにも評判を呼んだ。

　発売時のボトルには熟成年数が表示されていなかったが、1996年のリニューアルでは10年物に、さらに2006年には12年物となっている。一時期、SMAPの木村拓哉を使ったテレビCMもつくられ、話題となった。2008年に再びリニューアルされ、この時に「サントリーリザーブ」から「スペシャルリザーブ」にブランド名が変更になっている。

　キーモルトには、白州蒸溜所のホワイトオーク樽原酒を使用。ほのかにバニラを感じさせる、甘く華やかな香りが特徴的な、洗練されたジャパニーズウィスキーである。

サントリーウイスキースペシャルリザーブ
40% 700ml　A

香り ── スィート、バニラ、クリーム、クレームブリュレ。瑞々しいフルーツ。削りたての白木。溶剤、ミント。まるで森林浴…。加水でよりフレッシュになり、グレープフルーツ、オレンジ。

味 ── ミディアムからライトボディ。バランスが良くスムーズで飲み飽きない。奥にかすかな燻香。余韻は中程度。加水でややボディが失われる。

総合 ── 白州モルトの良さが凝縮されたような1本。国際舞台でもっと陽の目を見てもいいウィスキーか。ジャパニーズおそるべしである。ストレートかロックで。

Special Reserve

Hibiki
サントリーウイスキー響

欧米にも熱狂的なファンがいる日本が世界に誇るジャパニーズウィスキー

「響」は創業90周年を記念して、1989年に発売されたウィスキーで、ホワイトやトリス、角瓶やオールドといった同社の幅広いラインナップのなかでも、最高峰として位置づけられるのが、この「響」である。

サントリーの創業者である鳥井信治郎は、1879年（明治12）に大阪商人の次男として生まれた。鳥井は14歳から薬種問屋の小西儀助商店で丁稚奉公をし、そこでワインやブランデー、ウィスキーなどの輸入洋酒の扱いを覚える。そして1899年に独立して鳥井商店を創業。1906年には

サントリーウイスキー響 17yo 43% 700ml　D

香り ── 穏やかだがフルーティで、華やか。オレンジ、巨峰、メロン。和三盆、バニラ、キャラメル。加水をすると、より瑞々しいフルーツとメレンゲ。

味 ── ミディアムボディだが、スムーズでフルーティ。あらゆる要素がバランスよく配置され、まさにシンフォニーのよう。余韻も長く、複雑な香味が続く。加水でややバランスを失う。

総合 ── ウィスキーで奏でる交響曲。軽やかで、それでいて心地よい複雑な香味が長く続く。クラシックを聴きながら、ストレートでゆっくりと楽しみたい。

山崎蒸溜所の熟成庫。山崎の原酒はここと滋賀県東近江にある近江エージングセラーで主に熟成させられる。右は山崎に展示されている1924年の第1号の樽。スペインから輸入した赤ワイン樽に詰められた。

寿屋洋酒店と社名を変更し、輸入ワインに甘味料をブレンドした「赤玉ポートワイン」をヒットさせるなど、大きな成功を収めた。

このころ、寿屋洋酒店では「ヘルメスウイスキー」という合成ウィスキーもつくっていたが、当時、誰よりも国産本格ウィスキーの必要性を痛感していたのが鳥井であった。1923年、鳥井はスコットランドで本場のウィスキーづくりを学んだ竹鶴政孝を蒸留技師として迎え入れ、東洋初の本格ウィスキー蒸留所、山崎蒸溜所の建設をスタートさせる。

日本全国の候補地から京都郊外の山崎の地が選ばれたのは、桂川、宇治川、木津川が合流することで霧が発生しやすい湿潤な気候と、千利休も愛したといわれる名水の存在があったから。仕込みから製品化まで、長い年月の貯蔵を経なければならないウィスキーづくりは、資金繰りなどの点でもリスクが高く、周囲から大反対を受けての壮大なチャレンジであった。

山崎蒸溜所は翌年の1924年に完成し、その年の11月から仕込みを開始。1929年には、国産第1号となる「白札」を発売するが、鳥井の予想に反して、このウィスキーはさっぱり売れなかった。舶来品のスコッチと同等の4円50銭という高値もさることながら、皮肉にも大多数の日本人には、本場のスコッチにならったピーティでスモーキーなフレーバーが、受け入れられなかったのだ。

以来、鳥井は「日本人の味覚に合わせたウィスキーづくり」をテーマに、原酒の改良とブレンドに没頭することとなる。「本場のスコッチに負けない国産ウィスキーをつくりたい」という、壮大な夢に端を発したサントリーの歴史。その礎を築いたのは鳥井の創造性と、「大阪の鼻」と呼ばれるほどに卓越した嗅覚、そして若かりしころから磨き上げてきたブレンドの技術であった。

"森の中の蒸溜所"といわれる白州蒸溜所。場内にはバードサンクチュアリを設置している。右はラック式の白州の巨大な熟成庫。バレルやホグスヘッド樽などをメインに貯蔵している。

　戦前から戦後にかけて、サントリーは角瓶やオールドといった数々の名ブランドを生み、1984年にはシングルモルト「山崎12年」を発売。当時、鳥井の跡を継いで二代目マスターブレンダーを務めていた佐治敬三は、長期熟成のプレミアムウィスキーの時代が到来することを予期すると同時に、サントリーの原酒づくりへの自信を深めていた。佐治はチーフブレンダーを務める稲富孝一に、「創業90周年にサントリーの粋を結集した傑作を出したい」と告げる。

　そして1989年、「サントリーウイスキー響」が誕生した。今では世界のウィスキーファンにお馴染みとなった24面カットのボトルは、日本の季節の移ろいを表わす24節気と、一日の24時間をイメージしたもの。「響」というブランド名には、「人と自然と響きあう」という、サントリーの企業理念が込められていた。当時、佐治から「響」開発の命を受けたチーフブレンダーの稲富は、自らがヴィオラに親しんでいたことから、ブラームスの交響曲第一番第四楽章をイメージして、ブレンドを手掛けたという。

　現在の「響」のラインナップは、1989年に発売された「17年」をはじめ、1994年の「21年」、1997年の「30年」、そして2009年に新発売された「12年」の4種がある。「17年」は酒齢17年以上の山崎、白州のモルト原酒と、知多蒸溜所などの長期熟成グレーン原酒をブレンド。「21年」は山崎のホワイトオーク樽原酒をメインにしており、山崎の長熟モルトのキャラクターが色濃く反映されている。長熟グレーンとのバランスも秀逸。「30年」は年間数千本しかつくれない希少な限定品で、こちらも山崎のホワイトオーク樽をメインにブレンドされている。

　最後発の「12年」は、「ジョニーウォーカー12年」や「シーバスリーガル12年」といった、スコッチの名だたるブレンデッドと同じ土俵（12年クラス）で勝負すべく、ヨーロッパ先行発売という形でリリースされたもの。稲富の跡を継いだ、チーフブレンダーの輿水精一がブレンドを手掛けてい

山崎の蒸留室。6対12基のポットスチルが左右にずらりと並ぶ。形もサイズも、ひとつとして同じものはない。

る。12年以上熟成のモルト原酒と円熟したグレーンに、梅酒樽後熟モルト（梅酒を貯蔵した樽で後熟させた原酒）などが織りなす見事なハーモニー。欧米のウィスキーファンに驚きを持って迎え入れられたこの「響12年」は、サントリーの創業者、鳥井が目指したジャパニーズウィスキーの、ひとつの到達点といえるかもしれない。

🍷 サントリーウイスキー響 30yo 43% 700ml　F

- 香り ── 熟した果実。これ以上ない熟成香で、うっとりする。非常に複雑で重厚。焼きリンゴ、カルヴァドス。かすかなランシオ香と、青カビチーズ。加水でよりスィートに。
- 味 ── ミディアムボディだがフルーティで、複雑。オールスパイス、白コショウ、トリュフ、プルーン、ドライレーズン。余韻は長く、ウッディなスパイシーさがいつまでも続く。
- 総合 ── 長熟モルトを惜しげもなくブレンドしたジャパニーズの最高峰。複雑な香味の中に、神社の白木の祭壇のようなニュアンスが一瞬現われる。まさに"和イスキー"の頂点。

ブレンダーに訊く サントリー編

福與 伸二（ふくよ・しんじ）
サントリー酒類株式会社　スピリッツ事業部
ブレンダー室長　チーフブレンダー
1961年生まれ。愛知県出身。1984年サントリー入社。白州ディスティラリー（現・白州蒸溜所）配属。ブレンダー室、国際事業部（モリソン・ボウモア出向）、原酒生産部課長などを経て、2006年ブレンダー室長。09年9月よりチーフブレンダー。

Q1 ブレンダーになった経緯を教えてください。

サントリーでは、ウイスキーづくりの工程での仕事を経験したうえでブレンダーになることが多いです。私も白州蒸溜所などでウイスキーづくりの現場に携わり、ブレンダー室に異動しました。

Q2 日々のお仕事は、どんなことをされていますか。ルーティン業務は何でしょうか？

原酒のテイスティング、配合の見直し、製品評価、原酒開発や在庫管理などを主な業務として行なっています。

Q3 ブレンダーのお仕事で大変なこと、嬉しいことは何ですか？

大変なこと：日々の業務に加えて、中長期的な視点で品質を維持し続けることは大変です。
嬉しいこと：製品の品質をお褒め頂けたときや、思わぬ原酒と巡り合ったときは嬉しく思います。

Q4 ブレンダーの仕事をするうえで、気を付けていることやこだわっているものはありますか？

体調管理にもっとも気を遣っています。

Q5 普段お飲みになるウィスキーの銘柄は。また、どんな飲み方をしていますか？

夏はトリスのハイボール（レモンピール）が多いです。それ以外にもいろいろな銘柄や飲み方を愉しんでいます。

Q6 無人島に持っていくウィスキーを1本挙げるとしたら、何になりますか？

「山崎12年」、もしくは「響17年」だと思います。

Q7 自社以外の原酒を使うとしたら、どんな原酒を使ってみたいですか?

いままで出会ったことのないモルト原酒から、インスピレーションを感じてみたいですね。

Q8 ブレンデッドウィスキーを何か別のものや言葉で例えるとしたら?

「チームワーク」でしょうか、いろいろな意味で。

Q9 思い出のウィスキーはありますか?

ありますが内緒です。

Q10 今後のウィスキー市場への思い、展望をお聞かせください。

グローバルな視点では、幸いなことに世界的な評価も高まってきていますし、日本の車やカメラのように、品質・評価・販売数量ともグローバルなポジションを目指したいと考えています。

その他

○休日の過ごされ方や、ご趣味を教えてください。
→凝ってはいませんが、料理をしています。

○ウィスキー以外のお酒は何をお飲みになりますか?
→色々な種類のお酒を飲みますが、多いのは、ビール、ワインや清酒です。

○お好きな食べ物は何ですか?
→麺類全般です。

○お好きな音楽は何ですか?
→JAZZぐらいでしょうか。(Keith Jarrett のThe Köln Concertとか)

○今までで一番感銘を受けた本は何ですか?
→…………

Black Nikka
ブラックニッカ

カフェグレーンで飛躍した
"ヒゲのウイスキー"

　日本では、1989年（平成元）に酒税法が大幅に改正されるまで、アルコール度数と、モルト原酒、グレーン原酒の混和比率によって、ウィスキーを特級、一級、二級に区分し、それぞれに異なる税率を課すという"級別課税制度"が採用されてきた。
　1956年（昭和31）にニッカウヰスキーが発売した「ブラックニッカ」は、当時でいうところの特級ウィスキー。現在も"ヒゲのウイスキー"として多くのファンに愛され、日本では角瓶に次ぐ売り上げを誇るロングセラーとなっている。
　ラベルに描かれるヒゲの人物は、英国で「キング・オブ・ブレンダー」と呼ばれたW・P・ローリーがそのモデル。ウィスキーに関する文献に、"世界一の鼻利き"としてたびたび登場するローリーは、ニッカウヰスキーの創業者、竹鶴政孝にとって「ウィスキーづくりの理想像」とも呼べる人物であった。
　とはいえ、ラベルにローリーが描かれるようになったのは、「ブラックニッカ」が一級ウィスキーとしてリニューアルを遂げた1965年以降のこと。
　それはともかく、ニッカではより良質なグレーンウィスキーの生産を目指し、1963年にカフェ式連続式蒸溜機を導入。稼働から約3年の歳月を経て、ようやく品質が安定

1960年代に西宮に設置され、その後1999年に宮城峡に移設されたカフェ式連続式蒸溜機。2セットが稼働する。

してきたグレーンウィスキーと、余市で熟成されたモルト原酒とをブレンドすることで、従来の特級ウィスキーを凌駕する味わいの、新たな「ブラックニッカ」を誕生させた。
　現在も宮城峡蒸溜所で稼働するカフェ式連続式蒸溜機は、社長である竹鶴政孝が自らスコットランドに足を運び、グラスゴーの機械メーカーであるブレアーズ社から購入したもの。導入には莫大な費用を要したが、当時、朝日麦酒（現アサヒビール）の社長を務め、竹鶴の良き理解者でもあっ

た山本為三郎の援助によって実現したという。

　新生「ブラックニッカ」の発売時の広告コピーは、「特級をも凌ぐウイスキー」。まさにその言葉通りの味わいと、手ごろな1,000円という価格設定も功を奏し、この新たなウィスキーは爆発的なヒットを記録したのである。

　現在の「ブラックニッカ」シリーズの主力アイテムは、飲みやすくクセのない「ブラックニッカクリア」と、シェリー樽原酒をキーモルトとした「ブラックニッカリッチブレンド」など。ほかに、8年熟成の「ブラックニッカ8年」もあり、1965年発売の"元祖"も、「ブラックニッカスペシャル」の名で販売されている。

JAPANESE

ブラックニッカ 8yo 40% 700ml　A

香り ── 華やかでフルーティだが、やや溶剤臭が強い。ミント、メントール。奥からメロン、バニラ、蜂蜜。加水でよりスィートになる。

味 ── ミディアムボディで、しっかりとしている。フルーティで余韻は中程度。バランスがとれていて、後口はしっかりとしたオーク、スパイス。加水でややスピリッティ。

総合 ── このクラスのウィスキーとしてはしっかりとしたアロマ・フレーバーがあり、バランスも申し分ない。いつ飲んでも楽しめるウィスキー。水割りでもOKだが、できればロックで。

Black Nikka

Super Nikka
スーパーニッカ

リタ夫人への愛が詰まった"幻"のウィスキー

　日本人として初めてスコットランドで本場のウィスキーづくりを学び、寿屋時代には本邦初のウィスキー蒸留所建設を指揮、そしてニッカウヰスキーを創業。竹鶴政孝が歩んだ歴史は、まさに"ジャパニーズウィスキーの歴史"そのものといえるかもしれない。

　そんな竹鶴のウィスキーに捧げられた人生の影には、生涯の伴侶となった、スコットランド人のリタ夫人の存在があった。2人は竹鶴の留学中に恋に落ち、1920年スコットランドで結婚。「一生をスコットランドで暮らす覚悟がある」とプロポーズした竹鶴に対し、リタは「あなたには日本で本物のウィスキーをつくるという大きな夢がある。私もその夢とともに生き、お手伝いしたい」と応じたという。

　リタは留学を終えた竹鶴とともに1920年暮れに来日。戦中は英国のスパイとの疑いをかけられるなど、祖国と遠く離れた日本での生活には、もちろんたいへんな苦労があった。しかし、リタは日本の言葉や文化を懸命に学び、生涯にわたって夫を支え続けた。

　竹鶴にとって最愛の妻であり、最大の理解者であったリタが急逝したのは1961年のこと。葬儀では気丈に振る舞った竹鶴であったが、その悲しみは深く、その後は丸2日間にわたって、一歩も自室を出なかったという。1962年に発売された「スーパーニッカ」は、いわば竹鶴からリタ夫人に捧げられた"鎮魂歌"ともいえるウィスキーだった。「誰もが認める本物のウィスキーをつくる」。リタと交わした約束を果たすべく、竹鶴はリタの死後、当時のチーフブレンダーであった息子の竹鶴威とともにブレンダー室に籠った。竹鶴の甥で、子のなか

竹鶴政孝・リタ夫妻の余市の住居。現在は余市蒸溜所の敷地内に移設され、一般に公開されている。余市駅から蒸溜所へと続く道は、現在リタロードと名付けられ、2人の記念プレートが案内板のように設置されている。

った竹鶴家に養子として迎え入れられた威も、このころにはすでに一流のブレンダーに育っていた。

　こうして完成した「スーパーニッカ」は、まさに竹鶴が追い求めた理想のウィスキーであった。最高峰の余市原酒をふんだんに使ったこのウィスキーは、シングルモルトに近いものであったと考えられている。大卒初任給が1万7,000円ほどの時代に、価格は3,000円。ボトルも手作業でしかつくれない"手吹き"にこだわり、生産量は年間でわずか1,000本のみ。そのため市場では"幻のウィスキー"と呼ばれ、ウィスキーファン垂涎の1本となった。

　その後は、原酒の生産量や選択肢が増加したことで、「スーパーニッカ」の生産量も増加。発売から47年目を迎えた2009年にはリニューアルも果たし、ジャパニーズを代表するブレンデッドとして、現在も多くのファンに親しまれている。

スーパーニッカ 43% 700ml　A

香り ── 穏やかだがリッチで、しっかりしている。バランスのとれた熟成香。かすかにスモーキーで、やがてメロンやバニラ、メープルシロップ。加水でよりスィートに。

味 ── ミディアムからライトボディ。意外とドライでスパイシー。かすかなピート香。余韻は中程度。加水をしたほうがバランスが整い、よりスムーズに。

総合 ── 往年の名ウィスキーだが、今もその実力は健在だ。しっかりとした熟成香があり、ドライでスパイシーな余韻が続く。加水をしたほうがバランスが整いスムーズになるので、トワイスアップがお薦めか…。

JAPANESE

Super Nikka 229

Tsuru 鶴

ジャパニーズの、もうひとりの父 竹鶴政孝の遺作となった 不朽のブレンデッド

「50年前、頭の良い日本の青年がやってきて、1本の万年筆とノートで英国のドル箱であるウィスキーづくりの秘密を盗んでいった」。

この言葉の主は、後に英国首相となるアレック・ダグラス・ヒューム卿。1962年に来日した折に、時の首相である池田勇人に語った言葉だという。

"頭の良い日本の青年"とは、もちろんニッカウヰスキーの創業者、竹鶴政孝のこと。スコットランド人であるヒューム卿は一流のユーモアを込め、ジャパニーズウィスキーの発展を牽引した竹鶴の功績を、そういった言葉で讃えたのである。ちなみに池田勇人は、広島の中学校の竹鶴の後輩であり、そのこともヒューム卿は知っていたのかもしれない。

今や、日本だけでなく世界のウィスキーファンがその名を知る竹鶴政孝が85歳でその生涯を閉じたのは、ニッカウヰスキー創業から約半世紀近くが過ぎた1979年のことであった。その3年前の1976年に発売された「鶴」は、竹鶴が手掛けた最後のウィスキーとなった。

「鶴」の開発にあたっては、余市と宮城峡で眠る樽のなかから、秘蔵のモルト原酒のみを厳選。長熟のグレーン原酒を加え、モルトの風味がしっかりとした、高級感のある味わいを目指してブレンドされたという。

しなやかで優美なシェイプが特徴的な陶器製の白いボトルは、凛と立つ"鶴"の姿をイメージしたもの。側面には末広がりの意味を込め、八羽の"竹林に遊ぶ鶴"をデザイン。"竹林に遊ぶ鶴"は竹鶴家の屏風絵をモチーフとしたもので、その後に発売

竹鶴夫妻の住居の床の間に展示されている政孝専用のボトル。竹鶴は85歳でなくなるまで、毎晩このボトル半分のウィスキーを飲むのが日課だったという。右は、竹と鶴が描かれた掛け軸の前で、竹鶴家の説明をする2代目の竹鶴威氏。

されたスリムボトルのキャップ天面にも、この屏風絵が再現されている。

　発売当初の「鶴」には年数表記がなかったが、現在は「17年」に統一。その香りは、まさにリッチで重厚。複雑な香味を持った、まさに古典的ともいえるブレンデッドで、決して飲み飽きることがない。竹鶴の遺作であり集大成となったこのウィスキーは、現在もニッカの最高峰ブレンデッドとして、多くのウィスキーファンから支持を集めているのだ。

　2012年と13年には、世界的な酒類コンテストである"インターナショナル・スピリッツ・チャレンジ（ISC）"において、2年連続となる金賞を獲得。"偉大なる"竹鶴政孝の精神が息づく、不朽の名作である。

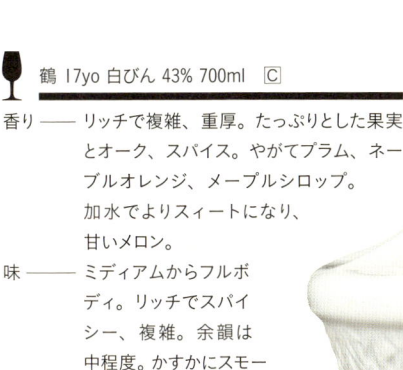

鶴 17yo 白びん 43% 700ml ｜C｜

香り —— リッチで複雑、重厚。たっぷりとした果実とオーク、スパイス。やがてプラム、ネーブルオレンジ、メープルシロップ。加水でよりスィートになり、甘いメロン。

味 —— ミディアムからフルボディ。リッチでスパイシー、複雑。余韻は中程度。かすかにスモーキー。加水でややボディ感が失われる。

総合 —— ニッカ・ブレンデッドの最高峰で、古典的な香味が印象的。フルーティなアロマとリッチでスパイシーなフレーバーが楽しめる。加水でボディが失われるので、ストレートかロックで。

From The Barrel
フロム・ザ・バレル

"樽出し"にこだわった
骨太で実力派のウィスキー

　ウィスキーの世界では、樽から払い出した原酒を加水せず、そのままのアルコール度数で樽詰めしたウィスキーを「カスクストレングス」と呼ぶ。

　こうした言葉は、今でこそ日本のウィスキーファンにも馴染みのあるものとなっているが、1980年代の日本では、まだそれほど浸透してはいなかった。

　1985年に発売されたニッカウヰスキーの「フロム・ザ・バレル」は、そんな"樽出し"にこだわったウィスキーである。

　余市と宮城峡で熟成を重ねたモルト原酒とグレーン原酒をブレンドした後、もう一度樽に詰め、数か月間の熟成を行なう。こうして再貯蔵を行なうことを、スコットランドでは"マリッジ"という言葉で表現するが、これは異なる個性を持つ原酒同士を、まさに結婚した夫婦のように、深く馴染ませるための工程である。

　ジャパニーズに限らず多くのブレンデッドウィスキーでは、マリッジは巨大なステンレスタンクなどで行なわれ、その後、度数を調整するために加水され、ボトリングされる。

　「フロム・ザ・バレル」では、このマリッジを樽で行ない、ボトリングの際の加水を最低限に抑えることで、樽から払い出されたままのウィスキーを再現しているのだ。ブレンデッドでカスクストレングスにこだわるというのは、世界的にも珍しい。

　このウィスキーは世界的な評価も高く、"ワールド・ウィスキー・アワード（WWA）"

余市蒸溜所には石造りの低層熟成庫がずらりと並ぶ。もともと余市川の湿地を埋め立てたもので、湿潤な冷気に包まれている。

のサブカテゴリー（ノンエイジ部門）において、2007年から5年連続で「ベスト」を受賞。2009年には、17年や21年などの長熟ブレンデッドを抑え、全エイジング部門のトップとなる、「ベスト・ジャパニーズ・ブレンデッドウィスキー」にも選出されている。

　スタイリッシュで個性的なボトルのデザインは、明治乳業の「おいしい牛乳」やロッテの「ミントガム」をはじめ、数々のヒット商品を手掛けたグラフィックデザイナーの佐藤卓氏によるもの。佐藤は「小さな塊」をコンセプトに、これまでのウィスキーボトルの概念を覆す、四角い箱のような、シンプルなデザインを採用したという。

　アルコール度数は約51％。香りはスィートかつフルーティで、その味わいはまさに重厚の一語。ボディにしっかりとした厚みがあるため、オン・ザ・ロックやストレートで、ゆっくり楽しめる。ヨーロッパで人気沸騰中のジャパニーズブレンデッドなのだ。

JAPANESE

フロム・ザ・バレル 51.4% 500ml　A

香り ── リッチでフルーティ。かすかにスモーキー。タバコの葉、塩アーモンド、マジパン。やがてバニラ、アイシングがけのクリスマスケーキ。加水でスィーツショップ…。

味 ── ミディアムからフルボディ。リッチで複雑、スパイシー。クリスマスプディング。余韻は長く、ドライでスパイシーなフレーバーが続く。奥にスモーキーさがあり、加水でもバランスは崩れない。

総合 ── アイシングとマジパンで作ったクリスマスケーキのようなアロマ・フレーバーがあり、ヨーロッパ人が好む理由がわかる気がする。少量の加水で、デザートとともに味わっても面白い。

From The Barrel　233

Taketsuru Pure Malt
竹鶴ピュアモルト

ニッカウヰスキー創業者 "竹鶴"の名を冠した世界に知られる名ブランド

「竹鶴」はニッカウヰスキーの創業者、竹鶴政孝の姓をそのままブランド名としたウィスキー。ピュアモルトとはニッカ独自の表現で、モルト原酒のみをブレンドしたウィスキーのこと。昔ながらの表現でいえば、ヴァッテッドモルトということになる。

「竹鶴ピュアモルト」のラインナップには「17年」「21年」「25年」などが並び、2006年から常に世界的な酒類コンテストで高く評価されるなど、サントリーの「響」とともに、世界でもっとも知られたジャパニーズウィスキーとなっている。

竹鶴政孝は広島県竹原市の造り酒屋の三男として生まれ、大阪高等工業学校の

竹鶴ピュアモルト 17yo 43% 700ml [C]

- 香り —— たっぷりの熟したフルーツ。まろやかだが、うっとりするようなアロマがある。やがてシイタケ、塩昆布、アーモンド、奥にかすかなスモーク。加水でよりスィートに。
- 味 —— ミディアムからフルボディ。スムーズだが非常に複雑。ホットでスパイシー。余韻は長く、オーキーで、たっぷりの木材…。加水でややボディを失う。
- 総合 —— バランスに優れた、うっとりするような香味を持った秀逸なブレンデッド。加水でややボディを失うので、ぜひストレートで。

1934年に創業したニッカの余市蒸溜所。余市は世界でもここだけとなった石炭直火焚きの蒸溜にこだわっている。スチルは初留4基、再留2基の計6基が稼働。

醸造学科で学んだ後、洋酒メーカーの摂津酒造に入社。1918年（大正7）に社長の阿部喜兵衛の命を受け、当時は秘伝とされていたスコッチウィスキーの製法を学ぶべく、24歳という若さで単身スコットランドへと旅立った。

　グラスゴー大学で有機化学と応用化学を学び、スペイサイドのロングモーン蒸留所やキャンベルタウンのヘーゼルバーン蒸留所などで、実地にスコッチの製法を学んだ。しかし、竹鶴が帰国した1920年暮れから21年にかけては、摂津酒造は財政難に陥っており、純国産ウィスキー製造の計画は幻に終わってしまう。竹鶴は失意のなか、大阪で中学校の化学教師となり、スコットランドで結婚したリタ夫人とともに新しい生活を始めるが、そこに現われたのが寿屋の鳥井信治郎であった。

　独自に国産本格ウィスキーの製造を目指していた鳥井は当初、技師として醸造学の権威であるムーア博士の招聘を計画。しかし、「スコットランドでウィスキーづくりを学んだ若い日本人がいるはずだ」と、そのムーア博士から紹介されたのが竹鶴政孝であった。

　鳥井は、ムーア博士招聘のために用意していた年棒をそのまま竹鶴に提示。文字通り"三顧の礼"をもって、1923年、竹鶴を寿屋に迎え入れた。そして同年には山崎蒸溜所が創業。初代工場長として陣頭指揮にあたった竹鶴がこの時、蒸留所建設地の第一候補に挙げていたのが、気候風土がスコットランドに似通った北海道であったという。

　その後、当初からの約束であった10年の契約期間を終え、竹鶴は寿屋を退社。1934年に大日本果汁株式会社を設立し、北海道余市町で、念願であった"北の大地"での蒸溜所建設に乗り出していく。

　スコットランドに似た気候風土はもとより、余市川の豊富な水に、ピートや大麦、燃料となる石炭までが揃う余市町は、まさにウィスキーづくりの理想郷。とはいえ、ウィスキーを出荷するまで長い年月を要することを知っていた竹鶴は、余市で穫れたリンゴでジュースをつくり、それを販売することを

Taketsuru Pure Malt

当初の事業とした。

社名を大日本果汁株式会社としたのはそのためで、実際にウィスキーづくりが開始されたのは、創業から2年が過ぎた1936年のこと。その4年後の1940年には第1号となるウィスキーが発売され、大日本果汁の「日」と「果」をとって、「ニッカウヰスキー」という名が付けられた。

戦中から戦後にかけて、ニッカの歴史もまた苦難の連続であった。しかし、戦中は海軍に酒を供給する指定工場となり、戦後は本格志向の竹鶴が嫌った当時の三級ウィスキーの発売で窮地を脱する。そして1956年には、「丸びんニッキー」のヒットによって、ニッカは、寿屋に次ぐ業界第2位の地位を勝ちとった。

その後1969年に、ニッカ第2の蒸留所となる仙台宮城峡蒸溜所が竣工。「育つ環境によって違った味わいになるモルトウィスキーをブレンドすることで、新しい個性が誕生する」。本場でウィスキーづくりを学んだ竹鶴にはそうした信念があり、新たな蒸留所建設は、ニッカにとってまさに悲願であった。

蒸留所の候補地を選ぶにあたっては、"スコットランドのローランド地方"と目した東北地方を、重点的に調査。竹鶴が新川川（ニッカワガワ）の水で「ブラックニッカ」を割り、それを飲んで即座に同地への蒸留所建設を決めたというエピソードは有名だ。

1940年に第1号として発売されたニッカウヰスキー（左）と、それまでの繋ぎとして販売されたリンゴジュース。

1969年に創業した宮城峡蒸溜所。新川川の辺には、その川の水で水割りをつくり、即座に決めたという竹鶴政孝の碑が設置されている。新川川（ニッカワガワ）というのは偶然の一致だったという。パゴダ屋根の手前の高い建物内に、竹鶴がこだわったコフィータイプのカフェ式連続式蒸留機2セットが入っている。

第1号の「ニッカウヰスキー」誕生から、ちょうど60年の歳月を経た2000年、創業者の名を冠して発売された「竹鶴ピュアモルト」シリーズは、まさに竹鶴が目指した"理想のウィスキー像"ともいえるだろう。世界で唯一、石炭直火焚き蒸留でつくられ、北の大地で時を過ごした力強い余市モルトと、スチームによる間接加熱を行ない、柔らかく華やかな個性を持つ宮城峡モルト。両者のキャラクターが見事に融合されているのが、この竹鶴シリーズなのだ。

　各ビンテージとも世界的に高く評価されているが、特にWWAで3年連続して世界最高賞に輝いた「21年」は、小売価格が1万円前後とコストパフォーマンスも抜群で、人気が高い。

　2013年には、同シリーズの新ラインナップとして、ノンエイジの「竹鶴ピュアモルト」も登場。ハイボールブームでウィスキーに興味を持った新たなファンを中心に、プレミアムウィスキーの入門編として大きな話題を集めている。

JAPANESE

竹鶴ピュアモルト 43% 700ml　A

香り ── リッチでフルーティ。華やかでスパイシー。溶剤、メロン、バナナ。加水でより上品なスィーツ。塩を感じさせるような、かすかな燻香。

味 ── スィートでオーキー。かすかにスモーキー。ミディアムボディ。砂糖をかけた豆、でん六豆…。かすかに塩昆布。加水をしても、バランスは崩れない。

総合 ── 若さがやや気になるが、日本を代表するブレンデッド(ピュア)モルト。複雑な香味を持っていて、バランスも悪くない。加水をしてもバランスを崩さないので、水割り、ハイボールで気軽に楽しみたい。

Taketsuru Pure Malt　237

ブレンダーに訊く ニッカ編

佐久間 正（さくま・ただし）
ニッカウヰスキー株式会社　ブレンダー室室長兼チーフブレンダー

1960年生まれ。愛知県出身。1982年ニッカウヰスキー入社。北海道工場に配属。以降、欧州事務所長（ロンドン）、本社生産部原料グループリーダー、栃木工場長などを歴任。2012年4月よりブレンダー室室長兼チーフブレンダー。

Q1　ブレンダーになった経緯を教えてください。

ニッカに入るきっかけは、もともと香りに興味があり教授の紹介もあったからです。ただ、ニッカ社内ではブレンダーになるための資格や試験はありませんので、なぜ私がブレンダーになったのか明確な理由はわかりません。

Q2　日々のお仕事は、どんなことをされていますか。ルーティン業務は何でしょうか？

様々な官能検査は毎日行なっています。自分が担当する商品の処方改定（大きくは年1回、あとは随時）。その他はいわゆるデスクワークと、セミナーや広報に協力する活動です。

Q3　ブレンダーのお仕事で大変なこと、嬉しいことは何ですか？

当たり前のことですが、大変なのは手持ちの在庫は変えられないなかで、きちんと香味を設計することです。うれしいのはやはりお客様が当社の商品を評価してくださり、美味しいといっていただけることです。

Q4　ブレンダーの仕事をするうえで、気を付けていることやこだわっているものはありますか？

なるべく色々な情報に接するように心がけています。

Q5　普段お飲みになるウィスキーの銘柄は。また、どんな飲み方をしていますか？

かなり量を飲むほうでもありますので、普段自宅ではブラックニッカクリアかブラックニッカリッチブレンドです。水割りで始め、段々濃くなっていつの間にかロックという感じでしょうか。

Q6　無人島に持っていくウィスキーを1本挙げるとしたら、何になりますか？

熟成したものは飲むたびに減っていくので悲しいですから、できればニューメイクを1樽。時を経るごとに変わっていく様子を眺め、将来に思いをめぐらせることが出来れば、無人島での孤独にも耐えられそうです。

Q7 自社以外の原酒を使うとしたら、どんな原酒を使ってみたいですか?

スコッチ発祥のころの原酒。

Q8 ブレンデッドウィスキーを何か別のものや言葉で例えるとしたら?

飲食物、特にブレンデッドウイスキーは「調」であると思います。

Q9 思い出のウィスキーはありますか?

1987年は余市蒸溜所に勤務していましたので、「シングルモルト余市1987年」がシングルモルトの世界一となったときは感慨深かったです。

Q10 今後のウィスキー市場への思い、展望をお聞かせください。

10年ほど前までは、当社のウイスキーを海外で見かけることはできなかったのですが、ここ数年注目を集めてきています。ニッカらしさを存分に発揮しながら、海外での販売が増えていってくれたらいいと思っています。

その他

○休日の過ごされ方や、ご趣味を教えてください。
→普段は自宅でゆっくりすごしています。趣味というほどのものではありませんが、休日の料理当番をしています。

○ウィスキー以外のお酒は何をお飲みになりますか?
→何でも飲みます。仕事柄飲んだことのないお酒を見ると飲んでみたくなりますが、きりがないですね。

○お好きな食べ物は何ですか?
→好き嫌いはあまりありません。心をこめて丁寧に作られたものなら何でも。

○お好きな音楽は何ですか?
→ビートルズ、作詞:松本隆 作曲:呉田軽穂の曲。

○今までで一番感銘を受けた本は何ですか?
→感銘ではないのですが、小学校に入学したとき親が買ってくれた学研の学習大百科図鑑。生物、天文、化学の分野は毎日のように見ていました。

Robert Brown
ロバートブラウン

"国際品質"にこだわった
キリンの第1号ウイスキー

　明治期の1885年（明治18）に設立されたジャパン・ブルワリー・カンパニー社を前身に、1907年に創業したキリンビール株式会社。以来、長年に渡って日本のビール業界をリードしてきた同社が、ウィスキー事業へと乗り出したのは1970年代初頭のことである。

　同社は1971年（昭和46）、アメリカのシーグラム・オーバーシーズ・セールスカンパニー社とライセンス契約を結び、同社製品を日本で販売する権利を得て洋酒事業に参入。その翌年には、シーグラム社とスコットランドのシーバスブラザーズ社との3社合弁でキリンシーグラム社を設立し、本格的にウィスキーの製造を開始した。

　そして1973年には、静岡県御殿場市にウィスキー蒸留所が完成。富士山麓に位置する御殿場には、富士の豊富な伏流水をはじめ、冷涼な夏と寒さの厳しい冬、霧の発生しやすい湿潤な気候など、ウィスキーづくりに適した条件が揃っていた。

　キリンシーグラム社の設立目的のひとつは、「日本で、世界に通用する品質のウィスキーをつくる」こと。当時、そのための技術やノウハウが、世界的なウィスキーメーカーであるシーバス社とシーグラム社から惜しみなく投入され、今日もキリンのウィスキーづくりの根幹を成している。

　キリンの第1号ウィスキーとなる「ロバートブラウン」は、富士御殿場蒸溜所の完成

富士御殿場の連続式蒸留機はスーパーアロスパスというマルチコラムの最新鋭の蒸留機（左）。多彩なグレーンをつくり分けることができる。その蒸留棟の屋上から蒸留所の敷地、熟成庫をのぞむ。

翌年の1974年の発売。両社から提供を受けた良質な原酒をメインに、スコットランドとアメリカで技術研修を積んだブレンダーの手によって、競合各社の製品と比較を重ねながらブレンドされたという。

「ロバートブラウン」というブランド名は、かつてシーグラム社がスコットランドに所有していた古い蒸留所に由来しているという。ユニークなボトルの形状は、シーグラム社のパッケージデザイナーが来日した折、京都の寺で見た"釣鐘"からヒントを得たものだ。

現在の「ロバートブラウン」は、富士御殿場の原酒をメインに、少量の輸入原酒をブレンド。ラインナップには、少しボトルがスリムになった「スペシャルブレンド」も加わっている。

どちらも香味が豊かでまろやかな味わいが特徴で、バランスに優れた、コストパフォーマンスの高いブレンデッドとなっている。

ロバートブラウン スペシャルブレンド
40% 700ml A

香り ── 穏やかだがフルーティで、和三盆のような上品な甘さがある。洋ナシ、バニラ。加水をすると、よりジューシーなフルーツ。

味 ── ミディアムからライトボディ。スムーズでメロー。しっかりとしている。フルーティで甘・辛・酸のバランスがとれている。奥にかすかなスモーク。余韻は中程度で、加水をしても素直にのびる。

総合 ── ジャパニーズらしからぬ名前だが、バランスに優れた佳酒で、ブレンダーの技が光る。ストレートでもロックでも、トワイスアップでもいけそうだ。

Boston Club
ボストンクラブ

入門者からウイスキー通まで幅広く愛されるブレンデッド

　スコッチ業界の雄であるシーバスブラザーズ社と、過去にはカナディアンウィスキー界の巨人として業界を牽引したシーグラム社。両社から技術提供を受けて誕生した富士御殿場蒸溜所は、良質なモルトウィスキーとグリーンウィスキーを同時に生産する、世界でも稀な複合蒸溜所である。
　シーバス社の旗艦蒸溜所である、スペイサイドのストラスアイラ蒸溜所のスチルを模した単式蒸溜器（ポットスチル）をはじめ、様々なタイプのグリーンウィスキーをつくり分けることができる多塔式（マルチコラム）の連続式蒸溜機。さらにはケトルと呼ばれるバッチ式の蒸溜器に、一般的にはバーボンの蒸溜に使われるダブラーまで（！）。これほどまでに多種多様な蒸溜設備を擁するウィスキー蒸溜所は、世界的にも非常に稀な存在といえるだろう。
　キリンでは1974年の「ロバートブラウン」の発売以来、「エンブレム」や「クレセント」、「NEWS」「シャトラン」「エバモア」など、数々のブレンデッドウィスキーを市場に投入してきた。まさに、世界のウィスキー業界の英知を結集させたその蒸溜設備や技術を存分に活かし、自社生産のモルトやグリーンウィスキーの品質を、飛躍的に向上させてきたのだ。
　そして1986年に、現在も高い人気を誇る「ボストンクラブ」を発売。重厚感のあるスクエア瓶に詰められた、まるで海外ブランドのようなウィスキー。力強いモルトの味わいを追求したこのブレンデッドは、瞬く間に

富士御殿場蒸溜所の生産棟と高層ラック式熟成庫（右手前）。右はモルトウィスキーをつくる銅製のポットスチル。シーバスブラザーズのストラスアイラ蒸溜所のスチルがモデル。

ウィスキーファンの評判を呼ぶこととなった。

　その後、「ボストンクラブ」は幾度かのリニューアルを重ね、現在はオリジナルの系譜を引き継ぐ「豊醇原酒」と、"飲みやすさ"を追求した「淡麗原酒」がラインナップに並んでいる。

　「豊醇原酒」は、ヘビリーピーテッド麦芽で仕込まれた富士御殿場蒸溜所のモルト原酒を中心に、熟成を重ねたグレーン原酒をブレンドしたもの。魅惑的なスモーキーフレーバーと、力強いコク、キレの良いすっきりとした後口が楽しめるブレンデッドだ。

　対して「淡麗原酒」は、柔らかな口当たりと、すっきりとした繊細な味わいが特徴。こちらはノンピート麦芽やライトピート麦芽で仕込まれた御殿場モルトを中心に、グレーン原酒もライトタイプにこだわってブレンド。

　コンセプトは「どんな料理とも相性が良く、食事との調和が楽しめるウィスキー」。そのコンセプト通り、ロックや水割り、ソーダ割りなどで、食中酒としてカジュアルに楽しみたい1本である。

JAPANESE

🍷　ボストンクラブ 豊醇原酒 40% 640ml　[A]

香り ── ハスク、麦芽糖、レモン、メンソール、ミント。かすかにピート。コーヒービーンズ、シナモンパウダー。加水をしてもほとんど変化なし。

味 ── ライトからミディアムボディ。しっかりとしている。ややスピリッティ。余韻は短めで、スパイシーに切れ上がる。加水でボディが失われ、オイリーでスピリッティに。

総合 ── まるでバーボンのような名前だが、バランスは悪くなく、このクラスとしてはよくできている。加水でややバランスを崩すので、ロックがお薦めか。

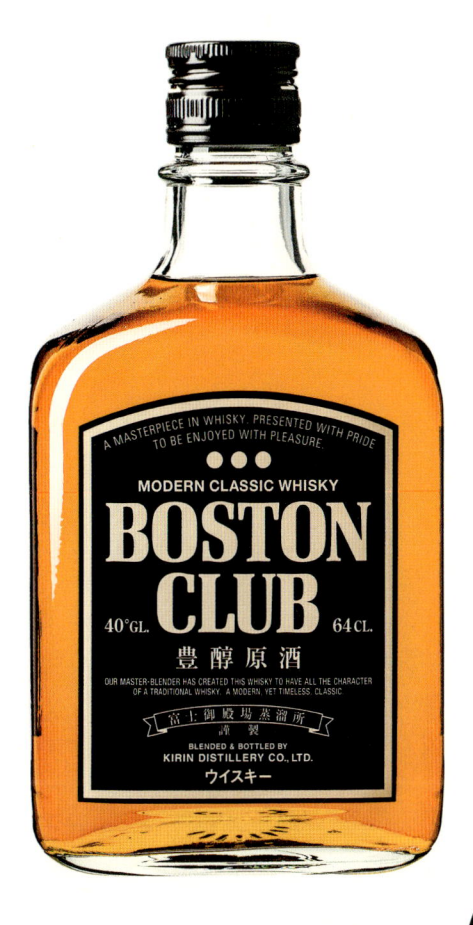

Boston Club

Fujisanroku
富士山麓 樽熟50°

ラベルに富士山が描かれた
清らかに香るウィスキー

　キリンビールはウィスキー事業に参入した当初から、「澄んだ味わいのなかに広がる甘い樽熟香」というウィスキーづくりの理想を明確にしていた。富士御殿場蒸溜所を建設する際にも、最初にまずこの理想を掲げ、そこから逆算して候補地を絞り込んだという。
　2005年（平成17）に発売された「富士山麓 樽熟50°」は、まさにそんな同社の"理想"が体現されたウィスキーといえるだろう。
　「ボストンクラブ」の項でも触れたが、富士御殿場蒸溜所の特徴としては、第一に多彩な蒸留設備を持つことが挙げられる。それに加えてもうひとつ、ほぼすべての原酒を小さな樽で熟成する"小樽熟成法"も、キリンのウィスキーづくりの特徴である。
　ここでいう"小樽"が意味するのは、アメリカン・ホワイトオークのバーボン樽。容量180〜200リットルの小ぶりな樽を使うことで、中身のウィスキーと樽材との接触面積が大きくなり、原酒の熟成はよりダイナミックに進む。しかし小樽での熟成は、「天使の分け前」も多く、コントロールが容易ではないという難点もある。
　そのため御殿場蒸溜所では、樽詰めの前に加水し、アルコール分を一般的な63〜64％ではなく、50％に調整する。こうしてバランスを取ることで、樽の影響をほどよく受けた、穏やかでクリーンなモルト原酒を

世界文化遺産に登録された霊峰富士と、富士御殿場蒸溜所。富士山に降りつもった雪や雨が、伏流水となって御殿場の地下を流れている。富士の霊水が仕込水…。

生み出しているのだ。
　「富士山麓 樽熟50°」では、そうして熟成を重ねた20年物のモルト原酒をはじめ、厳選されたモルトとグレーン原酒をブレンド。より多くの香味成分を残すため、通常よりは高めの50％というアルコール度数にもこだわっている。ブレンデッドで50％というのは、世界的に見ても珍しい。
　心地よい樽熟香のなかに広がるエステリーなアロマは、良質な御殿場グレーンの真骨頂。クリーンですっきりとしたライトタイプのウィスキーだが、モルトがしっかりと効いているため、スパイシーなフレーバーも感じることができる。
　コストパフォーマンスに優れたウィスキーなので、ロックやソーダ割りなどでカジュアルに楽しむのもいいが、少量の水を加水して飲むのもお薦めだ。その香りや味わいは、アルコール度数を少し落とすことで、さらに豊かな広がりを見せてくれる。

富士山麓 50% 600ml　A

- 香り ── スィートで上品。穏やかなフルーツ。洋ナシ、バナナ、パイナップル。バランスが良く、加水をすると、より瑞々しいフルーツ。
- 味 ── ミディアムからライトボディ。クリーンでスィート、スムーズ。しっかりとした樽熟香。フルーティでスパイシー。余韻は中程度で、加水でよりスィートに。
- 総合 ── この値段で、このパフォーマンスは驚きの一語。非常にバランスが良く、心地よさがいつまでも持続する。ストレートか少量の加水で、富士御殿場の粋を味わいたい。

Fujisanroku

ブレンダーに訊く キリン編

田中 城太（たなか・じょうた）
キリンビール株式会社　マーケティング部
商品開発研究所　チーフブレンダー

1962年生まれ。京都出身。1988年キリンビール入社。米国でワイン醸造に携わった後、キリンシーグラム社を経て、フォアローゼズ蒸溜所で7年間ディレクターを務める。2009年に帰国し、商品開発研究所にてブレンダー業務に従事。翌年、チーフブレンダーに就任。

Q1　ブレンダーになった経緯を教えてください。

ブレンダーになったのは、富士御殿場蒸溜所に2度目に赴任した時でした。キリンビール社に入社してから、ずっとワイン事業に携わっていましたが、洋酒・リキュールやRTD*の中味開発を担当しながら、次第にウイスキーに軸足が移り、2000年ブレンダーに任命されました。
*RTD　Ready to Drink（開栓してそのまま飲める低アルコール飲料）

Q2　日々のお仕事は、どんなことをされていますか。ルーティン業務は何でしょうか？

ウイスキーのテイスティングは日常業務のほんの一部です（笑）。仕込計画や新規原酒の開発、マーケティング施策、そして広報活動まで、キリンのウイスキーに関わることに幅広く携わっています。

Q3　ブレンダーのお仕事で大変なこと、嬉しいことは何ですか？

ウイスキーの原酒在庫には、モルトウイスキー、グレーンウイスキー共に多様な香味タイプがあり、樽毎にも素直なものもあれば、クセの強いものもあり、個性的な原酒の活用法は非常に難しいものです。ただ、上手く活かせた時は嬉しいし、ブレンダー冥利に尽きます。「やんちゃ」でクセを持った原酒を入れ込むことで、深みが出たり、グッとまとまったりするのです。ブレンドによって「おいしさ」を創り出せた時は、鳥肌が立つほど嬉しくなります。さらに、お客様からウイスキーが「美味しい」とか「楽しい」と言っていただけた時が最も嬉しいです。

Q4　ブレンダーの仕事をするうえで、気を付けていることやこだわっているものはありますか？

ウイスキー造りはチームワークの仕事であり、長い時間軸をもったお酒であることを常に念頭に置いています。皆のパッションもキリンウイスキーの魅力の一つとして表現できるように心掛けています。現在ブレンドに使わせて貰っている原酒は、先輩達が仕込んでくれたもので、そこにはたくさんの熱い想いが詰まっています。現在のチームで仕込んでいる原酒は、将来、後輩達が使うことを想像しながら、我々の想いを込めて造っています。

Q5　普段お飲みになるウィスキーの銘柄は。また、どんな飲み方をしていますか？

特に決まっていませんが、「富士山麓」を中心に、ストレートで水を少しずつ加えていき、香りや味わいの変化を楽しみながら飲むことが多いでしょうか。

Q6 無人島に持っていくウィスキーを1本挙げるとしたら、何になりますか？

無人島の環境次第ですが、そこでの生活をイメージしたオリジナルブレンドを持ってゆきたいです。

Q7 自社以外の原酒を使うとしたら、どんな原酒を使ってみたいですか？

叶わないことですが、今、夢に描いている原酒や、今開発中の原酒を10〜20年後に熟成ピークを迎えた状態で使ってみたい（笑）。

Q8 ブレンデッドウィスキーを何か別のものや言葉で例えるとしたら？

交響曲や絵画、そして舞台など、芸術作品に例えることが多いですが、造り手の総合力や拘り、そしてパッションが如実にあらわれるウイスキーだと思います。

Q9 思い出のウィスキーはありますか？

「エバモア2001」。ブレンダーになって初めて任された新商品で、ワイン的なコンセプトを含め、新しい発想が詰まった製品でとても思い出深い。

Q10 今後のウィスキー市場への思い、展望をお聞かせ下さい。

今、世界のあちらこちらで「ウイスキールネッサンス」と言われ、ウイスキー市場が拡大していますが、一過性のブームとして終らないようにしなければなりません。そのためには、我々が拘りと責任をもって品質の高いウイスキーを造り続けると共に、ウイスキーの魅力や楽しみ方をしっかりとお客様に伝えてゆかなければならないと思います。

その他

〇休日の過ごされ方や、ご趣味を教えてください。
→大自然の中でのキャンプやフライフィッシングを楽しんできましたが、最近は自然散策や和庭鑑賞が加わりました。

〇ウィスキー以外のお酒は何をお飲みになりますか？
→ワインと日本酒が多いですが、シェリーやコニャックなど、その時の料理や気分に合った飲み物を楽しみます。

〇お好きな食べ物は何ですか？
→肉でも魚でも野菜でも旬のモノを使い、食材本来の味が最大限に引き出された料理が好きです。

〇お好きな音楽は何ですか？
→お酒に合う音楽は何でも好きです（笑）。

〇今までで一番感銘を受けた本は何ですか？
→人生のステージ毎に影響や感銘を受けた本があり、順位は付け難いです。

247

Mars Whisky Three & Seven
マルスウイスキー3&7

ジャパニーズの本流を継ぐ
地ウィスキー界のサラブレッド

「マルスウイスキー3＆7(スリー・アンド・セブン)」という名称は、3年以上熟成させたグレーンと、7年以上熟成させたモルトウィスキー原酒をブレンドしていることに由来する。製造元は焼酎メーカーとしても有名な鹿児島の本坊酒造。同社は戦後間もない1949年（昭和24）にウィスキーの製造免許を取得し、鹿児島市にある本社工場でウィスキーやブランデーなどの製造を開始。「マルス（軍神）」というブランド名を掲げ、洋酒事業に進出した。

1960年には、本格的なウィスキーの生産に乗り出すべく、山梨県笛吹市石和町に蒸留所を開設。この時に陣頭指揮を執ったのが、"マルスウィスキーの生みの親"と呼ばれる岩井喜一郎である。

岩井はニッカ創業者の竹鶴政孝と同じ大阪高等工業学校醸造学科の出身で（第1期生）、竹鶴は先輩である岩井の紹介で摂津酒造へと入社。その才能と情熱を認め、24歳の竹鶴をスコットランド留学へと送り出した、張本人が岩井であった。

かくしてウィスキーの本場に渡った竹鶴は、現地でのウィスキー研修の成果を2冊のノートにまとめ、『実習報告』として上司の岩井に提出。この時のノートは今でこそニッカの余市蒸溜所に展示されているが、これは後に岩井の親戚が寄贈したもの。岩井は摂津酒造退社後も竹鶴のノートを手元に大切に保管し、石和での蒸留所建設の際には大いに参考にしたという。

山梨での蒸留は、併設されていたワイナリーの拡張にともなって1970年代に一旦休止されていたが、1985年に長野県上伊

中央アルプスの麓、長野県の宮田村にある信州マルス蒸留所。右はそのポットスチルで、『竹鶴ノート』を参考に、岩井喜一郎の設計・指導により誕生した。

那郡宮田村へと蒸留設備が移設され、ウィスキーの蒸留を再開。これが現在の信州マルス蒸溜所だ。

　1970年代から80年代にかけて、当時の看板商品であった「マルスオールド」をはじめ、一升瓶入りの「マルスエクストラ」や「マルスアンバー」といった高品質なブレンデッドでウィスキーファンを魅了し、「マルスウイスキー」は地方の酒造が続々とウィスキー事業に参入する"地ウィスキーブーム"の先駆けとなった。

　「マルスウイスキー3＆7」の発売は1988年。もちろん、現行品は信州マルス蒸溜所に眠る原酒をブレンドしたもので、スパイシーでウッディな味わいが特徴。

　また、鹿児島と山梨で3年以上、さらに信州で25年間長期熟成させたモルト原酒同士をブレンドした「モルテージ 3プラス25ピュアモルト」があり、こちらは『ウィスキーマガジン』誌が主催する"ワールド・ウィスキー・アワード（WWA）"で世界最高賞を受賞するなど、ウィスキーファン垂涎の1本となっている。

JAPANESE

🍷 マルスウイスキー3&7 39% 720ml　A

香り ── 穏やかで、ややくぐもった印象。ハーブ、イースト菌。かすかにウッディ。加水をするとスィートになるが、アロマの印象は穏やかなまま…。

味 ── ライトボディ。ソフトでメロー。ややオイリー。ユーカリ油。余韻は短く、スパイシー。加水をすると、よりスピリッティになる。

総合 ── モルトもグレーンも7年、3年とやや若く穏やか。そのせいか、スピリッティでバランスもイマイチ。ソーダ割りで気軽に楽しむべきか…。

Mars Whisky Three & Seven

Iwai Tradition
岩井トラディション

国産ウィスキーの夢を追った"もうひとりの男"に捧ぐ佳酒

　1980年代に日本の地ウィスキーブームの火付け役となり、リリースされるウィスキーの質の高さと生産量の少なさから、"幻の銘品"とまで呼ばれた本坊酒造のマルスウィスキー。しかし、焼酎ブームなどに押されて国内のウィスキー需要が低迷した1992年（平成4）を最後に、19年間にわたってモルトウィスキーの生産は休止状態となっていた。

　蒸留が再開されたのは、マルスの本格ウィスキーづくりの出発点である石和の蒸留所の開設から数えて、約半世紀を経た2011年のこと。"マルスウイスキーの父"こと岩井喜一郎の名を冠した「岩井トラディション（IWAI TRADITION）」は、その前年の2010年に発売されたブレンデッドだ。

　信州マルス蒸留所がある長野県宮田村は、中央アルプスの木曽駒ヶ岳山麓に位置する、周囲を山々に囲まれた自然豊かな地。蒸留所の標高は798メートルで、国内で稼働するウィスキー蒸留所としてはもっとも高地にあり、冬は氷点下15度を下回る、厳しい気候風土。

　蒸留が休止されていた時代も、マルスの原酒はそうした環境でゆっくりと熟成を重ね、世に出る日を待ちわびていた。

　そんな、信州の地で眠る原酒を厳選してブレンドした「岩井トラディション」は、蒸留再開のニュースと併せ、発売直後からウィスキーファンの間で大きな話題を呼んだ。

　岩井が設計したポットスチルや、駒ヶ岳の清冽な伏流水、そして類い稀なる熟成環

中央高速の駒ヶ根インターから中央アルプス方面に向かうと信州マルス蒸留所が見えてくる。見上げれば木曽駒ヶ岳をはじめとする中央アルプスの連山が…。右はマルスウイスキーの生みの親、岩井喜一郎。竹鶴政孝の摂津時代の上司である。

境と、この地でしかつくれない、まさに信州マルス蒸留所を代表するブレンデッドだ。

　パッケージが一新された2013年には、"インターナショナル・ワイン＆スピリッツ・コンペティション"において、銀賞と最高得点のアウトスタンディングを同時受賞。姉妹品である「岩井トラディション ワインカスクフィニッシュ」も、同コンテストで銀賞を受賞している。

　「ワインカスクフィニッシュ」は、山梨マルスワイナリーで使用した赤ワイン樽で、「岩井トラディション」を1年以上追加熟成したブレンデッドウィスキー。

　新しくなったスリムボトルの上下には、少々わかりづらいが、マルス蒸留所から見た南アルプス連山と、中央アルプスの峰々が、エンボス加工されていて、ここが日本有数のアルプスを望む絶景の地に建てられていることが、ボトルにも強調されている。

🍷 岩井トラディション 40% 750ml　Ⓐ

香り ── オイリーでピーティ。イカの燻製、魚のくさや。ユーカリ油。塩アーモンド、タバコの葉、やがてキャラメル。加水でスィートかつドライに。

味 ── ミディアムボディ。スムーズでマイルドだが、複雑。余韻は中程度で奥にスモーキーさが残る。加水をしたほうが飲みやすい。

総合 ── "トラディション"というだけあって、初期のジャパニーズを思わせるスモーキー、ピーティさが顕著。非常に複雑なアロマ・フレーバーを持っている。トワイスアップかロックで。

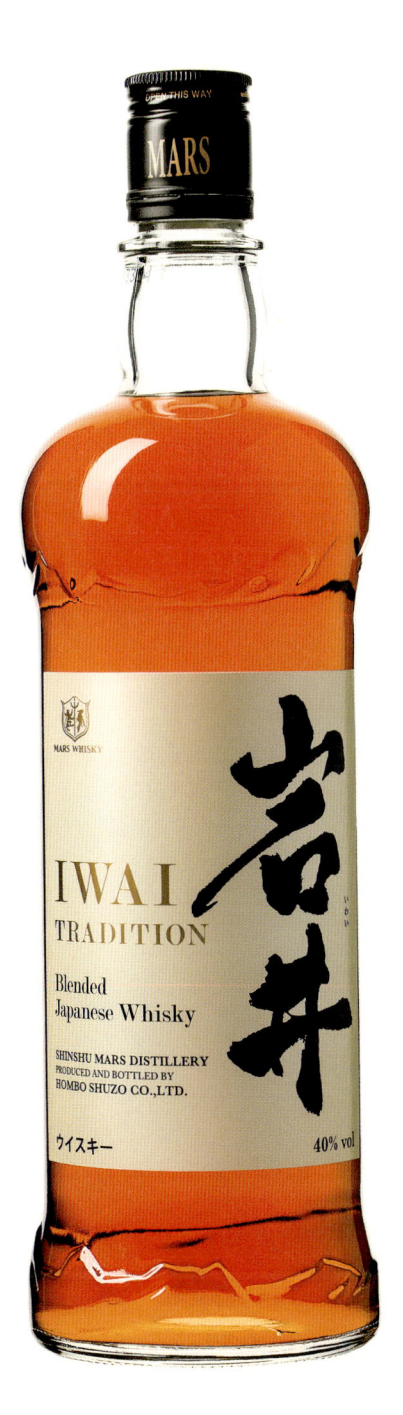

JAPANESE

Iwai Tradition 251

White Oak Akashi
ホワイトオークあかし

チャレンジ精神に溢れた
歴史ある酒造の地ウィスキー

　江井ヶ嶋酒造の酒づくりの歴史を紐解けば、江戸時代の1679年まで遡ることができるという。同社がウィスキーの製造免許を取得したのは、山崎蒸溜所の誕生を目前に控えた1919年（大正8）のこと。「ホワイトオークあかし」は、そんな歴史ある酒造でつくられるブレンデッドウィスキーだ。

　1888年（明治21）に数人の有志によって株式会社となった江井ヶ嶋酒造は、伝統的な日本酒だけでなく、焼酎やワイン、ブランデーなど、さまざまなアルコール飲料の製造に挑戦。そのうちのひとつがウィスキーだったが、1919年当時はまだ蒸留所もなく、ポットスチルも設置されていなかったという。

　同社が兵庫県明石市で、本格的にウィスキーをつくり始めたのは1984年（昭和59）。1961年から使っていたポットスチルを改造、移設するとともに、粉砕機、仕込槽、ウォッシュバックを新設し、瀬戸内の島々を望む広大な敷地の一角に、スコットランド風のホワイトオーク蒸留所を開設した。実際、その外観はスコットランドのハイランド地方にある小さな蒸留所にそっくり。まるで、ここだけスコットランドの風が吹いているかのようだ。

　播磨灘に面した約2万坪の敷地内には、ウィスキー蒸留所のほかに、日本酒が醸造される7つの木造蔵や、麦焼酎の醸造蔵までもが並んでいる。

　ウィスキーの仕込みが行なわれるのは、5～7月の3か月のみ。日本酒の醸造を終

生産量はごく少なく、シングルモルトはほとんど出回らない。貴重な原酒が大切に保管されていた。ポットスチルは日本製で、2基のみ。形もユニークだ。

えた杜氏の手によって、ウィスキーづくりが行なわれている。ポットスチルは新しくなったが、数は最小単位の2基のみ。1980年代発売の「ホワイトオークレッド」をはじめ、低価格のブレンデッドを中心に、ここではウィスキーづくりを行なってきた。

日本のプレミアムウィスキー市場が拡大した2008年（平成20）には、同蒸留所初のシングルモルトとなる「ホワイトオークあかし8年」を発売。その後も、市場に出回る数こそ少ないものの、「5年」や「15年」といったシングルモルトをリリースし、国内外のウィスキーファンからも大きな注目を集めている。

カジュアルに楽しめるブレンデッドとして設計された「ホワイトオークあかし」は、ホワイトオーク蒸留所のモルト原酒を中心に、グレーンやスピリッツをブレンドしている。香りは穏やかだが、レモンやオレンジピールのような爽やかな味わいがあり、気軽に楽しめる。日本ではもっとも海に近く、最西端のウィスキー蒸留所でつくられる、明石が誇る地ウィスキーである。

JAPANESE

ホワイトオークあかし 40% 500ml　A

- 香り ── ライトで穏やか。爽やかな果実。レモン、オレンジピール。加水でスィートになり、ミント、青い香草。
- 味 ── ライトボディ。穏やかでスムーズ、マイルド。ややスピリッティだが、バランスは悪くない。加水でややドライに変化。余韻は短い。
- 総合 ── 明石産のモルト原酒にグレーン、スピリッツをブレンド。非常にライトテイストで穏やかだが、バランスは悪くなく、すいすい飲めてしまう。ストレートでも水割りでも、ハイボールでも…。

White Oak Akashi

Ichiro's Malt & Grain
イチローズ モルト＆グレーン

ウィスキー通が注目する
秩父蒸溜所初のブレンデッド

　いまや世界のウィスキーファンに知られるベンチャーウイスキー社の「イチローズモルト」。そのブランド名は、創業者である肥土伊知郎氏の名前に由来する。

　肥土本家は、江戸時代の1625年から続く日本酒の造り酒屋。埼玉の秩父で酒づくりを続け、秩父・羽生間に鉄道が開通したのを機に、羽生へと進出。肥土の祖父が設立した東亜酒造では1946年（昭和21）にウィスキーの製造免許を取得し、その後1980年に2基のポットスチルを導入して、本格的なウィスキーの生産を開始した。

　しかし、東亜酒造の事業は軌道に乗らず、2004年（平成16）には経営が悪化。羽生の工場の売却が決定したが、その際に残された400樽を引き取り、肥土はオリジナルブランドであるイチローズモルトを設立。先代が残した原酒にさまざまな樽で後熟を加えた「カードシリーズ」などをリリースし、一躍、世界のウィスキー通に認められる存在となった。

　そして2008年には、念願であったウィスキー蒸留所を再び秩父の地に開設。新たに導入した2基のポットスチルは、スコットランドのフォーサイス社製で極小サイズ。発酵槽は世界でも例を見ないミズナラ製と、ユニークな設備でウィスキーづくりを行なっている。

　「イチローズ モルト＆グレーン」は、そんな日本でもっとも新しく、もっとも小さな秩父蒸溜所から、初めて世に出されたブレンデッドウィスキーだ。

秩父蒸溜所のポットスチルは2基で、どちらもローゼスのフォーサイス社製。肥土自身が現地に赴き、この形状に決定したという。熟成庫の前には樽詰を待つ樽が順番待ちをしている。

キーモルトには、バーボン樽をはじめ、羽生市にあったマルエス洋樽製の各種の樽、さらにはバーボンバレルの両端を断裁した独自のクォーターカスクなど、さまざまな樽で熟成された秩父モルトや羽生モルトから、ブレンド向きの原酒をセレクト。

それにスコットランドから買い付けた原酒を合わせ、9蒸留所のモルト原酒と2蒸留所のグレーン原酒をブレンドした「ホワイトラベル」と、10蒸留所のモルト原酒（スコッチ8種、ジャパニーズ2種）と3蒸留所のグレーン原酒をブレンドした「プレミアムブラックラベル」の、2種類が発売されている。

スコッチの中身は公表されていないが、あっと驚く意外なモルトも入っている。ジャパニーズブレンドではなく、"ワールドブレンド"と呼びたくなるような珍しい一品だ。

ブレンデッドにしては珍しく、どちらもノンチルフィルター、ノンカラー、46％でボトリングされている。ストレートやロックで楽しむことができる、イチローズモルトならではのユニークなブレンデッドである。

JAPANESE

🍷 イチローズ モルト&グレーン ホワイトラベル
　46% 700ml　B

香り ── 穏やかだがスィートで、フルーティ。蜂蜜、メープルシロップ、リンゴ。加水によりスィートになり、削りたてのオークが現われる。

味 ── ミディアムボディ。フルーティだが、オーキーでスパイシー、ホット。余韻は中程度。加水で穏やかになり、ソフトで飲みやすくなる。

総合 ── 羽生や秩父の原酒に、スコッチのモルト原酒をブレンドした"ワールドブレンド"。ややオーキーなアロマ・フレーバーだがバランスは悪くなく、非常に興味深い。ロックがお薦めか。

Ichiro's Malt & Grain 255

column

多彩な原酒づくりを目指してさらなる挑戦の始まり

ひとつの蒸留所でタイプの異なる多彩な原酒をつくり分ける──。言うのは簡単だが、これは高い技術力と熟練の技がなければ、到底不可能なことである。スコットランドには現在100近い蒸留所があるが、ひとつの蒸留所でつくっているのは、ほぼワンタイプの原酒のみ。ポットスチルを見ても、100の蒸留所ではすべて形も大きさも異なるが、1蒸留所に形も大きさも異なる様々なスチルがあり、蒸留方法も冷却方法も異なるという所は皆無である。仕込みのたびに、スチルの組み合わせを変えるというのは、至難の技なのだ。

その難しい作業を易々とこなして、多彩な原酒をつくり分けているのが、サントリーの山崎蒸溜所と白州蒸溜所である。どちらも蒸留室に入って驚くのは、スチルの形がどれひとつとして同じものがないということ。加熱方法も直火とスチームの両方があり、冷却方法もワームタブとシェル&チューブの二通りがある。世界中さがしても、これほど多彩で、これほど複雑な蒸留設備を持っている蒸留所はどこにも存在しない。

その山崎、白州が2013年、相次いで蒸留設備の増設を決め、本格稼働させた。山崎に導入されたのは初留2基、再留2基、計4基のポットスチルで、山崎での増設は45年ぶりのこと。これで従来の12基と合わせて、スチルの数は16基となった。もちろん、これは国内最大級で、スコッチと比べてみても、マッカランやグレンリベットと同規模ということになる。増設されたスチルも初留は直火焚きだが、再留はスチームと、ここでも多彩さを追求している。面白いのは初留器の形状で、これは山崎創業時に設置された第1号初留器の形状も参考にしているという。

2013年10月から本格稼働が始まった山崎の新しいポットスチル。創業当時の1号器も参考にしている。下は2013年5月より本格稼働が始まった白州の新しい連続式蒸留機。

白州蒸溜所に導入されたのは、ポットスチルではなく連続式蒸留機で、これでサントリーは知多のグレーンウィスキー蒸溜所と白州と2か所で、グレーンウィスキーの生産が可能になる。知多でもクリーン、ミディアム、ヘビーとタイプの異なるグレーン原酒を生産しているが、白州の連続式蒸留機は、それよりはるかに小型で、小回りがきく。原料の比率を変えたり、スピリッツを採りだす棚段を変えたりと、実験的な要素も盛り込みながら、より多彩なグレーン原酒づくりにチャレンジすることが可能なのだ。

国内外での高まる評価に安住せず、つねに10年先、20年先を見据えてチャレンジを続ける。まさに創業者・鳥井信治郎の「やってみなはれ」の精神が息づく、サントリーの新たな挑戦なのだ。

Data File

ブレンデッド関係地図　スコットランド

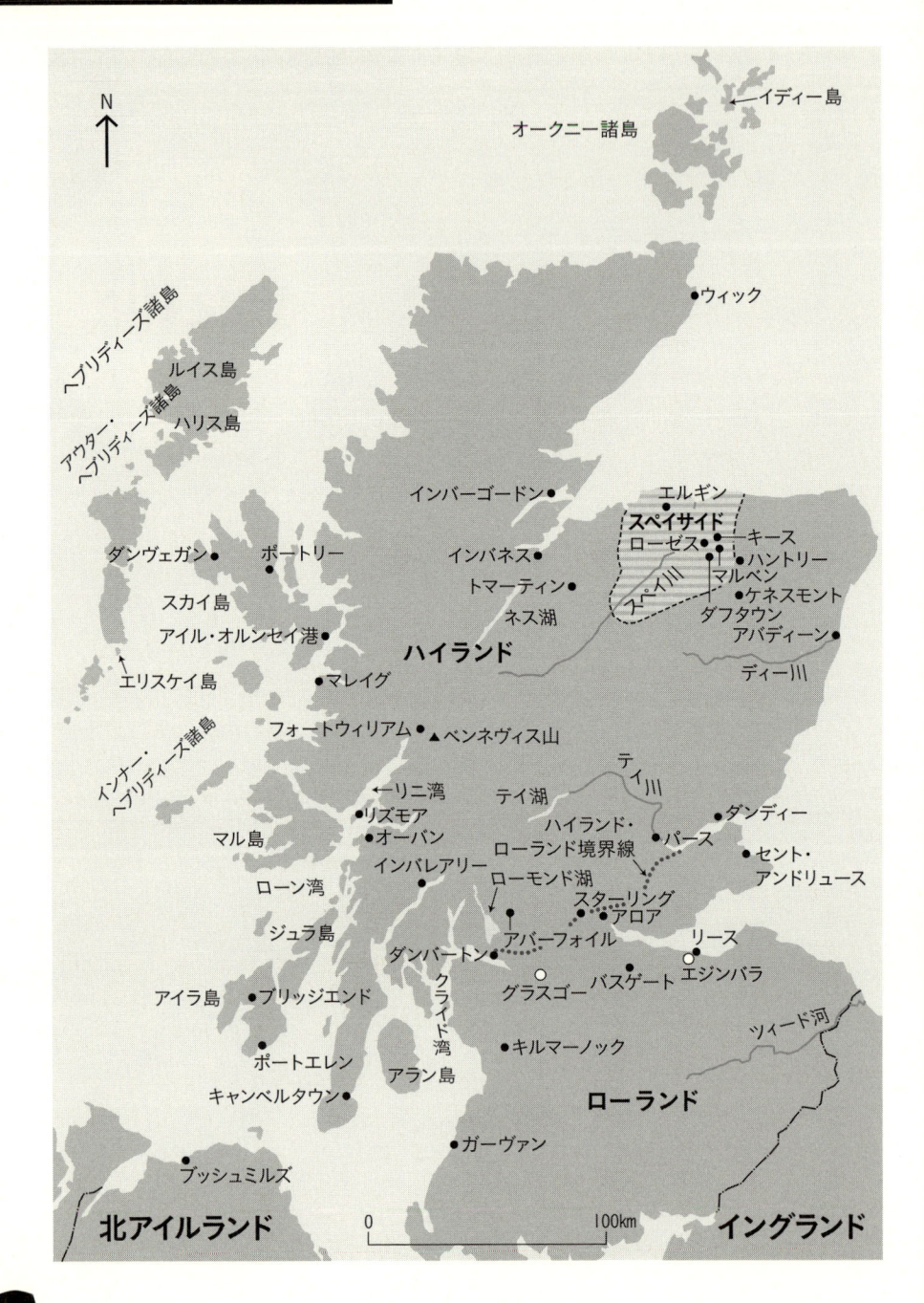

- イディー島
- オークニー諸島
- ウィック
- ヘブリディーズ諸島
- ルイス島
- アウター・ヘブリディーズ諸島
- ハリス島
- インバーゴードン
- エルギン
- スペイサイド
- ローゼス
- キース
- ハントリー
- インバネス
- マルベン
- ダンヴェガン
- ポートリー
- トマーティン
- ケネスモント
- スカイ島
- ネス湖
- ダフタウン
- アイル・オルンセイ港
- ハイランド
- アバディーン
- ディー川
- エリスケイ島
- マレイグ
- インナー・ヘブリディーズ諸島
- フォートウィリアム
- ▲ベンネヴィス山
- テイ川
- ←リニ湾
- テイ湖
- ダンディー
- リズモア
- ハイランド・ローランド境界線
- パース
- オーバン
- マル島
- インバレアリー
- セント・アンドリュース
- ローモンド湖
- ローン湾
- スターリング
- ジュラ島
- アロア
- ダンバートン
- アバフォイル
- リース
- アイラ島
- ブリッジエンド
- クライド湾
- グラスゴー
- バスゲート
- エジンバラ
- ポートエレン
- キルマーノック
- ツィード河
- アラン島
- キャンベルタウン
- ローランド
- ガーヴァン
- ブッシュミルズ
- 北アイルランド
- イングランド

0　　　　100km

アイルランド

- スペイサイド
- ハイランド
- **スコットランド**
- ハイランド・ローランド境界線
- グラスゴー
- エジンバラ
- ジャイアント・コーズウェイ
- ブッシュミルズ
- ローランド
- 北アイルランド
- **イギリス**
- グランド運河
- キルベガン
- タラモア
- ダブリン
- リフィー川
- **アイルランド共和国**
- リバプール
- **イングランド**
- ダービー
- シュロップシャー
- ウェールズ
- バーミンガム
- コーク
- グロースターシャー
- ロンドン
- テムズ河
- グリニッヂ

0 100km

スコッチウィスキー関連年表

西暦	事柄
500頃	スコット族が北アイルランドからアーガイル地方に渡来、ダルリアダ王国を建設。
563	聖コロンバ、アイオナ島に上陸し修道院建設。ピクト族のキリスト教化を進める。ネッシー目撃談。
843	アルバ王国成立。スコット族の王ケネス・マッカルピンがケネス1世として即位。
1066	ヘースティングスの戦いでウィリアム征服王が勝利（ノルマン朝成立）。
1156	ヴァイキングとスコット族双方の血をひくサマーレッドがアイラ島北岸でヴァイキング軍を破る。
1172	イングランド王ヘンリー2世がアイルランドに侵攻。「ウスケボー」と呼ばれる酒の存在が知られる。
1263	スコットランド軍がラーグスの戦いでヴァイキング軍に勝利、アザミが王家の紋章に。
1297	スターリング・ブリッジの戦いでウィリアム・ウォレス、イングランド軍に勝利。翌年ファルカークの戦いでエドワード1世軍に敗れる。
1314	バノックバーンの戦いでロバート・ザ・ブルース王がイングランド軍に勝利。
1336	サマーレッドの子孫、アンガス・オグの息子が「ロード・オブ・ジ・アイルズ」（島々の君主）を名乗る。1493年まで、西方諸島を実効支配する半独立王国が築かれる。
1494	スコットランド王室財務省文書に「王命により、修道士ジョン・コーに8ボルの麦芽を与えてアクアヴィテをつくらしむ」と記録。
1558	スコットランド女王メアリー1世、フランス皇太子と結婚。イングランド女王エリザベス1世即位。
1587	スコットランド女王メアリー1世処刑される。
1603	スコットランド王ジェームズ6世がイングランド王ジェームズ1世として即位。同君連合が成立。
1627	スターリングシャーでロバート・ヘイグが蒸留業を開始、のちにジョン・ヘイグ社に発展。
1644	スコットランド議会、アクアヴィテ（ウィスキー）に初課税。
1689	カローデンのダンカン・フォーブスが免税特権をもつフェリントッシュ蒸留所を創立。
1707	スコットランド議会廃止、イングランドに併合される。グレートブリテン王国の誕生。
1746	カローデンの戦いでジャコバイト軍、イングランド軍に敗北。キルト、バグパイプの禁止。ハイランドで密造が盛んに。
1759	ロバート・バーンズ、エアシャーのアロウェイに誕生（1月25日）。
1781	自家製ウィスキーの蒸留が禁止に。
1820	「ジョニーウォーカー」のジョン・ウォーカー、食料雑貨店をキルマーノックに創業。
1822	ハイランドとローランドの課税差別撤廃。密造に対する罰金強化。ジョージ4世のスコットランド訪問。禁制のグレンリベットを所望。密造摘発数14,000件と報告。
1823	酒税法改正。
1824	グレンリベット蒸留所、新酒税法のもと政府公認第1号蒸留所に。
1826	ロバート・スタインが連続式蒸留機を考案。
1831	イーニアス・コフィーが連続式蒸留機を発明。14年間のパテントを取得。
1837	ヴィクトリア女王即位。
1846	穀物法の撤廃、穀物の輸入が自由化される（前年からのアイルランド、ジャガイモ飢饉の影響）。ジョン・デュワー社創業。
1853	アンドリュー・アッシャー2世がブレンデッドウィスキー（ヴァッテッド）を発売。
1860	酒税法改正。異なる蒸留所のウィスキーのブレンドが可能に。
1877	ローランドのグレーンウィスキー業者6社が集まりディスティラーズ・カンパニー・リミテッド（DCL）を結成。このころ、フィロキセラ（根や葉にこぶをつくる害虫）でフランスのぶどうが全滅。ブランデー不足でスコッチの消費が伸びる。
1887	アルフレッド・バーナード、『The Whisky Distilleries of the United Kingdom』を出版（スコットランド129、アイルランド28、イングランド4蒸留所を紹介）。
1898	リースのパティソンズ社が倒産。ウィスキー業界に不況の嵐が。中小の蒸留所が潰れていくなかでDCL社が急成長。
1901	ヴィクトリア女王死去、エドワード7世即位。

西暦	事柄
1909	"ウィスキー論争"が結着。グレーンウィスキー(ブレンデッド)もスコッチであることが承認される。
1913	ティーチャーズ社のW・M・バーギス、新タイプのコルク栓を発明。
1914	第1次世界大戦勃発(～1918年)。
1915	熟成2年間を法律で義務づける。ブキャナン社とデュワーズ社が合併、業界第1位に。
1920	アメリカで禁酒法「憲法修正第18条」が発効(～1933年)。第1次大戦と禁酒法の影響で中小の蒸留所が閉鎖に追い込まれる。
1925	ブキャナンデュワーズ社、ジョンウォーカー社がDCL社と合併。
1926	ホワイトホース社がスクリューキャップを開発。
1927	DCL社がホワイトホース社を買収。ビッグファイブすべてがDCL社の傘下に。
1939	第2次世界大戦勃発(～1945年)で蒸留所が相次いで閉鎖。
1941	アウターヘブリディーズ諸島のエリスケイ島沖でウィスキーを満載した輸送船が座礁。のちにコンプトン・マッケンジーの小説『ウィスキーガロワー』の題材となり、映画化もされる。
1952	エリザベス女王(2世)即位。
1986	ギネスグループがDCL社を買収。
1988	スコッチウィスキー法でスコッチを新たに定義。
1997	ディアジオ社誕生。スコットランド議会復活の是非を問う国民投票で、議会復活が承認される。
1999	EU通貨統合。スコットランド議会復活。
2000	シーグラム社が酒類事業から撤退し、ペルノリカール社が引き継ぐ。
2004	ディアジオ社(英)とLVMH社(仏)の合併で、MHDディアジオ モエ ヘネシー社が発足。
2005	業界第3位のペルノリカール社が、第2位のアライドグループを買収。ディアジオ社に次ぐスコッチ業界No.2となる。
2007	スコッチウィスキーの輸出量が過去最高を記録。
2008	ルイス島にアビンジャラク蒸留所が創業。スコッチウィスキーの輸出額が過去最高を記録。
2009	ディアジオ社のローズアイル蒸留所が竣工。生産がスタート。

アイリッシュウィスキー関連年表

西暦	事柄
432	聖パトリック、福音伝道のため渡来(462年説あり)。
800頃	『ケルズの書』(キリスト教福音書の装飾写本)が作られる。
1172	イングランド王ヘンリー2世の兵士が土地の蒸留酒「ウスケボー」について報告をしたとされる(ネトルトンの書物などで紹介されるが、原典は不明)。
1541	ヘンリー8世がアイルランド王となることを宣言。
1608	イングランド王ジェームズ1世が北アイルランド・アントリムの領主サー・トーマス・フィリップスに蒸留免許を与える。
1757	キルベガンにブルスナ蒸留所、ダブリンにトーマス・ストリート蒸留所創業。
1759	ダブリンにギネスビール誕生。
1780	ダブリンにジョン・ジェムソン創業(ボウストリート蒸留所)。
1784	ブッシュミルズ蒸留所が創業。
1791	ジョン・パワー(ジョンズ・レーン蒸留所)、ダブリンに設立(～1976年)。
1801	アイルランド、イギリス(グレートブリテン)に併合される。
1823	酒税法改正。
1825	マーフィー3兄弟により、ミドルトン蒸留所が創業。世界最大、15万リットル超の蒸留器を備える。
1831	イーニアス・コフィーが連続式蒸留機(パテントスチル)を発明。14年間のパテントを取得。
1845	ジャガイモ飢饉始まる。1846年、ジャガイモの生産が壊滅状態に。1847年、飢饉は最悪状態に。100万人が餓死し、数百万人が新大陸への移民を余儀なくされる。

西暦	事柄
1867	コーク・ディスティラリーズ・カンパニー（CDC）発足、南部のコーク地方の蒸留所がミドルトンに合同、アイリッシュウィスキー企業化の先駆けとなる。
1878	スコットランドのブレンデッドウィスキーに対して、ジェムソンなど大手4社がポットスチルウィスキーの純粋性、正当性を訴える冊子『TRUTHS ABOUT WHISKY』を刊行。スコットランドのDCL社、ダブリンにフェニックスパーク蒸留所を建設。
1887	アルフレット・バーナードが出版した『The Whisky Distilleries of the United Kingdom』にアイルランドの28蒸留所が紹介される。
1900	アイリッシュウィスキーの生産量がこのころピークに達する。
1916	ダブリンのイースター蜂起。以降、アイルランド独立への機運が高まり、独立戦争へ（1919〜1921年）。
1922	アイルランド自由国憲法採択。南部26州と北部6州に分かれる。
1939	第2次世界大戦勃発（〜1945年）、アイルランドは中立を守り通す。戦後も市場の回復ならず、ウィスキー産業は低迷が続く。
1942	シャノン空港（前身施設）で「アイリッシュ・コーヒー」が考案される。
1949	アイルランド共和国宣言（英連邦から脱退）。
1966	ジェムソン、パワーズ、ＣＤＣが合併し、アイリッシュ・ディスティラーズ・カンパニー（IDC）設立。
1971	ボウストリート蒸留所、操業停止。「ジェムソン」ブランドはパワーズに引き継がれ、1975年からは新ミドルトン蒸留所に移る。
1972	血の日曜日事件。イギリス、北アイルランドを直接統治。IDCにブッシュミルズが合流し、アイリッシュ・ディスティラーズ・グループ（IDG）となる。
1975	新ミドルトン蒸留所、操業を開始。
1985	ギネス社、アーサー・ベル社を買収しスコッチ業界に参入。翌86年にDCL社を買収。
1987	ジョン・ティーリング、ダンダルク郊外のリバースタウンにクーリー蒸留所を創設。
1988	IDG、フランスのペルノリカール社に買収され、傘下に入る。
2005	ディアジオ社がブッシュミルズ蒸留所を買収。
2007	キルベガン蒸留所がポットスチル1基で蒸留を再開。
2010	ウィリアム・グラント＆サンズ社がC&Cグループ社を買収。「タラモアデュー」のブランド権を手に入れる。キルベガン蒸留所が発酵槽、もう1基のスチルを導入し、本格的に生産を開始。
2011	アメリカのビーム社がクーリー社を買収。アイリッシュ初のアメリカ資本の会社となる。

ジャパニーズウィスキー関連年表

西暦	年号	事柄
1853	嘉永6	アメリカのペリー来航。浦賀で幕府役人にウィスキーを振舞う。
1854	嘉永7	日米和親条約（神奈川条約）調印。13代将軍徳川家定にウィスキーを献上。
1858	安政5	日米修好通商条約調印。次いで蘭、露、英、仏の各国とも同様の条約を結ぶ。
1859	安政6	横浜、長崎開港。外国人向けに洋酒の輸入が始まる。トーマス・グラバー長崎に来航。
1860	安政7	初の洋風ホテル『横浜ホテル』が開業、後にウィスキーを供する。
1862	文久2	堀達之助が編纂した英和辞書の中でウィスキーについて言及。
1863	文久3	タサム商会がパスビール、ブランデー、スコッチモルトウィスキー、ラムを販売。
1867	慶応3	福澤諭吉『西洋衣食住』でウィスキーについて言及。
1868	明治1	明治維新。
1871	明治4	横浜山下町カルノー商会、猫印ウィスキー（肩張丸壜）を輸入。
1873	明治6	岩倉具視使節団、欧米から帰国。「オールドパー」を持ち帰ったとされる。
1894	明治27	日清戦争勃発（〜1895年）。戦争後イルゲス式の連続式蒸留機が日本に導入される。
1899	明治32	鳥井信治郎、鳥井商店を開業（寿屋創業）。
1902	明治35	日英同盟成立。
1904	明治37	日露戦争勃発（〜1905年）。東京・滝野川に醸造試験所が開設。
1906	明治39	鳥井商店、寿屋洋酒店に改称。「向獅子印甘味葡萄酒」を販売。神谷酒造、ウィスキーの製造を行なう。

西暦	年号	事柄
1907	明治40	寿屋洋酒店、甘味葡萄酒に改良を加えた「赤玉ポートワイン」を発売。
1911	明治44	日本、関税自主権を完全回復。寿屋洋酒店、「ヘルメスウヰスキー」を発売。
1912	明治45	神谷伝兵衛、東京浅草に「神谷バー」開業。
1918	大正7	竹鶴政孝、ウィスキーの製法を学ぶため摂津酒造・阿部社長の命でスコットランド留学に出発(〜1920年)。
1923	大正12	関東大震災。寿屋、本格ウィスキーの製造をめざし大阪府山崎に蒸溜所を建設。
1924	大正13	山崎蒸溜所竣工。竹鶴政孝、工場長に就任。ウィスキーの仕込みにとりかかる。
1929	昭和4	日本初の本格ウィスキー「サントリーウイスキー(白札)」を発売。
1934	昭和9	竹鶴政孝、北海道余市に大日本果汁を設立。
1936	昭和11	二・二六事件。大日本果汁、酒造免許を取得。ウィスキーの蒸留を始める。
1937	昭和12	寿屋、「サントリーウヰスキー(角瓶)」を発売。東京醸造「トミウヰスキー」を発売。盧溝橋事件。日独伊三国防共協定。
1939	昭和14	第2次世界大戦が勃発(〜1945年)。
1940	昭和15	大日本果汁、第1号ウィスキー「ニッカウヰスキー」を発売。
1941	昭和16	真珠湾攻撃(太平洋戦争開戦)
1945	昭和20	広島、長崎に原爆投下。ポツダム宣言を受諾して終戦。
1946	昭和21	寿屋、戦後改めて「トリス」ウィスキーを発売。大黒葡萄、東京高田馬場に蒸溜酒工場を設立、「オーシヤン」ウィスキーを発売。
1947	昭和22	寿屋、大分県臼杵市にグレーンウィスキーの製造工場を竣工。
1949	昭和24	ウィスキー1級、2級、3級を原酒混和率30%以上、5%以上、それ以下で分類。
1950	昭和25	大日本果汁、初の3級ウィスキー「スペシャルブレンド」ウィスキーを発売。寿屋、「オールド」(当時1級)を発売。アロスパス式連続式蒸溜機が日本に導入される。
1952	昭和27	大日本果汁、社名をニッカウヰスキーに変更。
1960	昭和35	寿屋、「サントリーローヤル」(特級)を創業60周年記念で発売。本坊酒造、山梨工場を設立。
1963	昭和38	寿屋、社名をサントリーに変更。ニッカ、カフェ式連続式蒸溜機を西宮工場に導入。
1964	昭和39	東京オリンピック開催。新幹線が開業。
1969	昭和44	ニッカ、宮城県仙台市に宮城峡蒸溜所を開設。
1970	昭和45	大阪万国博覧会。
1971	昭和46	ウィスキーの貿易が完全自由化。
1972	昭和47	キリン・シーグラム設立。沖縄返還。日中国交正常化。札幌冬季オリンピック。
1973	昭和48	サントリー、白州蒸溜所を開設。キリンシーグラム、富士御殿場蒸溜所開設。
1983	昭和58	ウィスキー類の消費量が最高を記録(約38万キロリットル)。
1984	昭和59	サントリー、「ピュアモルトウイスキー山崎」を発売。ニッカ、「シングルモルト北海道」を発売。
1986	昭和61	宝酒造・大倉商事、トマーティン蒸溜所を買収。
1989	平成1	酒税法の大幅改正。級別制度の廃止。
1994	平成6	サントリー、モリソンボウモア社を買収、「ピュアモルト白州」を発売。
1999	平成11	ニッカ、カフェ式連続式蒸溜機を西宮工場から宮城峡蒸溜所へ移設。
2006	平成18	酒税法改正。酒類は4分類、17品目となり、ウィスキーは蒸留酒類に区分される。
2008	平成20	ベンチャーウイスキーの秩父蒸溜所が生産開始。
2009	平成21	サントリー、純粋持株会社制に移行し、サントリーホールディングス(株)となる。「響12年」を発売。横浜開港150年祭が開催。
2011	平成23	本坊酒造の信州マルス蒸溜所が再稼働。東日本大震災が発生。
2014	平成26	サントリーが米ビーム社を1兆7000億円で買収すると発表。

参考文献

The Whisky Distilleries of the United Kingdom　Alfred Barnard　Edinburgh　1887(2000)
Whisky　Aeneas MacDonald　Edinburgh　1930(2006)
The World Guide to Whisky　Michael Jackson　London　1987
The Science and Technology of Whiskies　J.R. Piggott, R. Sharp, R.E.B. Duncan　Harlow　1989
Polly　Roger Hutchinson　Edinburgh　1990
The Whiskies of Scotland　R.J.S. McDowall　London　1991
Pocket Whisky Book　Charles MacLean　London　1993
Whisky, A Book of Words　Gavin D. Smith　Manchester　1993
The Whisky Connoisseur's Companion　John Lamond　Leith　1993
The Scotch Whisky Industry Record　Charles Craig　Dumbarton　1994
Scotch Whisky, Its past and present　David Daiches　Edinburgh　1995
Scotch　Sir Robert Bruce Lockhart　Glasgow　1995
Discovering Scotch Whisky　Charles MacLean　London　1996
Complete Book of Whisky　Jim Murray　Carlton　1997
malt whisky　Charles MacLean　London　1997
Scotch Missed　Brian Townsend　Glasgow　1997
The Lost Distilleries of Ireland　Brian Townsend　Glasgow　1997
Classic Irish Whiskey　Jim Murray　London　1997
Whisky and Scotland　Neil M. Gunn　London　1998
Scotch & Water　Neil Wilson　Glasgow　1998
Blended Scotch　Jim Murray　London　1999
Scotch Whisky　Gavin D. Smith　England　1999
Wort Worms & Washbacks　John McDougall & Gavin D. Smith　Glasgow　1999
The Best Collection of Malt Scotch Whisky　Valentino Zagatti　Italy　1999
Whisky Wit & Wisdom　Gavin D. Smith　Glasgow　2000
Appreciating Whisky　Phillip Hills　Glasgow　2000
Handbook of Whiskey　David Broom　London　2000
The Making of Scotch Whisky　John R. Hume & Michael S. Moss　Edinburgh　2000
Unique Distilleries of Scotland & Ireland　Malcom Greenwood　Scotland　2001
The Whiskeys of Ireland　Peter Mulryan　Ireland　2002
The Whisk(e)y Treasury　Walter Schobert　Glasgow　2002
Whisky Technology, Production and Marketing　Inge Russell　London　2003
Malt Whisky Companion　Michael Jackson　London　2004
MacLean's Miscellany of Whisky　Charles MacLean　London　2004
Peat Smoke and Spirit　Andrew Jefford　London　2004
The Whisky Men　Gavin D. Smith　Edinburgh　2005
Whisky　Michael Jackson　London　2005
Malt Whisky Year Book 2006〜2014　Ingvar Ronde(ed)　Shrewsbury
Great Brand Stories Scotch Whisky　Stuart Delves　London　2007
The Malt Whisky File　John Lamond & Robin Tucek　Edinburgh　2007
Goodness Nose　Richard Paterson & Gavin D. Smith　Glasgow　2008
The Connoisseur's Guide to Whisky　Helen Arthur　London　2008
Whisky Bible 2009〜2014　Jim Murray　U.S.A.
MacLean's Whiskypedia　Charles MacLean　Edinburgh　2009
Scotch on the Rocks　Arthur Swinson　Edinburgh　2009
101 Whiskies to Try Before You Die　Ian Buxton　Edinburgh　2010
WHISKY OPUS　Gavin D. Smith & Dominic Roskrow　Edinburgh　2012

ヒゲのウヰスキー誕生す　川又一英　新潮社　1982
ザ・ウィスキー・キャット　C・W・ニコル、松田 銑(訳)　講談社文庫　1987
スコットランド王国史話　森 護　大修館書店　1988
世界のウイスキー　マイケル・ジャクソン、山本 博・福西英三(訳)　鎌倉書房　1989
スコッチ・モルト・ウイスキー・ガイド　ウォレス・ミルロイ、山本 博(訳)　鎌倉書房　1990
スコッチ・ウィスキー物語　森 護　大修館書店　1990
スコッチへの旅　平澤正夫　新潮選書　1991
スコッチ・モルト・ウィスキー　加藤節雄・土屋 守・平澤正夫　とんぼの本、新潮社　1992
とびきり哀しいスコットランド史　フランク・レンウィック、小林章夫(訳)　筑摩書房　1994
イギリス王室物語　小林章夫　講談社現代新書　1996
ザ・スコッチ バランタイン17年物語　グレアム・ノウン、田辺希久子(訳)　TBSブリタニカ　1996
スコットランド物語　ナイジェル・トランター、杉本 優(訳)　大修館書店　1997
ウィスキーシンフォニー　嶋谷幸雄　たる出版　1998
リタとウイスキー　O・チェックランド、和気洋子(訳)　日本経済評論社　1998
スコッチ・ウィスキー雑学ノート　双神酔水　ダイヤモンド社　1999
スコットランド「ケルト」紀行　武部好伸　彩流社　1999
もし僕らのことばがウィスキーであったなら　村上春樹　平凡社　1999
スコットランド石と水の国　横川善正　岩波書店　2000
樽とオークに魅せられて　加藤定彦　TBSブリタニカ　2000
モルトウィスキー・コンパニオン　マイケル・ジャクソン、土屋 守(監修)、土屋希和子(訳)　小学館　2000
スコットランド旅の物語　土屋 守　東京書籍　2000
スコッチ三昧　土屋 守　新潮選書　2000
シングルモルトを愉しむ　土屋 守　光文社新書　2002
スコットランド文化事典　木村正俊・中尾正史(編)　原書房　2006
ウイスキー通　土屋 守　新潮選書　2006
ウィスキー・エンサイクロペディア　マイケル・ジャクソン、土屋希和子・Jimmy山内・山岡秀雄(訳)　小学館　2007
ウイスキーちょっといい話　土屋 守　ソニー・マガジンズ　2008
スコッチウィスキー紀行　土屋 守　東京書籍　2008
シングルモルトウィスキー大全　土屋 守　小学館　2009
ウイスキーの科学　古賀邦正　講談社　2009
シングルモルトのある風景──アイラ、それはウィスキーの島　山岡秀雄(文)、渡辺裕之(写真)　小学館　2010
うまいウイスキーの科学　吉村宗之　SoftBank Creative　2010
ジャパニーズウイスキー　土屋 守・茂木健一郎・輿水精一　とんぼの本、新潮社　2010
世界のベストウイスキー　ドミニク・ロスクロウ(著者)、橋口孝司(監修)　グラフィック社　2011
ウイスキーは日本の酒である　輿水精一　新潮新書　2011
別冊ワイナート2012年1月号 ウイスキー基本ブック　土屋 守・ワイナート編集部　美術出版社　2011
ウイスキーコニサー資格認定試験教本2012　土屋 守(監修)　スコッチ文化研究所　2012
世界ウイスキー大図鑑　チャールズ・マクリーン(監修)、清宮真理・平林 祥(訳)　柴田書店　2013
スコットランド「ケルト」の誘惑　武部好伸　言視舎　2013
日本ウイスキー世界一への道　嶋谷幸雄・輿水精一　集英社新書　2013
THE Whisky World No.1〜No.30　プラネットジアース　2005〜2010
Whisky World No.1〜No.20　ゆめディア　2010〜

INDEX アイウエオ順

ブレンデッド・ヴァッテッド銘柄

アーガイル 46
アイラミスト 88
アイル・オブ・スカイ 90, 111
アッシャーズ 149, 166
アンティクァリー 12, 14
イエロースポット 193
イチローズ モルト＆グレーン 254
岩井トラディション 250
インバーハウス 86
ヴァット69 172
ウィリアムローソン 184
ウシュクベー 170
エバモア 242
エンシャントクラン 10
エンブレム 242
オーククロス 74
オールド・アイリッシュ・ウィスキー 202
オールドヴァット 41
オールドスマグラー 130
オールド・セント・アンドリュース 128
オールドパー 50, 124, 136
オールドマル 182
オプティミズム 74
カティサーク 38, 52
キルベガン 198
キング・オブ・スコッツ 26, 112
キングジョージ5世 101, 136
キングランサム 106
クィーンズ 144
クラブウィスキー 96
クランキャンベル 46, 48
グランツ 48, 70, 136
クランマクレガー 48
グリーンスポット 192
クルーニー 182
クレイモア 50, 182
グレートキングストリート 30, 74
クレセント 242
グレンディー 41
サムシングスペシャル 144
サントリー
　赤札 212, 218
　オールド 214, 217, 220
　オールドサントリー黒丸 214
　角瓶 212, 214, 220, 226
　角瓶黒43° 213
　白角 213
　白札 212, 218, 221
　スペシャルリザーブ 218
　トリス 220
　響 216, 220, 234

ヘルメスウイスキー 221
　ホワイト 218, 220
　リザーブ 218
　レッド 218
　ローヤル 216
シーバスリーガル 20, 40, 97, 101, 136, 140, 222
シープディップ 142
J&B 94, 173
ジェームズマーティン 98
ジェムソン 190, 194, 198, 200, 202, 204
シャトラン 242
ジョニーウォーカー 16, 44, 50, 59, 97, 100, 136, 152, 173, 214, 222
ジョンパー 182
ジョン・プレイヤー・スペシャル 26, 112
シンジケート58/6 154
スウィング 152
スーパーニッカ 228
スコッツグレイ 183
スチュワーツ・クリーム・オブ・ザ・バーレー 148, 150
スチュワート 148, 150
スノーグラウス 67
スパイスツリー 74
スペイキャスト 146
竹鶴ピュアモルト 234
タプローズ 156
タラモアデュー 190, 201, 208
チェイヴェック 162
鶴 230
ティーチャーズ 108, 136, 158, 179
ディンプル 78
デュワーズ 37, 58, 136
トマーティン 164
ニッカウヰスキー 236
NEWS 242
ハイランドクィーン 82, 99, 136
ハウス・オブ・ピアーズ 112
パスポート 132
パディー 201, 202
バランタイン 16, 43, 97, 101, 136, 144
パワーズ 198, 200, 202, 204
100パイパーズ 84, 108, 132
ピートモンスター 74
ビッグティー 165
ビッグピート 26
ピンチ 79
フィンドレーター 183
フェイマスグラウス 25, 64
フォートウィリアム 68

ブキャナンズブレンド 33
富士山麓 樽熟50° 244
ブッシュミルズ 188, 202, 204
ブラックグラウス 67
ブラックニッカ 226
ブラックニッカクリア 227
ブラックニッカスペシャル 227
ブラックニッカリッチブレンド 227
ブラックブッシュ 188
ブラックブル 30
ブラックボトル 28
ブラック＆ホワイト 32, 37, 59, 118, 136
ブルーハンガー 38
フレイミングハート 74
フロム・ザ・バレル 232
ヘイグ 59, 76, 136
ベイリー・ニコル・ジャーヴィー 14
ヘッジス＆バトラー 80, 93, 111
ヘドニズム 74
ベル 22, 66, 136
ベンネヴィス 68
ボストンクラブ 242, 244
ホワイトオークあかし 252
ホワイトオークレッド 253
ホワイトブッシュ 188
ホワイトホース 59, 136, 174
ホワイト＆マッカイ 136, 180
マッキンレー 118, 182
マルスウイスキー3＆7 248
マルスモルテージ3プラス25 249
丸びんニッキー 236
ミドルトン・ベリー・レア 200
モンキーショルダー 122
ラベル5 108
ラングサイド 112
ラングス 93, 110
リアルマッケンジー 182
リズモア 114
レアオールド・ハイランドモルトウィスキー 121
レッドブレスト 201, 206
ロイヤルサルート 140
ロイヤルストラッサー 41
ロイヤルハウスホールド 138
ローガン 177
ロバートバーンズ 136
ロバートブラウン 240, 242
ロブロイ 14, 134, 136
ロングジョン 68, 116, 136

蒸留所名、モルト・グレーン銘柄

アードベッグ 20, 26, 28, 99, 179

アードモア　161
アイル・オブ・アラン　137
アイル・オブ・ジュラ　119, 121, 149, 182
アイルサベイ　73
アバフェルディ　36, 62
アベラワー　43, 47, 140, 145
アンノック　86
イチローズモルト　254
インヴァリーブン　155
インチガワー　24, 155
インバーゴードン　120, 155, 183
エジンバラ　168
エドラダワー　106
オーヘントッシャン　113, 134, 164
オスロスク　97
オルトモア　58
ガーヴァン　49, 73
カードゥ　103, 153
ガーンヒース　86
カリラ　26, 28, 104, 178
キニンヴィ　49, 73, 122
キャパドニック　155
キャメロンブリッジ　77, 101
キリーロッホ　86
キルベガン　199
キンクレイス　155
クーリー　190, 198
クライヌリッシュ　36, 39, 104
クラガンモア　13, 127
クレイゲラキ　58, 178
グレンアラヒー　47
グレンアルビン　118
グレンエルギン　39, 178
グレンカダム　20, 151
グレンキース　40, 132, 155
グレンギリー　134, 164
グレンキンチー　78, 153
グレングラッサ　155
グレングラント　85, 88, 131, 133, 155
グレンゴイン　81, 93, 110
グレンサイネス　168
グレンスペイ　97
グレンダラン　36, 127, 139
グレンタレット　65
グレントファース　16, 36, 139
グレンドロナック　161
グレンバーギ　20, 131
グレンファークラス　120, 155
グレンフィディック　48, 70, 122, 164
グレンフラグラー　86
グレンマレイ　15, 83, 99, 108
グレンモール　118, 120
グレンモーレンジ　15, 83, 99
（ザ・）グレンリベット　43, 85, 88, 129,

133, 140, 145, 167, 256
グレンロセス　29, 53, 66, 121
グレンロッシー　76
コールバーン　148, 169
コンバルモア　36
信州マルス　249, 250
スキャパ　20
ストラスアイラ　43, 85, 132, 140, 242
ストラスクライド　19
ストラスミル　97
スペイバーン　86
ダフタウン　24, 155
タムドゥー　66, 93
タムナヴーリン　119, 121, 149, 155, 182
タラモア　208
タリスカー　91, 104, 163
タリバーディン　182
ダルウィニー　36, 139
ダルモア　51, 121, 155, 181
ダルユーイン　100
ダンバートン　19
知多　222, 256
秩父　254
ディーンストン　28
トーモア　117, 155
トバモリー　28
トマーティン　11, 13, 68, 128, 155, 164
トミントール　155, 182
ノースブリティッシュ　29, 155, 168
ノースポート　148
ノッカンドオ　97
ノックドゥー　86
ハイランドパーク　57, 66
白州　218, 222, 256
バルヴェニー　49, 71, 122, 129
バルブレア　20, 86, 155
バルミニック　86
フェッターケアン　51, 149, 181
富士御殿場　240〜245
ブナハーブン　28, 39, 57
ブラッドノック　22, 155
ブルイックラディ　28, 155, 182
ブルスナ　198
プルトニー　20, 86, 121
ブレアソール　24, 113
ヘーゼルバーン　186, 235
ベンネヴィス　68, 117, 121, 164
ベンリアック　156
ベンリネス　13
ボウストリート　195, 206
ボウモア　26, 28, 134, 164
ポートエレン　26, 28, 179
ボーネス　186
ホワイトオーク　252

マクダフ　184
マッカラン　57, 66, 146, 256
マノックモア　76, 121
マルス（山梨）　186, 248
ミドルトン（旧）　196, 200, 202
ミドルトン（新）　190, 193, 196, 200, 202, 204, 206, 208
宮城峡　226, 230, 232, 236
ミルトンダフ　20
モートラック　71, 100
モファット　86
山崎　186, 212, 216, 218, 221, 235, 252, 256
余市　186, 226, 229, 230, 232, 235, 248
ラガヴーリン　28, 104, 177
ラフロイグ　28, 88, 117, 161, 179
リンクウッド　39
ロイヤルブラックラ　58
ロイヤルロッホナガー　104, 172
ローズバンク　153
ロックス　198
ロングモーン　43, 85, 133, 140, 145, 155, 186, 235

人名

アーカート、ジョン　146
アイゼンハワー大統領　44
肥土伊知郎　254
アッシャー、アンドリュー（2世）　23, 102, 166
阿部喜兵衛　235
アン女王　144
池田勇人　230
稲富孝一　222
岩井喜一郎　248, 250
岩倉具視　127
ヴィクトリア女王　20, 41, 55, 65, 80, 117, 144
ウィリアムス、ダニエル・E　208
ウィリアム征服王　76
ウィリアム4世　80
ウォーカー、アレクサンダー　102, 152
ウォーカー、アレクサンダー2世（アレック）　59, 103, 152
ウォーカー、ジョージ　103
ウォーカー、ジョン　101, 152
ウォーカー、ビリー　156
ウォレス、ウィリアム　50
エドワード7世　20, 37, 79, 80, 117, 138
エリザベス1世　82, 112
エリザベス皇太后　110
エリザベス女王（2世）　24, 53, 95, 140, 144

オグ、アンガス　89
カーネギー、アンドリュー　62
開高健　215
ガウディ、ジャック　19
カポーティ、トルーマン　96
ギネス、アーサー　184
キャンベル、イアン　46
久米邦武　127
グラント、ウィリアム　70
グリンリース兄弟　124
クレイグ、チャールズ　154
グレイザー、ジョン　74
グローグ、マシュー　65
クロケット、バリー　200
ケネディ、ジョゼフ・P　62
ゴードン、チャールズ　72
輿水精一　222
小林亜星　215
コフィー、イーニアス　101, 150, 210
佐治敬三　217, 218, 222
佐藤乾　217
サマーレッド　87, 89
サンダーソン、ウィリアム　168, 172
シーバス、ジェームズ　41
ジェームズ1世(6世)　48, 82, 112, 128, 148, 190
ジェムソン、ジョン　195
シャクルトン、アーネスト　118, 120
ジャステリーニ、ジャコモ　95
シャンド、ユアン　30
昭和天皇　138
ジョージ2世　84, 116, 156
ジョージ3世　53, 95, 156
ジョージ4世　38
ジョージ5世　79, 80
ジョージ6世　80
スコット、コリン　44
スコット、ウォルター　12, 14, 134
スターリン書記長　107
スタイン、ロバート　78, 195
スタンキウィクス、スタンリー・J　170
スティーブンソン、ロバート・ルイス　14
ストダート兄弟　130
スミス、A・J　41
スミス、ジョージ　169
スミス、ジョン　126
聖コロンバ　114
聖パトリック　210
聖モルアグ　114
ダーンリー卿　82
ダウデスウェル、M・J　142
竹鶴威　228, 230
竹鶴政孝　186, 221, 226～237, 248, 250
田中角栄　127

タブローズ、トビアス　156
ダリー、キャプテン・バーナード　208
チャーチル首相　107, 210
チャールズ1世　125
チャールズ皇太子　25, 88
チャールズ2世　80
ティーチャー、アダム　160
ティーチャー、ウィリアム　158
デュワー、ジョン　59
デュワー、ジョン・アーサー　62
デュワー、ジョン・アレクサンダー　59
デュワー、トーマス　37, 59
鳥井信治郎　212～223, 235
鳥井吉太郎　214
トルーマン大統領　107
夏目漱石　12
ニクソン大統領　170
ノーブル卿、イアン　162
バー、トーマス　125
バーギス、ウィリアム　161
バーク兄弟　184
バーニー、ジョン　118
バーンズ、ロバート　12, 14, 56, 136, 156, 170
ハガ、ベイトリュース・デル　76
ハスウェル家　128
パターソン、リチャード　120, 142, 183
バランタイン、ジョージ　17
バランタイン・ジュニア、ジョージ　17
ハリソン大統領、ベンジャミン　62
パワー、ジョン　204
ハワード、C・S　41
ハンガー卿、ウィリアム　38
ハンター、イアン　88
ヒスロップ、サンディ　19
ヒックス、ロバート　19
ビバレッジ、ジム　103
ヒューム卿　186, 230
フィリップス、サー・トーマス　190
ブキャナン、ジェームズ　33, 37, 59, 118, 136, 138
ブラウン、ジョン　178
フラハティ、パディ　202
ブランメル、ジョージ　38
ブルックス、アルフレッド　96
ブロンフマン、サム　43
ヘイグ、ジェームズ　77
ヘイグ、ジョン　59, 77, 195
ヘイグ、ロバート　77
ベッグ、ジョン　172
ベル、アーサー　22
ヘンリー8世　38
ボスウェル伯　82
ホップス、ジョセフ　68
ボニー・プリンス・チャーリー　84, 116,
175
ホワイト、ジェームズ　180
ホワイトリー、ウィリアム　106
マーガデイル卿　88
マーティン、ジェームズ　98
マーフィー3兄弟　200
マーレイ、ジム　200
マクドナルド、ジョン　68, 116
マクベイ、ジェームズ　55
マクレガー、ロバート　48, 134
マクロード、イアン　91
マッカイ、チャールズ　180
マッカイバー、ダグ　38
マッカラム、ジャック　138
マッカルピン、ケネス　48
マッキー、ジェームズ・ローガン　177
マッキー、ピーター　59, 136, 174
マッキンレー、チャールズ　118
マッケンジー、コンプトン　98
マッコイ、ビル　55
ミルロイ、ウォレス　154
メアリー女王　82, 112, 148
明治天皇　80
山本為三郎　227
吉田茂　44, 127
ラング、ヒュー　110
リタ夫人　186, 228, 235
レイン兄弟　27
ローリー、W・P　226
ロバート・ザ・ブルース王　50
ロブ・ロイ　14, 48, 134

会社名・団体名

アーサー・ベル&サンズ社　23
IDC(アイリッシュ・ディスティラーズ・カンパニー)　190, 196, 200
IDG(アイリッシュ・ディスティラーズ・グループ)社　190, 196, 200, 206
アイル・オブ・アラン社　136
アサヒビール　226
アメリカンブランド社　182
アライド　19, 28, 88, 131
アライド・ライオン・グループ　19, 150, 161
アラン&ポインター社　180
アレクサンダー&マクドナルド社　127
アレクサンダーマクレガー社　48
イアンマクロード社　80, 90, 111
E&Jバーク社　184
インターナショナル・ディスティラーズ&ヴィントナーズ(IDV)社　96
インターナショナルビバレッジ社　87
インバーゴードン社　154, 182
インバーハウス社　86
ウィットブレッド社　68

ウィリアム・グラント&サンズ社　48,
　70, 122, 209
ウィリアム・グリゴール&サンズ社　170
ウィリアム・サンダーソン&サンズ社
　168, 172
ウィリアム・ティーチャー&サンズ社
　159
ウィリアムミュアー社　182
ウィリアムランディー社　115
ウィリアムロングモア社　132
江井ヶ嶋酒造　252
A・ファーガソン社　50
エドリントングループ社　29, 57, 66
大倉商事　68, 164
カンパリ社　131
ギネス　25, 50, 97, 184
キャンベルディスティラーズ社　46
キリンシーグラム社　240
キリンビール　240〜247
ギルビー社　206
キンダルインターナショナル社　183
クーリー社　198
グランド・メトロポリタン・グループ　97
グリーンリーズブラザーズ社　124
グレンモーレンジ社　15, 99, 108
ケイデンヘッド社　208
コークディスティラリーズ社（CDC）
　196, 200, 202, 204
ゴードングラハム社　28
ゴードン&マクファイル社　146
寿屋　212, 215, 216, 218, 221, 228,
　235
コンパスボックス社　30, 74
サンデマン商会　22
サントリー　134, 161, 164, 198, 212〜
　225
シーガーエヴァンス社　68
シーグラム社　43, 84, 132, 240, 242
シーバスブラザーズ社　19, 40, 46,
　117, 140, 145, 151, 240, 242
J&Gスチュワート社　148, 150, 169
J&Gストダート社　130
J&Wハーディ社　12
JBBグレイターヨーロッパ社　183
ジェームズブキャナン社　20, 33, 63,
　139
ジェームズマーティン社　98
ジェムソン社　193, 194, 206
ジャステリーニ&ブルックス社　94
ジョージ・バランタイン&サン社　17
ジョン・ウォーカー&サンズ社　101, 152

ジョン・デュワー&サンズ社　59
ジョン・パワー&サン社　204
ジョンヘイグ社　76
スチュワート&サン・オブ・ダンディー
　社　150
スペンサーフィールドスピリッツ社
　142
摂津酒造　235, 248
大日本果汁　235
宝酒造　68, 128, 164
ダグラスレイン社　26, 112, 170
W&Aギルビー社　96
ダンカンテイラー社　30
チャリントングループ　156
ディアジオ社　25, 36, 74, 78, 97, 127,
　139, 148, 169, 173, 174, 183, 190
DCL社　50, 63, 79, 127, 148, 169,
　173, 179
ディステル社　29
東亜酒造　254
トゥエルブカスク社　170
トゥエルブ・ストーン・フラゴン社　170
トマーティン社　11, 13, 128
鳥井商店　216, 220
ニコルアンダーソン社　14
ニッカウヰスキー　68, 117, 164, 226
　〜239
バークレーマッキンレー商会　17
バーンスチュワート社　29, 156
ハイラムウォーカー社　17, 131
ハイランドディスティラーズ社　28, 66
バカルディ社　63, 184
バス社　80
パティソンズ社　71
パブリカーインダストリーズ社　86
パワーズ社　195, 202
ハンターレイン社　27, 113
ピーター・J・ラッセル社　91
ビーム社　161, 198
ビッグシックス　173
ビッグファイブ　59, 79, 118, 173
ヒルトムソン社　144
ファーストブレンディング社　108
フォーサイス社　254
プラバン・ナ・リンネ社　162
ブレアーズ社　226
ヘッジス&バトラー社　80
ベリー・ブラザーズ&ラッド　38, 52
ペルノリカール社　19, 43, 46, 68, 85,
　131, 139, 145, 190
ベンチャーウイスキー社　254

ベンリアック社　155, 156
ホワイトホース社　174, 186
ホワイト&マッカイ社　50, 119, 120,
　142, 148, 155, 180
本坊酒造　248, 250
マクダフインターナショナル社　88
マクドナルドグリーンリース社　50, 127
マクドナルドマーティンズ社　99
マクドナルド&ミュアー社　15, 82, 98
マシュー・グローグ&サン社　64
マッキンレー社　118, 120
マッケンジーブラザーズ社　181
マルティーニ&ロッシ社　184
ミッチェル&サン社　192
モリソンボウモア社　134
US社　183
UD社　63
UDV社　13
UBグループ　119, 183
ラ・マルティニケーズ社　83, 108
ラングサイド社　112
ラングブラザーズ社　110
ルイヴィトン・モエヘネシー（LVMH）社
　15, 99
ロス&キャメロン社　170
ロバートソン&バクスター社　43, 66,
　111
ロングジョン社　28, 117

その他（用語・歴史的事件など）

『ウィスキーガロワー』　98
カフェ式連続式蒸溜機　226, 236
カローデンムーア（の戦闘）　84, 116
ジャコバイトの反乱　84, 116, 175
スターリングブリッジの戦い　50
「竹鶴ノート」　186, 248
WWA　232, 237, 249
タム・オ・シャンター　56
デュワリズム　62
21クラブ　19
ドラムショップ　160
バッキンガム宮殿　52, 117, 138, 144
バノックバーンの戦い　50, 77
ベンネヴィス山　68, 116
ポートエレン製麦所　179
ポリティシャン号　98, 210
『モルトウィスキー・アルマナック』　154
ローデルホテル　138
ロード・オブ・ジ・アイルズ　87, 89, 116

269

問い合わせ先一覧

アサヒビール(株)
〒130-8602 東京都墨田区吾妻橋1-23-1 ☎0120-011-121

(株)ウィスク・イー
〒108-0023 東京都港区芝浦2-14-13 2階 ☎03-5418-4611

江井ヶ嶋酒造(株)
〒674-0065 兵庫県明石市大久保町西島919 ☎078-946-1001

オエノングループ 合同酒精(株)
〒104-0061 東京都中央区銀座6-2-1 ☎03-3575-2787

オザキトレーディング
〒662-0811 兵庫県西宮市仁川町1-6-34 ☎0798-52-0651

キリンビール(株)
〒164-0001 東京都中野区中野4-10-2 中野セントラルパークサウス ☎0120-111-560

(株)グッドリブ
〒104-0033 東京都中央区新川1-6-1 アステール茅場町 ☎03-6280-0884

国分(株)
〒103-8241 東京都中央区日本橋1-1-1 ☎03-3276-4125

コルドンヴェール(株)
〒983-0852 宮城県仙台市宮城野区榴岡3-7-35 損保ジャパン仙台ビル10階 ☎022-742-3120

サントリー酒類(株)
〒135-8631 東京都港区台場2-3-3 ☎0120-139-310

三陽物産(株)
〒530-0037 大阪府北区松ヶ枝町1-3 サンセンタービル ☎06-6352-1121

(株)ジャパンインポートシステム
〒104-0045 東京都中央区築地4-6-5 ☎03-3541-5469

宝酒造(株)
〒600-8688 京都市下京区四条通烏丸東入長刀鉾町20 ☎075-241-5111

(有)東京実業貿易
〒170-0001 東京都豊島区西巣鴨4-13-5-1004 ☎03-5980-9898

ニッカウヰスキー
→アサヒビール(株)
☎0120-019-993

日本酒類販売(株)
〒104-8254 東京都中央区新川1-25-4 ☎0120-866-023

バカルディジャパン(株)
〒150-0011 東京都渋谷区東3-13-11 フロンティア恵比寿ビル2F ☎03-5843-0660

ベリー・ブラザーズ&ラッド日本支社
〒100-0005 東京都千代田区丸の内3-1-1 国際ビル2階 ☎03-5220-5491

ペルノ・リカール・ジャパン(株)
〒112-0004 東京都文京区後楽2-6-1 住友不動産飯田橋ファーストタワー34階 ☎03-5802-2671

(株)ベンチャーウイスキー
〒368-0067 埼玉県秩父市みどりが丘49 ☎0494-62-4601

本坊酒造(株)
〒891-0122 鹿児島市南栄3-27 ☎099-822-7003

三菱食品(株)
〒143-6556 東京都大田区平和島6-1-1 ☎03-3767-6250

(株)明治屋
〒103-0025 東京都中央区日本橋茅場町1-8-1 茅場町1丁目平和ビル5～8階 ☎03-3271-1136

MHDモエヘネシーディアジオ(株)
〒101-0051 東京都千代田区神田神保町1-105 神保町三井ビルディング13階 ☎03-5217-9735

ユニオンリカーズ(株)
〒100-0013 東京都千代田区霞が関3-6-7 霞が関プレイス ☎03-5510-2684

レミーコアントロージャパン(株)
〒106-0041 東京都港区麻布台1-11-10 日総第22ビル6階 ☎03-6441-3025

ワイン・アンド・スピリッツ・ジャパン(株)
〒532-0004 大阪市淀川区西宮原2-6-16 T20 ☎06-6394-5970

協力機関・協力者一覧

(有)エイコーン ☎049-282-1362
(有)コニシコーポレーション ☎03-3436-3555
(有)田中屋 ☎03-3953-8888

岩楯浩美
栗林幸吉
渋谷 寛
高橋貴子
西田嘉孝
村野和美

池田直美
市川朋子
井上智香子
奥田真理
加藤剣太
砂山芽久
新保裕慈
土屋茉以子
中井敬子

畠山裕行
森正一郎
山田 圭

馬渕基之

地図製作／蓬生雄司
校正／兼古和昌

制作 中嶋 健
　　　池田 靖
資材 坂野弘明
販売 山岡秀雄
宣伝 井本一郎
編集 田澤 泉

あとがき

　『ブレンデッドスコッチ大全』の刊行以来、15年の歳月が経ってしまった。その間、長く絶版になっていて、読者の皆様に多大なる迷惑をかけてしまった。当時は世界的なウィスキー不況の時代。1995年に出版した『モルトウィスキー大全』によって、シングルモルトブームが到来しつつあったが、ブレンデッドは相変わらずの低迷。シングルモルトの普及で、逆に「ブレンデッドは個性に乏しい」とまでいわれてしまった。そんななかで、あえてブレンデッドの本を出したのは、ブレンデッドの良さや楽しさを、モルトファンにも知ってもらいたいとの思いがあったからだ。

　あれから15年。その間に、なんども改訂版を出したいと思っていたが、実現しなかった。今回ようやく全面改訂版を上梓することになったのは、再びウィスキーの時代がやってきて、ブレンデッドの最新情報を網羅した本の出版が急務と思ったからだ。ウィスキーの世界は大きく変動した。シングルモルトばかりではなく、ブレンデッドの世界も大きく動いている。特に新興国でウィスキーがブームになるにつれ、ポートフォリオの見直しが加速され、ブランドのリニューアルが相次いでいる。ここ2〜3年ほど、ウィスキーのブランドが大きく様変わりしている時代はないかもしれない。そのため、それらの動きを見極めたいとの思いもあり、2012年以降、この本の刊行が2度も3度も遅れてしまった。協力していただいた各メーカー、各インポーターの皆様に、先ずもってお詫び申し上げたいと思う。

　今回のこの本は全面改訂版というよりも、まったくの新しい本といえるかもしれない。そのためにラインナップも見直した。アイリッシュやジャパニーズを加えたのも、そのためであり、デザインもイメージを一新させたいと思っていた。新しい時代の新しい本にふさわしいデザインを考えてくれたのは、デザイナーの岡本洋平氏である。そして2002年の『改訂版モルトウィスキー大全』以来、私の大全シリーズの編集をしてくれているのは、小学館の田澤泉氏である。この場を借りて、改めて感謝申し上げたいと思う。

　例によって、すべての原稿を入力してくれたスコッチ文化研究所のスタッフ、原稿の下調べをしてくれた西田嘉孝氏、さらに本書中の多くの写真を撮影してくれた渋谷寛氏にも感謝を申し上げたいと思う。これら多くの人たちの献身がなければ、この本は完成しなかったと思うからだ。

2014年2月17日　還暦を迎えて
土屋　守

スペイサイドのローゼスグレンで鱒釣りに興じる。

土屋　守（つちや・まもる）

1954年新潟県佐渡生まれ。学習院大学文学部卒。週刊誌記者を経て1987年から93年までイギリスに滞在。日本語情報誌の編集に携わる。作家・ジャーナリスト・ウィスキー評論家。スコッチ文化研究所代表。1998年ハイランドディスティラーズ社より「世界のウィスキーライター5人」のひとりに選ばれる。2005年からはウィスキー専門誌『Whisky World』の編集長も務める。おもな著書に、『ブレンデッドスコッチ大全』『シングルモルトウィスキー大全』（小学館）、『スコッチ三昧』『ウイスキー通』（新潮社）、『シングルモルトを愉しむ』（光文社新書）、『シングルモルト「超」入門』『ウイスキーちょっといい話』（ソニー・マガジンズ）、『スコットランド旅の物語』『スコッチウィスキー紀行』（東京書籍）など。

［スコッチ文化研究所］
〒106-0031　東京都港区西麻布4-8-31　レジデンス西麻布101
電話 03-5774-4142　http://scotchclub.org/

ブックデザイン　　岡本洋平＋島田美雪（岡本デザイン室）
本文写真　　　　　土屋 守、渋谷 寛
ボトル撮影　　　　林 紘輝

ブレンデッドウィスキー大全
2014年4月2日　初版第1刷発行

著　者　　土屋 守
発行者　　蔵 敏則
発行所　　株式会社 小学館
　　　　　〒101-8001　東京都千代田区一ツ橋2-3-1
　　　　　電話 （編集）03-3230-5118
　　　　　　　 （販売）03-5281-3555
印刷所　　共同印刷株式会社
製本所　　牧製本印刷株式会社

造本には十分注意しておりますが、印刷、製本など製造上の不備がございましたら
「制作局コールセンター」（フリーダイヤル0120-336-340）にご連絡ください。
（電話受付は、土・日・祝休日を除く9：30～17：30）

R〈公益社団法人日本複製権センター委託出版物〉
本書を無断で複写（コピー）することは、著作権法上の例外を除き、禁じられています。
本書をコピーされる場合は、事前に公益社団法人日本複製権センター（JRRC）の
許諾を受けてください。
JRRC（http://www.jrrc.or.jp e-mail:jrrc_info@jrrc.or.jp 電話 03-3401-2382）

本書の電子データ化等の無断複製は、著作権法上での例外を除き、禁じられています。
代行業者等の第三者による本書の電子的複製も認められておりません。

© M.TSUCHIYA 2014 Printed in Japan ISBN978-4-09-388317-7